乡村（社区）“法律明白人”常见案例学习手册

《乡村（社区）“法律明白人”常见案例学习手册》编写组/编

中国法制出版社
CHINA LEGAL PUBLISHING HOUSE

前　言

为实施乡村振兴战略、推进法治乡村建设提供基层法治人才保障，中央宣传部、司法部、民政部、农业农村部、国家乡村振兴局、全国普法办公室印发了《乡村“法律明白人”培养工作规范（试行）》的通知，推进乡村“法律明白人”培养工程。

“法律明白人”是一支群众身边的普法依法治理工作队伍，是服务群众的“法律明白人”，聚焦解决日常生产生活中的法律问题。为了给广大乡村（社区）“法律明白人”上岗提供充足的法律政策知识储备，我们特别编写了《乡村（社区）“法律明白人”常见案例学习手册》，严格按照“法律明白人”培训内容，以群众法治需求为导向，对要求“法律明白人”掌握的全部法律政策知识进行归类编写。全书选取的法律知识点覆盖解决村民（居民）日常生产生活的法律政策，是一本提供给“法律明白人”上岗培训的普法教材。本书具有实用性、生动性的特点。

1. 实用性

依照《乡村“法律明白人”培养工作规范（试行）》规定，“法律明白人”需要掌握的法律政策知识包括：(1) 习近平法治思想；(2) 宪法；(3) 民法典；(4) 乡村振兴、农村基本经营制度、疫情防控、生态文明、食品药品安全、安全生产、社会应急治理、未成年人保护、消费者权益保护、农药及种子安全与保护、野生动植物保护、防范非法集资、防范电信诈骗等常用法律法规；(5) 党的涉农政策等。本书编写组从丰富的基层普法工作经验出发，依照上述要求，选取具有普遍性、典型性、关联性的知识点，深入村民（居民）生活的细枝末节，为“法律明白人”提炼法律问题并进行依法解析。另外，为给乡村（社区）“法律明白人”查阅法律条文提供便利，本书全部典型案例均附有条文依据，并专门编制“法律明白人”常用法律政策文件名录，以供随时查阅。

2. 生动性

对于很多人来讲，学习法律可能是一个较为乏味的过程。如果单纯向大家灌输各种法律条文，很可能无法有效地帮助大家深刻把握其中要义，并且，还可能使大家在学法的过程中出现倦怠。为此，在本书中，我们特别采用了“以案说法”的形式，先以一个生动而又贴近生活的典型案例作为引子，再将涉及的法律知识娓娓道来。这样不仅能够增加法律学习的趣味性，也能使大家对法律知识的记忆更为深刻。同时，我们还坚持“通俗易懂”原则，尽量摒弃较难的法言法语，力争为大家提供无障碍的阅读环境，让每个人都能看得懂、学得会。

2022 年 8 月

本书编写组

目　　录

第一章　习近平法治思想的丰富内涵

第二章　宪　法

第三章 民法典

第四章　其他常用法律政策知识

第一章

习近平法治思想的丰富内涵[①]

1. 坚持党对全面依法治国的领导

党的领导是推进全面依法治国的根本保证。国际国内环境越是复杂，改革开放和社会主义现代化建设任务越是繁重，越要运用法治思维和法治手段巩固执政地位、改善执政方式、提高执政能力，保证党和国家长治久安。全面依法治国是要加强和改善党的领导，健全党领导全面依法治国的制度和工作机制，推进党的领导制度化、法治化，通过法治保障党的路线方针政策有效实施。

2. 坚持以人民为中心

全面依法治国最广泛、最深厚的基础是人民，必须坚持为了人民、依靠人民。要把体现人民利益、反映人民愿望、维护人民权益、

① “习近平在中央全面依法治国工作会议上发表重要讲话”，载中国政府网 2020 年 11 月 17 日，http：//www. gov. cn/xinwen/2020 －11/17/content_ 5562085. htm。

增进人民福祉落实到全面依法治国各领域全过程。推进全面依法治国，根本目的是依法保障人民权益。要积极回应人民群众新要求新期待，系统研究谋划和解决法治领域人民群众反映强烈的突出问题，不断增强人民群众获得感、幸福感、安全感，用法治保障人民安居乐业。

3. 坚持中国特色社会主义法治道路

中国特色社会主义法治道路本质上是中国特色社会主义道路在法治领域的具体体现。既要立足当前，运用法治思维和法治方式解决经济社会发展面临的深层次问题；又要着眼长远，筑法治之基、行法治之力、积法治之势，促进各方面制度更加成熟更加定型，为党和国家事业发展提供长期性的制度保障。要传承中华优秀传统法律文化，从我国革命、建设、改革的实践中探索适合自己的法治道路，同时借鉴国外法治有益成果，为全面建设社会主义现代化国家、实现中华民族伟大复兴夯实法治基础。

4. 坚持依宪治国、依宪执政

党领导人民制定宪法法律，领导人民实施宪法法律，党自身要在宪法法律范围内活动。全国各族人民、一切国家机关和武装力量、各政党和各社会团体、各企业事业组织，都必须以宪法为根本的活动准则，都负有维护宪法尊严、保证宪法实施的职责。坚持依宪治国、依宪执政，就包括坚持宪法确定的中国共产党领导地位不动摇，坚持宪法确定的人民民主专政的国体和人民代表大会制度的政体不动摇。

5. 坚持在法治轨道上推进国家治理体系和治理能力现代化

法治是国家治理体系和治理能力的重要依托。只有全面依法治国才能有效保障国家治理体系的系统性、规范性、协调性，才能最大限度凝聚社会共识。在统筹推进伟大斗争、伟大工程、伟大事业、伟大梦想的实践中，在全面建设社会主义现代化国家新征程上，我们要更加重视法治、厉行法治，更好发挥法治固根本、稳预期、利长远的重要作用，坚持依法应对重大挑战、抵御重大风险、克服重大阻力、解决重大矛盾。

6. 坚持建设中国特色社会主义法治体系

中国特色社会主义法治体系是推进全面依法治国的总抓手。要加快形成完备的法律规范体系、高效的法治实施体系、严密的法治监督体系、有力的法治保障体系，形成完善的党内法规体系。要坚持依法治国和以德治国相结合，实现法治和德治相辅相成、相得益彰。要积极推进国家安全、科技创新、公共卫生、生物安全、生态文明、防范风险、涉外法治等重要领域立法，健全国家治理急需的法律制度、满足人民日益增长的美好生活需要必备的法律制度，以良法善治保障新业态新模式健康发展。

7. 坚持依法治国、依法执政、依法行政共同推进，法治国家、法治政府、法治社会一体建设

全面依法治国是一个系统工程，要整体谋划，更加注重系统性、整体性、协同性。法治政府建设是重点任务和主体工程，要率先突破，用法治给行政权力定规矩、划界限，规范行政决策程序，加快转变政府职能。要推进严格规范公正文明执法，提高司法公信力。普法工作要在针对性和实效性上下功夫，特别是要加强青少年法治教育，不断提升全体公民法治意识和法治素养。要完善预防性法律制度，坚持和发展新时代“枫桥经验”，促进社会和谐稳定。

8. 坚持全面推进科学立法、严格执法、公正司法、全民守法

要继续推进法治领域改革，解决好立法、执法、司法、守法等领域的突出矛盾和问题。公平正义是司法的灵魂和生命。要深化司法责任制综合配套改革，加强司法制约监督，健全社会公平正义法治保障制度，努力让人民群众在每一个司法案件中感受到公平正义。要加快构建规范高效的制约监督体系。要推动扫黑除恶常态化，坚决打击黑恶势力及其“保护伞”，让城乡更安宁、群众更安乐。

9. 坚持统筹推进国内法治和涉外法治

要加快涉外法治工作战略布局，协调推进国内治理和国际治理，更好维护国家主权、安全、发展利益。要强化法治思维，运用法治方式，有效应对挑战、防范风险，综合利用立法、执法、司法等手段开展斗争，坚决维护国家主权、尊严和核心利益。要推动全球治理变革，推动构建人类命运共同体。

10. 坚持建设德才兼备的高素质法治工作队伍

要加强理想信念教育，深入开展社会主义核心价值观和社会主义法治理念教育，推进法治专门队伍革命化、正规化、专业化、职业化，确保做到忠于党、忠于国家、忠于人民、忠于法律。要教育引导法律服务工作者坚持正确政治方向，依法依规诚信执业，认真履行社会责任。

11. 坚持抓住领导干部这个“关键少数”

各级领导干部要坚决贯彻落实党中央关于全面依法治国的重大决策部署，带头尊崇法治、敬畏法律，了解法律、掌握法律，不断提高运用法治思维和法治方式深化改革、推动发展、化解矛盾、维护稳定、应对风险的能力，做尊法学法守法用法的模范。要力戒形式主义、官僚主义，确保全面依法治国各项任务真正落到实处。

第二章

宪　法

12. 破坏国旗，要承担怎样的法律责任？

典型案例

国庆节前夕，大街小巷都挂起了五星红旗，小林家的店铺门口也插上了一面五星红旗。一天晚上，小林爸爸喝醉酒了撒酒疯，小林上来劝阻，小林爸爸随手把门前的国旗拔下来打小林。在这期间，小林爸爸还把国旗从杆子上抽下来扔在地上，慌乱之中不免踩了几脚。周围的邻居看到小林爸爸跟疯了一样，过去制止，但没有效果，只好报了警。派出所民警严厉指出小林爸爸破坏国旗是违法行为，要被拘留的。小林爸爸不服，说这是他们家自己挂的五星红旗，撕坏了也不犯法。那么，破坏国旗，要承担怎样的法律责任？

依法解析

中华人民共和国国旗是五星红旗。不论是否为政府机关悬挂的五星红旗，都是国旗，都应受到尊重和爱护。小林家自己悬挂的五星红旗也是庄严神圣的国旗，应当加以爱护，不得随意破坏。另外，在公共场合故意侮辱国旗的，按照《国旗法》第二十三条的规定，即使情节较轻，也要由公安机关处以十五日以下行政拘留。因此，小林爸爸即便情节轻微，也会受到行政拘留的处罚，并且公安机关也会对其醉酒行为约束到酒醒；如果小林爸爸酒后泄愤，破坏国旗的行为被认定属于情节严重的情形，就会构成《刑法》第二百九十九条第一款规定的侮辱国旗罪，依法可处三年以下有期徒刑、拘役、管制或者剥夺政治权利。

条文依据

《中华人民共和国宪法》

第一百四十一条 中华人民共和国国旗是五星红旗。

……

《中华人民共和国国旗法》

第四条 中华人民共和国国旗是中华人民共和国的象征和标志。

每个公民和组织，都应当尊重和爱护国旗。

第二十三条 在公共场合故意以焚烧、毁损、涂划、玷污、践踏等方式侮辱中华人民共和国国旗的，依法追究刑事责任；情节较轻的，由公安机关处以十五日以下拘留。

《中华人民共和国刑法》

第二百九十九条 在公共场合，故意以焚烧、毁损、涂划、玷污、践踏等方式侮辱中华人民共和国国旗、国徽的，处三年以下有期徒刑、拘役、管制或者剥夺政治权利。

……

13. 国歌是能随便播放的吗?

典型案例

由于新冠肺炎疫情反扑严重，小董所在的乡镇采取了封村抗疫措施，每天早上村委会大喇叭都会喊村民去广场进行核酸检测，并用国歌作为背景音乐，重复循环播放。辖区派出所巡逻民警到场维护秩序，了解这一情况后，及时叫停，并对村委会以国歌作为背景音乐重复循环播放的行为进行了批评教育。村委会负责人表示，确实是他们对相关法律了解不充分，只想着国歌节奏鲜明就进行播放了，以后会多加注意。那么，国歌是能随便播放的吗?

依法解析

根据《国歌法》第五条、第七条的规定，奏唱国歌需在适宜的场合，并且要求在场人员肃立，举止庄重。而在现实中，居家隔离人员进行核酸检测时，有一些人衣衫不整、睡眼惺忪，还有一些人穿着睡衣、哈欠连天，完全没有庄严肃穆之态。并且，《国歌法》第八条规定，不得将国歌作为公共场所的背景音乐。因此，村委会将国歌作为广播中的背景音乐，也不合法。

根据《国歌法》第十五条的规定，在公共场合，故意篡改国歌歌词、曲谱，以歪曲、贬损方式奏唱国歌，或者以其他方式侮辱国歌的，由公安机关处以警告或者十五日以下拘留；构成犯罪的，依法追究刑事责任。如果广大居民在日常生活中发现有侮辱、歪曲国歌等行为的，应当积极向公安机关进行举报，共同维护国歌的尊严。

条文依据

《中华人民共和国国歌法》

第五条　国家倡导公民和组织在适宜的场合奏唱国歌，表达爱国情感。

第七条　奏唱国歌时，在场人员应当肃立，举止庄重，不得有不尊重国歌的行为。

第八条　国歌不得用于或者变相用于商标、商业广告，不得在私人丧事活动等不适宜的场合使用，不得作为公共场所的背景音乐等。

第十五条　在公共场合，故意篡改国歌歌词、曲谱，以歪曲、贬损方式奏唱国歌，或者以其他方式侮辱国歌的，由公安机关处以警告或者十五日以下拘留；构成犯罪的，依法追究刑事责任。

14. 行使言论自由权应该遵循怎样的“度”？

典型案例

小崔喜欢上网看小道消息。有一天，小崔无意中看到一条关于新冠肺炎疫情的消息说本市有疑似确诊病例。于是，小崔在一些微信群、微博中发布本市有确诊病例、即将封控的言论，建议大家赶紧储备物资。随后，小崔还跑到超市抢购生活用品和蔬菜水果，并不断跟大家说“疫情严重了、抓紧抢购啊”之类的话，引得大家一度恐慌。抢购的事越传越广，最终公安机关介入调查，发现原来是小崔没看消息发布时间，这个报道已经是一年前的事了。小崔辩解说自己本来就有言论自由的权利，这次也没给大家造成什么损失。

公安机关工作人员批评小崔，过度的言论自由导致了不良后果，也是违法行为。那么，行使言论自由权应该遵循怎样的“度”？

依法解析

言论自由在我国《宪法》第三十五条中有明确规定，这是我国公民应有的权利，但是权利的行使也不是毫无限度的，《宪法》第五十一条、第五十三条就明确规定，行使自由和权利的时候，要遵守公共秩序、尊重社会公德，不得损害国家的、社会的、集体的利益和其他公民的合法的自由和权利。在上面案例中，小崔行使言论自由需要以不损害国家、社会和其他公民的权利自由为限度。一旦突破了这个底线，散播相关的谣言，根据《治安管理处罚法》第二十五条的规定，就可能被处以不同程度的拘留、罚款等处罚，情节严重的还可能会被追究刑事责任。

条文依据

《中华人民共和国宪法》

第三十五条　中华人民共和国公民有言论、出版、集会、结社、游行、示威的自由。

第五十一条　中华人民共和国公民在行使自由和权利的时候，不得损害国家的、社会的、集体的利益和其他公民的合法的自由和权利。

第五十三条　中华人民共和国公民必须遵守宪法和法律，保守国家秘密，爱护公共财产，遵守劳动纪律，遵守公共秩序，尊重社会公德。

《中华人民共和国治安管理处罚法》

第二十五条　有下列行为之一的，处五日以上十日以下拘留，可以并处五百元以下罚款；情节较轻的，处五日以下拘留或者五百元以下罚款：

（一）散布谣言，谎报险情、疫情、警情或者以其他方法故意扰乱公共秩序的；

……

15. 保守国家秘密，是每一个公民的义务吗？

典型案例

小吴家附近有空军某部队驻扎。在一天外出就餐的时候，小吴跟朋友炫耀自己偶然间看到了一架新型战斗机，这句话恰巧被一个境外间谍听到了。间谍私下找到小吴，说只要小吴能偷拍到新型战斗机的照片，就给他1万元小费。小吴觉得这笔钱赚得很合适，而且自己也不是保密部门的人，应该不违法，顶多就是受到道德谴责，于是，便答应了间谍的要求。不久事发，小吴就被抓走了。那么，像小吴这样的普通老百姓也需要履行保守国家秘密的义务吗？这是每一个公民的义务吗？

依法解析

我国《宪法》第五十三条明确规定，中华人民共和国公民必须遵守宪法和法律，保守国家秘密，这就意味着每一个公民都负有保守国家秘密的义务。即便案例中的小吴只是个普通老百姓，未身兼国家机要职务，依然负有保守国家秘密的义务。国家未公布的战斗机样式是涉及军事战略、军事打击能力的重要因素，属于国家军事秘密，小吴不应该向境外间谍人员提供任何相关信息。

小吴的行为如果涉嫌为境外窃取国家秘密罪，就会被提起刑事公诉，面临《刑法》第一百一十一条规定的严厉刑事处罚。我们常说“国是千万家”，每一个公民都必须履行保守国家秘密的义务，保护我们共同的家园。

条文依据

《中华人民共和国宪法》

第五十三条 中华人民共和国公民必须遵守宪法和法律，保守国家秘密，爱护公共财产，遵守劳动纪律，遵守公共秩序，尊重社会公德。

《中华人民共和国刑法》

第一百一十一条 为境外的机构、组织、人员窃取、刺探、收买、非法提供国家秘密或者情报的，处五年以上十年以下有期徒刑；情节特别严重的，处十年以上有期徒刑或者无期徒刑；情节较轻的，处五年以下有期徒刑、拘役、管制或者剥夺政治权利。

16. 怎样理解宪法“遵守公共秩序”“尊重社会公德”的意义?

典型案例

张某的孩子只有10个月大。一天晚上，孩子出疹子，高烧不退，张某就带着孩子去了医院。医院导诊人员称，因为新冠肺炎疫情防控需要，有发热症状的患者，必须先到发热门诊就诊。张某怕去发热门诊有感染病毒的风险，便一直强调孩子没有外出接触过别人，就是普通的出疹子发热，要求导诊人员直接安排挂号。张某一边争论，一边抱着孩子往就诊室冲，周围排队的人见状也都赶紧挤到门口，秩序一片混乱。最终，医院保安及时平复了混乱局面。保安劝告张某，着急也得按照秩序来，不能硬闯，凡事都要讲究公共秩序和社会公德。那么，遵守公共秩序和尊重社会公德，是每一个公民的义务吗？

依法解析

我国《宪法》第五十三条规定，中华人民共和国公民必须遵守宪法和法律，遵守公共秩序，尊重社会公德。也就是说，遵守公共秩序和尊重社会公德，是每一个公民应尽的义务。张某作为我国的公民，应该遵守医院的公共秩序，按照就诊流程看病。干扰正常的就诊秩序，不但张某的孩子不能及时得到就诊治疗，就连其他患者也可能会被延误，这是非常错误的行为。

如果张某的行为达到了扰乱医疗机构不能正常运行的程度，就可能会被处以《治安管理处罚法》第二十三条规定的治安处罚，包括警告、罚款，甚至拘留。秩序就是为了确保群众有序地开展活动，遵守公共秩序是公民不可推卸的义务，更是和谐社会的基本要求，每个人都应该认真对待。

条文依据

《中华人民共和国宪法》

第五十三条 中华人民共和国公民必须遵守宪法和法律，保守国家秘密，爱护公共财产，遵守劳动纪律，遵守公共秩序，尊重社会公德。

《中华人民共和国治安管理处罚法》

第二十三条 有下列行为之一的，处警告或者二百元以下罚款；情节较重的，处五日以上十日以下拘留，可以并处五百元以下罚款：

（一）扰乱机关、团体、企业、事业单位秩序，致使工作、生产、营业、医疗、教学、科研不能正常进行，尚未造成严重损失的；

……

聚众实施前款行为的，对首要分子处十日以上十五日以下拘留，可以并处一千元以下罚款。

17. “不可私闯民宅”在宪法中是如何体现的？

典型案例

蒋某与孙某是邻居。孙某将老房子翻盖成二层小楼，比蒋某家的房子高出很多，挡住光线不说，在本地的习俗中，房屋比隔壁矮，生活上也会被压着。虽然这种观点有点迷信，但是一般邻居之间盖房子都会主动盖得一样高。蒋某在孙某盖房期间一直跟孙某协商，但是孙某执意按照自己的想法施工盖房。终于，蒋某按捺不住，一天晚上悄悄爬进孙某的院子，故意砸碎玻璃和几口缸，还威胁孙某必须拆了二楼的房子，否则会拿洋镐直接给他拆了。后经派出所传唤，蒋某供认不讳。蒋某未经他人同意，非法强行闯入他人住宅，并严重损毁他人财产、妨碍他人居住安全，其行为已经违反了宪法对公民住宅保护的相关规定。那么，“不可私闯民宅”在宪法中是如何体现的？

依法解析

我国《宪法》第三十九条明确规定，公民的住宅不受侵犯。禁止非法搜查或者非法侵入公民的住宅，简单理解即为“不可私闯民宅”。住宅是人们非常隐私的空间，也是精神的寄托，保护住宅不被随意闯入，是社会安定的必然要求。

不可私闯民宅体现在两个方面：一方面是对公权力的限制，即便是权力机关也不能随意搜查公民住宅；另一方面是对公民私权利的限制，也就是说他人不能违背住宅主人的意愿进入宅院范围。在上面的案例中，蒋某擅自闯入孙某住宅的行为就违背了上述第二方面的规定。蒋某的行为，根据《治安管理处罚法》第四十条、《刑法》第二百四十五条的规定，将面临拘留、罚款甚至是刑事责任的处罚。

条文依据

《中华人民共和国宪法》

第三十九条　中华人民共和国公民的住宅不受侵犯。禁止非法搜查或者非法侵入公民的住宅。

《中华人民共和国治安管理处罚法》

第四十条　有下列行为之一的，处十日以上十五日以下拘留，并处五百元以上一千元以下罚款；情节较轻的，处五日以上十日以下拘留，并处二百元以上五百元以下罚款：

……

（三）非法限制他人人身自由、非法侵入他人住宅或者非法搜查他人身体的。

《中华人民共和国刑法》

第二百四十五条　非法搜查他人身体、住宅，或者非法侵入他人住宅的，处三年以下有期徒刑或者拘役。

司法工作人员滥用职权，犯前款罪的，从重处罚。

18. 拒绝服兵役，可能要承担怎样的法律后果？

典型案例

随着今年下半年的征兵工作正式开始，武装部的工作人员又投入到繁忙的工作中。在对本县的征兵工作进行宣传时，武装部还特意邀请了一些退伍老兵来给大家讲解部队服役的经历。听到那些激动人心的故事，小吴决定立刻报名参军，成为一名光荣的人民解放军战士。同行的小李却对此嗤之以鼻，认为兵营的生活过于枯燥无味，远远比不上外面的社会精彩，所以对服兵役持拒绝态度。在听到二人的讨论后，负责征兵工作的孙参谋决定趁此机会向大家宣讲兵役义务政策以及拒绝服兵役需要承担的法律后果，以此来提高每个人对于服兵役的认识。那么，拒绝服兵役，可能要承担怎样的法律后果？

依法解析

我国《宪法》第五十五条规定，依法服兵役是中华人民共和国公民的光荣义务，是保卫祖国、抵抗侵略的神圣职责体现。对于拒绝服兵役，根据我国《兵役法》第五十七条的规定，应当由县政府责令限期改正，逾期不改正的，由县政府强制履行，并处以罚款。另外，对于拒绝服役的人员，不得将其录用为公务员、事业单位、国企工作人员，两年内不准出境或者升学复学，还会被纳入履行国防义务严重失信主体名单里。可以说，拒绝服兵役的法律后果是很严重的，在上面的案例中，小李应当树立正确的服兵役观念，积极履行服兵役的义务。

条文依据

《中华人民共和国宪法》

第五十五条 保卫祖国、抵抗侵略是中华人民共和国每一个公民的神圣职责。

依照法律服兵役和参加民兵组织是中华人民共和国公民的光荣义务。

《中华人民共和国兵役法》

第五十七条 有服兵役义务的公民有下列行为之一的，由县级人民政府责令限期改正；逾期不改正的，由县级人民政府强制其履行兵役义务，并处以罚款：

（一）拒绝、逃避兵役登记的；

（二）应征公民拒绝、逃避征集服现役的；

（三）预备役人员拒绝、逃避参加军事训练、担负战备勤务、执行非战争军事行动任务和征召的。

有前款第二项行为，拒不改正的，不得录用为公务员或者参照《中华人民共和国公务员法》管理的工作人员，不得招录、聘用为国有企业和事业单位工作人员，两年内不准出境或者升学复学，纳入履行国防义务严重失信主体名单实施联合惩戒。

第三章

民法典

一、物　权

19. 流经村子的河流的所有权该属于谁?

典型案例

一条河流同时流经甲村和乙村，其中甲村在上游，乙村在下游。该河流比较深，水质也比较好，甲村在该河流中圈出了一块渔场，从事淡水鱼养殖活动。乙村发现此事后，表示甲村发展渔业的行为会污染下游的水质，要求甲村将渔场拆除。但是甲村却表示，该河流既然流经甲村，就代表该河流归甲村所有，甲村有权利对河流加以利用。甲村和乙村各执一词，对该河流的所有权归属产生了争议。请问，根据法律的规定，从村里经过的河流的所有权应当归谁呢?

依法解析

根据《民法典》第二百四十七条的规定，水流属于国家所有。这里的“国家所有”该如何理解呢？依据《民法典》第二百四十六条的规定可知，属于国家所有的财产即全民所有的财产。也就是说，水流是全体国民共同所有的，任何个人对水流只享有使用权。

在上面的案例中，虽然该河流流经甲村和乙村，但并不代表甲村或者乙村的任何一方对其享有所有权，该河流仍然是属于国家的。甲村和乙村对该河流享有平等的使用权，只要不违反法律的规定，不对生态环境造成破坏，甲村和乙村都能够利用该河流获取收益。如果甲村在利用该河流时对乙村造成损失，则可以与乙村进行协商，选择给乙村适当的补偿，或与乙村合作，共同利用该河流。

条文依据

《中华人民共和国民法典》

第二百四十六条　法律规定属于国家所有的财产，属于国家所有即全民所有。

国有财产由国务院代表国家行使所有权。法律另有规定的，依照其规定。

第二百四十七条　矿藏、水流、海域属于国家所有。

20. 可以用宅基地来抵押贷款吗？

典型案例

侯某的儿子小侯从几年前就和朋友一起做一些小生意。自从新冠肺炎疫情暴发以后，小侯的生意越来越不景气。小侯和朋友本来就是小本经营，受新冠肺炎疫情的持续影响，赔得血本无归，还欠了一堆债。小侯实在没办法，向侯某求助。侯某无法眼睁睁地看着儿子陷入困境，便打算向银行贷款帮助儿子渡过难关。侯某没有其他财产，只有宅基地和其上面的房屋。于是，侯某计划用自己的宅基地做抵押来进行贷款。请问，侯某可以用宅基地来抵押贷款吗？

依法解析

根据我国《民法典》第三百九十九条的规定，不能进行抵押的财产有以下几种：（一）土地所有权；（二）宅基地、自留地、自留山等集体所有土地的使用权，但是法律规定可以抵押的除外；（三）学校、幼儿园、医疗机构等为公益目的成立的非营利法人的教育设施、医疗卫生设施和其他公益设施；（四）所有权、使用权不明或者有争议的财产；（五）依法被查封、扣押、监管的财产；（六）法律、行政法规规定不得抵押的其他财产。因此，在上面的案例中，侯某是不可以用宅基地来抵押贷款的。

此外，宅基地上面的房屋属于农民个人财产，原则上是可以用于抵押的，但是，在现实生活中，抵押房产的意义在于“房随地走”，也就是说，实现房产的抵押权后，应得到该房产。而房产不仅在于建筑本身，还在于其下的土地使用权。而对于宅基地来讲，宅基地不可用于抵押，如果单独抵押了其上面的房屋，那么在将来，如果抵押权人要实现抵押权，只能就房屋的建筑材料优先受偿，而无法得到实际意义上的该房产。

条文依据

《中华人民共和国民法典》

第三百九十九条 下列财产不得抵押：

（一）土地所有权；

（二）宅基地、自留地、自留山等集体所有土地的使用权，但是法律规定可以抵押的除外；

（三）学校、幼儿园、医疗机构等为公益目的成立的非营利法人的教育设施、医疗卫生设施和其他公益设施；

（四）所有权、使用权不明或者有争议的财产；

（五）依法被查封、扣押、监管的财产；

（六）法律、行政法规规定不得抵押的其他财产。

21. 将祖传的瓷器用来质押，瓷器却被摔坏了，应当由谁来承担责任？

典型案例

老曾有一个不争气的儿子，一把年纪了还没有收入，每天到处鬼混。一天，老曾的儿子在外与人发生矛盾，一怒之下将对方打成了重伤，被公安机关逮捕。老曾和妻子每天以泪洗面，但还是惦记着替儿子承担对受害人的赔偿责任。老两口的收入都不算高，家里也没什么积蓄，唯一值钱的东西是祖上传下来的一个价值 10 万元的青花瓷花瓶。老曾舍不得将花瓶卖掉，便用它作为质押物，向朋友借了 8 万元。然而，在质押期间，因朋友保管不善，不慎将该花瓶摔碎。请问，应当由谁来承担花瓶摔碎的责任？

依法解析

根据我国《民法典》第四百二十五条的规定，质押是将质押财产交给债权人占有的一种担保方式。与抵押不同的是，在质押的情形下，必须转移质押财产的占有权。因此，用于质押的财产只能是能够转移占有的动产。当债务人不履行债务或者发生当事人约定的实现质权的情形时，债权人就能够就质押财产的价值优先受偿债务。

在质押期间，质押财产在质权人手中，但所有权依然还是出质人享有。因此，质权人应当妥善保管质押财产，避免质押财产的价值受损。如果因质权人保管不善导致质押财产的价值受损的，应当根据《民法典》第四百三十二条的规定，由质权人承担赔偿责任。

在上面的案例中，当老曾将质押财产也就是青花瓷花瓶交给朋友以后，朋友作为质权人，应当担负起妥善保管质押财产的责任。因保管不善导致花瓶摔碎，朋友应当按照花瓶的价值对老曾承担赔偿责任。在质权人保管质押财产的过程中，如果质权人出现可能使质押财产价值受损的行为，出质人也可以请求采取将质押财产提存等方式，来保全质押财产的价值。

条文依据

《中华人民共和国民法典》

第四百二十五条 为担保债务的履行，债务人或者第三人将其动产出质给债权人占有的，债务人不履行到期债务或者发生当事人约定的实现质权的情形，债权人有权就该动产优先受偿。

前款规定的债务人或者第三人为出质人，债权人为质权人，交付的动产为质押财产。

第四百三十二条 质权人负有妥善保管质押财产的义务；因保管不善致使质押财产毁损、灭失的，应当承担赔偿责任。

质权人的行为可能使质押财产毁损、灭失的，出质人可以请求质权人将质押财产提存，或者请求提前清偿债务并返还质押财产。

22. 急需用钱，可以把宅基地转让给他人吗?

典型案例

老徐一辈子都住在村里的自建房里，虽然房屋多次翻修，但保暖效果还是不如专业的施工队建设得好。老徐和老伴都上了年纪，到了冬天容易受寒，便打算请专业的施工队将房屋重新翻修一次。问过价格以后，老徐又比较了县城里新建起的楼房的房价，觉得还不如直接到县城里买一套房。正好老徐的儿子也马上要结婚了，老徐想趁这个机会给儿子也买一套房。老徐手里的积蓄不够支付两套房的房款，便想转让自己的宅基地来周转一下资金。请问，老徐能把宅基地转让给他人吗?

依法解析

根据我国《土地管理法》第九条的规定，宅基地属于农民集体所有。同时，《民法典》第三百六十二条规定，宅基地使用权人对宅基地所享有的是占有和使用的权利。也就是说，虽然农村的村民大部分都有各自的宅基地，但是并不对宅基地享有所有权，不能随意对宅基地进行转让。如果想要转让宅基地使用权，应当在本农民集体范围内转让，而不能转让给其他村集体的村民或者城市居民。

在上面的案例中，老徐因急需用钱想把宅基地转让给他人。在转让宅基地时，老徐需要注意，只能将宅基地转让给本村的村民。并且，由于宅基地资源有限，农村村民一户只能有一处宅基地。如果老徐以后还想回村居住，再申请宅基地的，该申请无法得到批准。

条文依据

《中华人民共和国民法典》

第三百六十二条 宅基地使用权人依法对集体所有的土地享有占有和使用的权利，有权依法利用该土地建造住宅及其附属设施。

《中华人民共和国土地管理法》

第九条 城市市区的土地属于国家所有。

农村和城市郊区的土地，除由法律规定属于国家所有的以外，属于农民集体所有；宅基地和自留地、自留山，属于农民集体所有。

第六十二条 农村村民一户只能拥有一处宅基地，其宅基地的面积不得超过省、自治区、直辖市规定的标准。

……

农村村民出卖、出租、赠与住宅后，再申请宅基地的，不予批准。

……

23. 能用村里的自建房给他人设立居住权吗？

典型案例

老江的儿子小江出门打工，留下妻子应某在家照顾老人。自从小江出门以后，三年都没有回过家。这期间，应某勤勤恳恳地照顾老江老两口，把家里打理得井井有条。一天，小江突然回到家中，却是为了要与应某离婚。原来，小江在大城市里见过世面以后，觉得应某过于老土配不上自己，不想再和她过下去了。应某伤心欲绝，但看小江意志坚决，只能同意离婚。离婚以后，应某没有住处。老江深觉愧对应某，使用家里的老宅为应某设立了二十年的居住权。请问，村里的自建房能给他人设立居住权吗？

依法解析

根据我国《民法典》第三百六十六条的规定，居住权就是对他人的住宅进行占有和使用的权利。也就是说，只要是住宅，无论是商品房还是自建房，都可以设立居住权。居住权既可以通过合同设立，也可以通过遗嘱设立，无论哪种方式，都应当向登记机构申请居住权登记。居住权只有进行登记以后，才能正式设立。

在上面的案例中，应某与小江离婚后，老江为了补偿应某，便在老宅为应某设立了居住权。该老宅虽然是自建房，但是宅基地的使用权属于老江，宅基地上建设的房屋所有权也属于老江，老江有权在该房屋上设立居住权。

条文依据

《中华人民共和国民法典》

第三百六十六条 居住权人有权按照合同约定，对他人的住宅享有占有、使用的用益物权，以满足生活居住的需要。

第三百六十八条 居住权无偿设立，但是当事人另有约定的除外。设立居住权的，应当向登记机构申请居住权登记。居住权自登记时设立。

24. 地役权不登记也能生效吗?

典型案例

单某和洪某两家的农田紧紧挨着，单某家的农田位置靠里，平时浇地排水很不方便。单某打算在农田里安装自动化浇水设备，需要安装供水和排水管道。如果安装管道时绕过洪某家的农田，安装费用大涨不说，供水可能也没那么顺畅。为了方便，单某便想占用洪某家的部分农田来安装管道，向洪某提了这件事。两人商量以后约定，由单某占用洪某的一小部分农田，并每年给洪某500元的补偿。随后，两人签订了地役权合同，但没有进行地役权登记。请问，单某与洪某约定的地役权不登记能否生效?

依法解析

根据我国《民法典》第三百七十二条的规定，地役权就是地役权人有权按照地役权合同的约定，对供役地加以利用，以提高自己的不动产效益的权利。同时，该法第三百七十四条规定，地役权自合同生效时设立。也就是说，当地役权合同生效以后，无论是否进行登记，都不影响地役权的效力。但是，地役权登记可以提供登记对抗作用，只有进行了登记的地役权才能对抗善意第三人。举例来讲，甲与乙签订了地役权合同，约定由甲利用乙的土地，但没有进行地役权登记。后来乙将土地使用权转让给不知情的丙，由于没有进行登记，如果丙不认可该地役权，此时甲不能要求丙继续接替乙履行地役权合同。

在上面的案例中，单某与洪某签订了地役权合同，约定由单某占用洪某的部分农田并给予补偿。当单某与洪某的地役权合同成立并生效以后，虽然未经登记，但单某已经对洪某的农田享有地役权。事后，双方都不能以未经登记来否认地役权的存在。当然，为了保障当事人的权利，在设立地役权后最好及时进行地役权登记，这样才能避免发生不必要的纠纷。

条文依据

《中华人民共和国民法典》

第三百七十二条 地役权人有权按照合同约定，利用他人的不动产，以提高自己的不动产的效益。

前款所称他人的不动产为供役地，自己的不动产为需役地。

第三百七十四条 地役权自地役权合同生效时设立。当事人要求登记的，可以向登记机构申请地役权登记；未经登记，不得对抗善意第三人。

25. 地役权人没有按时支付使用费用，供役地权利人能解除地役权合同吗？

典型案例

齐某和宁某是同一个村的村民，两人各自承包了一片林地，且林地的范围紧挨着。宁某向外输送木材必须经过齐某的林地，于是便和齐某签订了地役权合同，约定由宁某占用齐某的部分林地开辟道路运送木材，一次性向齐某支付补偿3000元，此后每年向齐某支付使用费1500元。合同签订以后，宁某便砍倒了齐某的部分树木，用来开辟道路。除了第一年宁某按照约定支付了使用费以外，之后几年的使用费一直拖欠。齐某多次向宁某催要，宁某都没有按照约定支付。齐某气愤不已，想要解除地役权合同。请问，此时的齐某能解除与宁某之间的地役权合同吗？

依法解析

根据我国《民法典》第三百八十四条的规定，当发生下列情形时，供役地的权利人可以解除地役权合同：第一，违反法律规定或者合同约定，滥用地役权。例如，甲与乙签订地役权合同，约定由甲利用乙的土地，但是，甲滥用农药，导致土壤受到污染。此时，甲的行为违反了法律的规定，乙可以解除地役权合同。第二，有偿利用供役地，约定的付款期限届满后在合理期限内经两次催告未支付费用。需要注意的是，在这种情况下，必须经过两次催告才能解除合同。如果在地役权人未支付使用费，而供役地权利人并未催告的情况下，不能主张解除合同。

在上面的案例中，齐某与宁某签订地役权合同，约定由宁某占用齐某的林地，并每年向齐某支付使用费。但是，宁某并没有履行合同的约定按时支付使用费，且经过齐某的多次催要后仍未支付。此时，齐某满足解除地役权合同的条件，有权要求解除地役权合同。当合同解除以后，宁某不得再继续利用齐某的土地，如果给齐某造成其他损失的，也应当进行赔偿。此外，如果地役权合同双方曾经进行过地役权登记的，在地役权合同解除后，也需要及时注销登记。

条文依据

《中华人民共和国民法典》

第三百八十四条 地役权人有下列情形之一的，供役地权利人有权解除地役权合同，地役权消灭：

（一）违反法律规定或者合同约定，滥用地役权；

（二）有偿利用供役地，约定的付款期限届满后在合理期限内经两次催告未支付费用。

第三百八十五条 已经登记的地役权变更、转让或者消灭的，应当及时办理变更登记或者注销登记。

26. 没装修的毛坯房也需要交物业费吗?

典型案例

萧某在某小区购买了一套房屋。交房以后，还没来得及装修，单位突然告诉萧某有一个可以出国进修的机会。萧某便放下了房屋装修的事情，出了国。两年以后，萧某结束进修回国工作。刚一回国，小区物业公司就给萧某打电话，通知他交纳这两年欠交的物业费。萧某对此感到很费解，他的房屋既没有装修也没有入住，根本没有接受物业公司的服务，为什么还需要支付物业费呢？请问，萧某需要支付物业费吗？

依法解析

根据我国《民法典》第九百四十四条第一款的规定，物业公司提供服务以后，业主就有义务向其支付物业费。当物业公司和业主签订物业服务合同以后，如果物业公司已经按照约定提供了服务，无论业主是否接受，都应当支付物业费。根据《民法典》第九百四十四条第二款和《物业管理条例》第六十四条的规定，如果业主违反了合同约定，以未接受物业服务为由不支付物业费，物业公司有权要求业主在合理的期限内补交物业费。如果业主在经过物业公司催促后，仍然不支付物业费，那么物业公司就可以向法院提起诉讼或者向仲裁机构申请仲裁。

在上面的案例中，萧某购买房屋以后，始终没有装修，也没有入住，但这并不影响萧某成为该小区的业主，负有向物业公司支付物业费的义务。物业公司所提供的物业服务是面向全体业主的，因此萧某应当支付物业费。需要注意的是，物业公司在催促萧某支付物业费的时候，不能采取断水断电等激进的方式，否则萧某有权追究物业公司的法律责任。

条文依据

《中华人民共和国民法典》

第九百四十四条 业主应当按照约定向物业服务人支付物业费。物业服务人已经按照约定和有关规定提供服务的，业主不得以未接受或者无需接受相关物业服务为由拒绝支付物业费。

业主违反约定逾期不支付物业费的，物业服务人可以催告其在合理期限内支付；合理期限届满仍不支付的，物业服务人可以提起诉讼或者申请仲裁。

物业服务人不得采取停止供电、供水、供热、供燃气等方式催交物业费。

《物业管理条例》

第六十四条 违反物业服务合同约定，业主逾期不交纳物业服务费用的，业主委员会应当督促其限期交纳；逾期仍不交纳的，物业服务企业可以向人民法院起诉。

27. 在小区电梯内投放广告产生的收益应该归谁所有?

典型案例

某物业公司认为可以在小区的电梯内投放广告，用来赚取额外收益，便将此事在业主微信群内告知了全体业主。见没有业主反对，该物业公司随后向社会发布了广告位招商通告。某公司看到通告以后，与该物业公司取得了联系，签完合同便在小区的电梯内投放广告。该物业公司取得广告收益后，全部用来为本公司员工购买福利。小区居民得知广告收益被物业公司“独吞”后，纷纷表示不满，双方发生矛盾。请问，在小区电梯内投放广告产生的收益应当归谁所有?

依法解析

根据我国《民法典》第二百八十二条和《物业管理条例》第五十四条的规定，小区内的共有部分属于业主共有，利用共有部分进行经营产生的收益应当归业主所有。如果要利用共有部分进行经营，必须经过业主的同意，物业公司不能擅自决定。经营所得的收益应当用于对电梯、屋顶、外墙、无障碍设施等共有部分的维修、更新和改造等，除此以外，也可以按照业主大会所作出的决定，将经营收益用于服务全体业主的其他方面。

在上面的典型案例中，该物业公司在电梯内投放广告获得收益，属于经营活动的一种。该物业公司虽然在业主微信群里发布了通知，但是并没有办理相关手续，后面也没有将所得的广告收益用于全体业主，而是用于为本公司员工购买福利。其行为显然不符合法律规定，业主有权要求物业公司将所得收益返还。

条文依据

《中华人民共和国民法典》

第二百八十二条 建设单位、物业服务企业或者其他管理人等利用业主的共有部分产生的收入，在扣除合理成本之后，属于业主共有。

《物业管理条例》

第五十四条 利用物业共用部位、共用设施设备进行经营的，应当在征得相关业主、业主大会、物业服务企业的同意后，按照规定办理有关手续。业主所得收益应当主要用于补充专项维修资金，也可以按照业主大会的决定使用。

28. 业主将楼梯间改造成自家壁橱，违法了吗？

典型案例

董某在某小区购买了一套70平方米的房屋。在对房屋进行装修规划时，由于室内面积有限，存储空间比较小，这让董某感到有些愁闷。后来，董某发现楼梯间空间很大，并且他所在的楼层没有其他户入住，于是便计划将楼梯间打造成壁橱，用来储物。董某很快就找来装修工人，启动了改造楼梯间的工程。几天后，董某将楼梯间改造完成，上下楼的邻居发现后，将情况反映给了物业公司。请问，董某将楼梯间改造成自家壁橱的行为，违法了吗？

依法解析

根据我国《民法典》第二百七十一条的规定，业主自己购买的住宅、经营性用房属于建筑专有部分，对除了专有部分以外的共有部分不享有绝对的所有权，而是享有一种相对的共有权。也就是说，业主只能对共有部分进行管理和使用，但是不能对共有部分进行处分，或者改变共有部分的用途，否则就会侵犯其他业主的权利，其他业主有权要求停止该行为。如果给其他业主造成了损失，其他业主还有权要求赔偿。

在上面的案例中，董某因自家面积较小，便将楼梯间改造为壁橱为自家所用。楼梯间是属于全体业主的共有部分，即使使用人数较少，也不代表董某可以将其占为己有。对于董某的行为，根据《民法典》第二百八十六条第二款的规定，其他业主可以将情况反映给业主大会或者业主委员会，业主大会或者业主委员会有权要求董某将楼梯间恢复原样。如果董某改造楼梯间给其他业主造成了损失，还应当承担赔偿责任。在现实生活中，类似事件也常常像案例中那样，由业主举报给物业公司后予以处理。

条文依据

《中华人民共和国民法典》

第二百七十一条 业主对建筑物内的住宅、经营性用房等专有部分享有所有权，对专有部分以外的共有部分享有共有和共同管理的权利。

第二百八十六条 业主应当遵守法律、法规以及管理规约，相关行为应当符合节约资源、保护生态环境的要求。对于物业服务企业或者其他管理人执行政府依法实施的应急处置措施和其他管理措施，业主应当依法予以配合。

业主大会或者业主委员会，对任意弃置垃圾、排放污染物或者噪声、违反规定饲养动物、违章搭建、侵占通道、拒付物业费等损害他人合法权益的行为，有权依照法律、法规以及管理规约，请求行为人停止侵害、排除妨碍、消除危险、恢复原状、赔偿损失。

业主或者其他行为人拒不履行相关义务的，有关当事人可以向有关行政主管部门报告或者投诉，有关行政主管部门应当依法处理。

二、合　同

29. 货物在运输途中受损，损失应该由谁来承担？

典型案例

杨某在Y省B县经营着一个养鸭场。Y省A县的某食品公司与杨某签订了买卖合同，约定购买500只活鸭，并且约定由杨某负责运送到A县某食品公司后，该食品公司再进行签收。随后，杨某联系与他一直合作的某运输公司，由该运输公司将鸭子运送到A县。但在运输途中发生了交通事故，司机为了躲避旁车，导致车辆侧翻，部分鸭子死亡，部分鸭子逃跑，在附近村民以及警察的帮助下，最终能交付给某食品公司的只有不到400只鸭子。请问，在运送货物的过程中所发生的损失，应当由谁来承担呢？

依法解析

买卖合同的当事人有时会有货物损坏的风险，根据我国《民法典》第六百零四条的规定，在没有特殊规定或者当事人没有特殊约定的情况下，货物毁损或者灭失的风险，在货物交付之前由出卖人承担，交付之后由买受人承担。买卖合同双方当事人既可以约定交付的时间，也可以约定交付的地点，要确定货物损坏的风险由谁来承担，需要按照当事人约定的交付条件来确定货物是否交付。

在上面的案例中，杨某与某食品公司约定，由杨某负责运送鸭子。可以看出，双方约定的交付地点是 A 县某食品公司，当该食品公司签收以后，其所购买的鸭子完成交付。在该食品公司签收以前，如果鸭子的价值出现损失，责任应当由杨某来承担。杨某委托运输公司运输鸭子，根据《民法典》第八百三十二条的规定，运输公司应当对鸭子价值的损失承担赔偿责任。因此，杨某在承担了鸭子价值损失的风险以后，可以要求运输公司赔偿。当然，对于运输公司来讲，其可以通过交通事故的责任认定请求保险公司承担保险责任。

条文依据

《中华人民共和国民法典》

第六百零四条 标的物毁损、灭失的风险，在标的物交付之前由出卖人承担，交付之后由买受人承担，但是法律另有规定或者当事人另有约定的除外。

第八百三十二条 承运人对运输过程中货物的毁损、灭失承担赔偿责任。但是，承运人证明货物的毁损、灭失是因不可抗力、货物本身的自然性质或者合理损耗以及托运人、收货人的过错造成的，不承担赔偿责任。

30. 送给别人的东西能想要回来就要回来吗？

典型案例

胡某是某村的村民，主要以务农为生。胡某有一辆使用了很多年的拖拉机，在平时的耕种和运输方面都能起到很大的作用。随着生活水平的提高，胡某用积蓄换了一辆更大马力的拖拉机，原来的拖拉机就闲置了。邻居田某得知这件事后，提出购买闲置的拖拉机。胡某考虑到与田某多年的邻居情分，拖拉机闲置在家也没什么用，便直接送给了田某。胡某的妻子知道后，表示自己弟弟也想要那辆拖拉机，催促胡某向田某把拖拉机要回来。请问，拖拉机送出去以后，还能随意要回来吗？

依法解析

将属于自己的东西无偿地赠送给他人，在法律上叫作赠与。如果赠与人将财产赠送给他人，而受赠人也表示了接受，那么赠与双方之间就形成了赠与合同。根据我国《民法典》第六百五十八条的规定，赠与人可以撤销赠与，但是应当在财产的权利转移之前。一旦财产的权利发生了转移，那么非特殊情况就不能撤销赠与。

根据《民法典》第六百六十三条的规定，受赠人有下列情形时，赠与人可以撤销赠与：（一）严重侵害赠与人或者赠与人近亲属的合法权益；（二）对赠与人有扶养义务而不履行；（三）不履行赠与合同约定的义务。当发生其中的任意一种情形时，无论所赠与的财产的权利是否已经转移，赠与人都可以撤销赠与。

在上面的案例中，胡某将闲置的拖拉机赠送给田某，而田某也接受了，说明胡某与田某之间达成了赠与合同。拖拉机属于动产的一种，只要胡某将拖拉机交付给田某，拖拉机的所有权就转移到了田某手中。由此可见，如果没有《民法典》第六百六十三条规定的情形，即使胡某后悔，也不能要求田某返还拖拉机。

条文依据

《中华人民共和国民法典》

第六百五十七条 赠与合同是赠与人将自己的财产无偿给予受赠人，受赠人表示接受赠与的合同。

第六百五十八条 赠与人在赠与财产的权利转移之前可以撤销赠与。

经过公证的赠与合同或者依法不得撤销的具有救灾、扶贫、助残等公益、道德义务性质的赠与合同，不适用前款规定。

第六百六十三条 受赠人有下列情形之一的，赠与人可以撤销赠与：

（一）严重侵害赠与人或者赠与人近亲属的合法权益；

（二）对赠与人有扶养义务而不履行；

（三）不履行赠与合同约定的义务。

赠与人的撤销权，自知道或者应当知道撤销事由之日起一年内行使。

31. 把自建房租给他人经营农家乐，合同期限最长能约定多少年？

典型案例

周某是某村的村民，儿子在城里结婚并安了家。为了能够更好地尽孝，周某的儿子便把周某老两口接到城里居住。外地人吴某看中该村的景色优美，交通也比较方便，决定在该村开一家农家乐饭店。经过实地考察以后，吴某认为周某家的自建房很宽敞，房屋修建得也很有当地的特色，于是联系周某，提出想租用周某的房屋经营农家乐饭店。周某觉得把村里的房子租出去还能得到一份额外收入，便与吴某签订了一年的房屋租赁合同。一年合同到期以后，吴某不仅把农家乐经营得风生水起，也把周某家的房子维护得很好。吴某表示想要长期租用周某的自建房，周某也表示同意。请问，吴某与周某之间最长可以签订多少年的房屋租赁合同呢？

依法解析

根据我国《民法典》第七百零五条的规定，租赁合同中约定的租赁期限最长不得超过二十年。如果当事人在租赁合同中约定了超过二十年的租赁期限，那么该租赁期限只在二十年内是有效的，超过二十年的部分无法得到法律的承认。在租赁期限届满以后，租赁合同的当事人可以自由决定是否续订租赁合同。值得注意的是，如果当事人续订租赁合同，续订的租赁期限同样不能超过二十年。

在上面的案例中，吴某与周某都想签订长期的房屋租赁合同。两人可以根据实际需要确定租赁合同的期限，但是不能超过二十年。如果吴某与周某签订了超过二十年的租赁合同，那么该租赁合同的租赁期限也只能按照二十年来履行。

条文依据

《中华人民共和国民法典》

第七百零五条 租赁期限不得超过二十年。超过二十年的，超过部分无效。

租赁期限届满，当事人可以续订租赁合同；但是，约定的租赁期限自续订之日起不得超过二十年。

32. 借给别人钱的时候，利息该怎么约定才合法？

典型案例

钟某在村里承包了一片鱼塘，凭借自己勤劳的双手逐渐成为村里的养鱼大户，有不少村民都在钟某的鼓励下走上了水产养殖的道路。钟某有一个远方表侄丁某，也一直想取经，请钟某传授成功经验。钟某面对丁某的请教，丝毫不保留，将自己平时养鱼的经验以及诀窍一五一十地告诉了丁某。丁某正式决定从事水产养殖，但是因为年纪比较轻，没有多少积蓄，手里的钱还不够承包鱼塘。钟某得知以后，大方地表示丁某差多少钱都可以向他借。丁某十分感谢钟某，向钟某借了 6 万元，并主动提出可以支付一些利息。请问，钟某与丁某之间的利息该怎么约定才是合法的呢？

依法解析

根据我国《民法典》第五百一十条和第六百七十四条的规定，借款人和贷款人可以在借款合同中约定利息，如果没有约定或者约定不明确的，可以在事后进行补充约定。如果当事人之间约定了利息的，那么借款人就应当按照约定的期限和数额向贷款人支付利息。在约定利息时，要注意利率应当符合法律的规定。根据《最高人民法院关于审理民间借贷案件适用法律若干问题的规定》第二十五条的规定，我国法定的最高利率是合同成立时一年期贷款市场报价利率的四倍。当事人应当在此范围内约定利息，如果约定的利息高于法定的最高利率的，那么超出的部分不具有法律效力。

在上面的案例中，钟某借给丁某6万元，钟某与丁某可以在借款时约定是否支付利息、何时支付利息以及利率的相关事项。约定利息应当双方自愿，并且注意不要超出法定的最高利率标准。

条文依据

《中华人民共和国民法典》

第五百一十条 合同生效后，当事人就质量、价款或者报酬、履行地点等内容没有约定或者约定不明确的，可以协议补充；不能达成补充协议的，按照合同相关条款或者交易习惯确定。

第六百七十四条 借款人应当按照约定的期限支付利息。对支付利息的期限没有约定或者约定不明确，依据本法第五百一十条的规定仍不能确定，借款期间不满一年的，应当在返还借款时一并支付；借款期间一年以上的，应当在每届满一年时支付，剩余期间不满一年的，应当在返还借款时一并支付。

《最高人民法院关于审理民间借贷案件适用法律若干问题的规定》

第二十五条 出借人请求借款人按照合同约定利率支付利息的，人民法院应予支持，但是双方约定的利率超过合同成立时一年期贷款市场报价利率四倍的除外。

前款所称“一年期贷款市场报价利率”，是指中国人民银行授权全国银行间同业拆借中心自2019年8月20日起每月发布的一年期贷款市场报价利率。

33. 向他人借款时，他人直接从本金中扣取利息，是否合法?

典型案例

汤某与妻子结婚二十几年，感情一直十分和睦。不久前，汤某妻子感觉身体不适，前往医院诊断后，医生表示，必须尽快进行手术，但手术费用需要好几十万元。为了给妻子治病，汤某将家里值钱的大件都卖了，又向亲戚朋友借了些钱，但还差 10 万元。无奈之下，汤某决定向村里的富户孔某借钱。孔某了解情况后，同意按照每年 2% 的利息借给汤某 10 万元，并宽限汤某五年内还款。孔某同时表示，为了保障自己的利益，需要将五年的利息先从本金中扣除，这样汤某实际收到的借款就是 9 万元。请问，孔某的行为是否合法?

依法解析

在借款时直接从本金中将利息扣除，也就是民间俗称的“砍头息”。根据我国《民法典》第六百七十条的规定，预先在本金中扣除利息的行为是违法的。同时，《最高人民法院关于审理民间借贷案件适用法律若干问题的规定》第二十六条还规定，如果预先在本金中扣除利息，在认定本金数额时，应当以借款人实际取得的借款数额为准。也就是说，如果贷款人预先将利息从本金中扣除，那么就不能要求借款人按照原来的本金偿还借款，而只能要求借款人按照扣除利息后的数额偿还借款。

在上面的案例中，孔某同意将钱借给汤某，但要求将利息预先从本金中扣除。汤某原本向孔某借款 10 万元，但是扣除利息以后汤某就只取得 9 万元的借款。根据法律的相关规定，汤某与孔某约定的利息是有效的，但是利息不能按照 10 万元本金来计算，应当按照 9 万元本金来计算。当借款期限届满以后，汤某也只需向孔某支付 9 万元的本金，并按照约定的利率向孔某支付利息。

条文依据

《中华人民共和国民法典》

第六百七十条 借款的利息不得预先在本金中扣除。利息预先在本金中扣除的，应当按照实际借款数额返还借款并计算利息。

《最高人民法院关于审理民间借贷案件适用法律若干问题的规定》

第二十六条 借据、收据、欠条等债权凭证载明的借款金额，一般认定为本金。预先在本金中扣除利息的，人民法院应当将实际出借的金额认定为本金。

34. 不知道他人所借的款项为赌债而提供担保的，担保合同有效吗？

典型案例

几年前，何某染上了赌瘾，所有的积蓄都用来赌博。为了偿还赌债，何某卖了家里的房子和地，但仍然有 20 万元没有还清。赌场老板强迫何某签下借款合同，要求何某在两年之内还清 20 万元赌债，并让何某找个人来做担保。何某身边的亲戚朋友都知道他的为人，早就躲得远远的，没人愿意来当保证人。于是，何某想到了许久没有联系的儿时玩伴陆某。何某谎称自己买房还差 20 万元，请陆某来做担保。陆某念在儿时的情谊上，答应了何某的请求。请问，在这种情况下，陆某所签的担保合同是否有效？

依法解析

根据我国《民法典》第六百八十二条的规定，保证合同是主债权债务合同的从合同，如果主债权债务合同无效，那么保证合同也无效，保证人无需承担保证责任。而根据《最高人民法院关于审理民间借贷案件适用法律若干问题的规定》第十三条第四项的规定可以看出，因赌博签订的借款合同是无效的。也就是说，为赌债提供担保而签订的保证合同，不具有法律效力。

在上面的案例中，赌场老板为了让何某偿还赌债，与何某签订了借款合同。何某所签的借款合同是无效的，赌场老板不能依据合同要求何某偿还欠款。而陆某在不知情的情况下为何某提供了担保，其签订的保证合同也是无效的，陆某不需要承担保证责任。

条文依据

《中华人民共和国民法典》

第六百八十二条 保证合同是主债权债务合同的从合同。主债权债务合同无效的，保证合同无效，但是法律另有规定的除外。

保证合同被确认无效后，债务人、保证人、债权人有过错的，应当根据其过错各自承担相应的民事责任。

《最高人民法院关于审理民间借贷案件适用法律若干问题的规定》

第十三条 具有下列情形之一的，人民法院应当认定民间借贷合同无效：

……

（四）出借人事先知道或者应当知道借款人借款用于违法犯罪活动仍然提供借款的；

……

35. 帮邻居灭火时被烧伤，能要求邻居承担医疗费吗？

典型案例

唐某与顾某是邻居。一天，顾某一家外出，在家中休息的唐某突然闻到一股烧焦的味道。唐某出门查看，发现顾某家门口堆得高高的柴堆不知为什么着火了，火苗眼看就要烧到顾某的房子了。唐某连忙叫来家人灭火。经过大家的共同努力，火终于被扑灭。但是唐某在灭火的过程中被正在燃烧的柴火棍砸中，导致后背轻度烧伤，事后花费医疗费总共1.5万元。唐某要求顾某承担其被烧伤的医疗费。请问，顾某是否应该承担唐某的医疗费？

依法解析

顾某应当承担唐某的医疗费。根据我国《民法典》第九百七十九条的规定，没有法定或者约定的义务，为避免他人利益受损而管理他人事务的，是无因管理。在无因管理的情况下，管理人管理他人事务往往是出于善意，如果在管理他人事务的过程中支出了必要的费用，受益人应当偿还；如果管理人受到损失，受益人应当给予管理人适当的补偿。但是，补偿的前提是管理人管理事务的行为符合受益人的真实意思。举例来说，甲与男友分手后，扔掉了男友送的戒指。而乙捡到戒指以后，误以为戒指是甲遗失的，从而帮甲保管。在这种情况下，乙不能要求甲支付保管费用，因为乙保管戒指的行为并不符合甲的真实意思。

在上面的案例中，唐某为了避免顾某家受到财产损失，而主动帮助顾某扑灭了火，却在灭火过程中受伤。可以看出，唐某灭火的行为是为了保护顾某的利益，也并没有与顾某的本意相冲突。顾某对于唐某医疗费的请求，应当给予适当补偿。

条文依据

《中华人民共和国民法典》

第九百七十九条 管理人没有法定的或者约定的义务，为避免他人利益受损失而管理他人事务的，可以请求受益人偿还因管理事务而支出的必要费用；管理人因管理事务受到损失的，可以请求受益人给予适当补偿。

管理事务不符合受益人真实意思的，管理人不享有前款规定的权利；但是，受益人的真实意思违反法律或者违背公序良俗的除外。

36. 参加试用活动后决定不买商品，需要支付使用费吗？

典型案例

一天，于某逛商场时，发现正在举行一款新型智能小冰箱试用促销活动，便报了名。商场给出的试用协议载明，冰箱的试用期限为5天，试用后不满意的，可以将冰箱退回商场；试用后决定购买的，应当在试用期限结束以后1天内支付购买冰箱的费用。于某试用后，觉得这款冰箱虽然很智能化，但容量比较小，而且冰箱主推的“智能化”效果对他来说也不是很实用。于是，于某不打算购买冰箱，便将冰箱退回商场。然而商场却要求于某支付冰箱的使用费。请问，于某需要支付使用费吗?

依法解析

试用买卖是买受人先对商品进行试用，在试用后才决定是否购买商品的买卖形式。试用商品的期限可以由买卖双方进行约定，如果没有约定或者约定不明确的，试用期限由出卖人决定。根据我国《民法典》第六百三十八条的规定，在试用商品的期间，买受人既可以选择购买商品，也可以拒绝购买。同时，《民法典》第六百三十九条还规定，当事人也可以约定试用期间对商品的使用费，如果没有约定使用费或者对使用费约定不明确的，事后出卖人不能要求买受人支付使用费。在上面的案例中，商场与于某并没有约定使用费的相关事项，因此即使在试用期结束以后于某拒绝购买冰箱，也无需支付试用冰箱期间的使用费。

条文依据

《中华人民共和国民法典》

第六百三十八条　试用买卖的买受人在试用期内可以购买标的物，也可以拒绝购买。试用期限届满，买受人对是否购买标的物未作表示的，视为购买。

试用买卖的买受人在试用期内已经支付部分价款或者对标的物实施出卖、出租、设立担保物权等行为的，视为同意购买。

第六百三十九条　试用买卖的当事人对标的物使用费没有约定或者约定不明确的，出卖人无权请求买受人支付。

37. 儿童免票乘坐公交车，在公交车上因事故受伤的，能要求公交公司赔偿吗？

典型案例

一天，康某带着6岁的女儿小婷乘坐公交车到商场购物。由于小婷的身高还不到120厘米，无需购买车票。在行驶过程中，司机见车上的乘客比较少，开车的速度就稍微加快了一些。在经过一个路口时，一辆电动车突然从侧面驶出，公交司机为了躲避，撞上了路中间的护栏。小婷在巨大的冲击力下摔倒受伤，被送往医院，共花费医疗费用5万元。请问，公交公司是否应当对免票的小婷进行赔偿？

依法解析

根据我国《民法典》第八百二十三条的规定，承运人应当对运输过程中旅客的伤亡承担赔偿责任，包括按照规定免票、持优待票或者经承运人许可搭乘的无票旅客。允许旅客免票、持优待票等属于运输公司主动对旅客作出的让利行为，这并不影响旅客与运输公司之间运输合同的效力。只要旅客与运输公司之间成立了合法有效的运输合同，那么无论旅客是否支付票价，都享有应有的权利。

未成年人不满120厘米，免票乘车是运输部门作出的规定，在上面的案例中，小婷免票乘车是合理合法的，她在事故中所遭受的损害并不是自己故意或者重大过失造成的，公交公司应当对免票的小婷进行赔偿。

条文依据

《中华人民共和国民法典》

第八百二十三条 承运人应当对运输过程中旅客的伤亡承担赔偿责任；但是，伤亡是旅客自身健康原因造成的或者承运人证明伤亡是旅客故意、重大过失造成的除外。

前款规定适用于按照规定免票、持优待票或者经承运人许可搭乘的无票旅客。

三、人格权

38. 哪些权利属于人格权？

典型案例

狄某性格比较内向，和别人发生矛盾也不敢表达自己的意见。由于在生活中过于压抑自己，狄某需要一个宣泄口来发泄郁闷的情绪。于是，狄某在网络上某个论坛里注册了一个账号，认为在网上没有人知道自己的真实身份，即使在网上辱骂他人，也不会有人来追究责任。一天，狄某又与他人发生了不愉快，便到论坛中发了一个匿名帖，大肆辱骂与其发生矛盾的人。后来，狄某在网上的言论被对方发现，对方以狄某侵犯其名誉权为由提起了人格权之诉。请问，都有哪些权利属于人格权呢？

依法解析

人格权是民事主体所享有的、与民事主体人身紧密相关的一系列权利，包括生命权、身体权、健康权、姓名权、名称权、肖像权、名誉权、荣誉权、隐私权等，除此之外，还包括基于人身自由、人格尊严产生的其他人格权益。在上面这些权利当中，有些是自然人和法人都享有的，例如名誉权等。而有些是自然人专有的，例如健康权等。还有些是法人专有的，例如名称权等。与此同时，部分人格权在自然人死亡以后仍然受到法律的保护，例如死者的姓名、肖像、名誉、荣誉、隐私、遗体等。当死者的这些权利受到侵害以后，其配偶、子女、父母可以要求侵权人承担责任。没有配偶、子女且父母已经死亡的，则可以由其他近亲属来行使该权利。

在上面的案例中，狄某在网上辱骂他人，对他人的名誉权造成了侵害。名誉权属于人格权的一种，当人格权受到侵害时，权利人有权要求行为人承担停止侵害、排除妨碍、消除危险、消除影响、恢复名誉、赔礼道歉等责任。如果行为人侵害人格权的行为给他人造成了损失，也需要承担赔偿责任。此外，网络并不是法外之地，在网络上侵犯他人权利同样需要承担责任。

条文依据

《中华人民共和国民法典》

第九百九十条　人格权是民事主体享有的生命权、身体权、健康权、姓名权、名称权、肖像权、名誉权、荣誉权、隐私权等权利。

除前款规定的人格权外，自然人享有基于人身自由、人格尊严产生的其他人格权益。

第九百九十四条　死者的姓名、肖像、名誉、荣誉、隐私、遗体等受到侵害的，其配偶、子女、父母有权依法请求行为人承担民事责任；死者没有配偶、子女且父母已经死亡的，其他近亲属有权依法请求行为人承担民事责任。

第九百九十五条 人格权受到侵害的，受害人有权依照本法和其他法律的规定请求行为人承担民事责任。受害人的停止侵害、排除妨碍、消除危险、消除影响、恢复名誉、赔礼道歉请求权，不适用诉讼时效的规定。

39. 丑化他人照片还到处散播违法吗?

典型案例

甄某和盛某是同一个村的村民，甄某以种地为生，盛某除了种地外，还养了几头牛。一天，盛某的牛闯入甄某的农田，糟蹋了不少作物。甄某前去和盛某理论，盛某虽然赔了钱，但是嘴上不饶人，讥讽了甄某几句，甄某便怀恨在心。后来有一天，盛某将自己前段时间出门旅游拍的照片分享到村里的微信群里。甄某看见以后，便把盛某的照片保存下来，用手机软件将照片上的盛某P丑，并配上了文字“胖得像头猪”，随后也发到了群里。盛某看见被丑化的照片以后，怒不可遏。请问，甄某的行为是否违法？盛某能要求甄某承担责任吗？

依法解析

根据《民法典》第一千零一十八条的规定，每个人都享有肖像权。当肖像权被他人侵犯时，我们有权维护自己的正当权利。那么，什么样的行为会侵犯他人的肖像权呢？《民法典》第一千零一十九条规定，侵犯他人肖像权的行为主要有三种：第一种，以丑化、污损，或者利用信息技术手段伪造等方式侵害他人的肖像权；第二种，未经肖像权人同意，不得制作、使用、公开肖像权人的肖像，但是法律另有规定的除外；第三种，未经肖像权人同意，肖像作品权利人以发表、复制、发行、出租、展览等方式使用或者公开肖像权人的肖像。

在上面的案例中，甄某将盛某的照片用软件丑化以后配上了侮辱性文字，其行为属于以丑化方式侵犯他人的肖像权。盛某的肖像权被侵犯以后，有权通过诉讼等方式要求甄某承担民事责任。除此之外，甄某将盛某的照片配上侮辱性文字，该行为也可能损害盛某的名誉，侵犯盛某的名誉权。在现实生活中，我们也要注意避免使用他人照片进行恶搞、传播等行为，这些行为都可能会侵犯他人的肖像权。

条文依据

《中华人民共和国民法典》

第一千零一十八条 自然人享有肖像权，有权依法制作、使用、公开或者许可他人使用自己的肖像。

肖像是通过影像、雕塑、绘画等方式在一定载体上所反映的特定自然人可以被识别的外部形象。

第一千零一十九条 任何组织或者个人不得以丑化、污损，或者利用信息技术手段伪造等方式侵害他人的肖像权。未经肖像权人同意，不得制作、使用、公开肖像权人的肖像，但是法律另有规定的除外。

未经肖像权人同意，肖像作品权利人不得以发表、复制、发行、出租、展览等方式使用或者公开肖像权人的肖像。

40. 故意编造并传播他人是“小三儿”的闲话，违法了吗？

典型案例

傅某和庞某是多年的邻里街坊，虽然住得很近，但是暗地里一直较着劲。傅某有个儿子，很喜欢庞某的女儿，但是庞某女儿觉得傅某儿子不求上进，拒绝了他的追求。因为这件事，两家人面子上闹得很难看。庞某女儿大学毕业后，留在城市工作。因为工作能力强，很受公司的器重，到手的薪资也水涨船高。在庞某女儿的帮助下，庞某家的房子也进行了翻修，看起来更气派了。傅某将这一切看在眼里，再想到自己那个到现在还没什么出息的儿子，心里很不舒服，于是傅某到处和别人说庞某女儿是给老板当了“小三儿”才能挣这么多钱的。请问，傅某的行为违法了吗？

依法解析

我国法律保护民事主体的名誉权。根据《民法典》第一千零二十四条的规定，名誉就是对民事主体的品德、声望、才能、信用等的社会评价。如果行为人以侮辱、诽谤等方式侵害他人名誉权，造成他人社会评价降低的，就应当承担相应的法律责任。当名誉权受到侵害时，权利人有权要求行为人承担停止侵害、消除影响、恢复名誉、赔礼道歉等责任。如果因名誉权受损给权利人造成了财产或者精神上的损害的，行为人还应当进行赔偿。

在上面的案例中，傅某因对庞某家心有怨气，便随意造谣庞某的女儿是因为当了“小三儿”才能挣到钱。可以看出，傅某的言论没有任何根据，完全是因为他心中不快随意捏造的。这样的言论属于对庞某女儿的诽谤，会造成庞某女儿社会评价的降低。对于傅某的行为，庞某女儿有权要求其承担法律责任。

条文依据

《中华人民共和国民法典》

第九百九十五条 人格权受到侵害的，受害人有权依照本法和其他法律的规定请求行为人承担民事责任。受害人的停止侵害、排除妨碍、消除危险、消除影响、恢复名誉、赔礼道歉请求权，不适用诉讼时效的规定。

第一千零二十四条 民事主体享有名誉权。任何组织或者个人不得以侮辱、诽谤等方式侵害他人的名誉权。

名誉是对民事主体的品德、声望、才能、信用等的社会评价。

41. 在自家墙头安装的监控能拍到邻居家的情况，是侵权吗？

典型案例

毛某经常外出务工不在家。一天，毛某家里进了贼，值钱的物件都被偷盗一空。此后，毛某便在家里院子的墙头上安装了带有自动定位追踪功能的摄像头。根据摄像头的程序设置，如果毛某家中出现其他人，会自动报警。不久，邻居井某在家突然听见毛某家的摄像头发出警报声，连忙前往查看，但毛某家中并没有进入其他人。井某这才发现，原来毛某家中的摄像头位置安得太高，一墙之隔的自己家也在拍摄范围内，并将在院子里活动的井某识别为陌生人进行报警。请问，毛某家的摄像头能拍摄到井某家的情况，是侵权吗？

依法解析

根据我国《民法典》第一千零三十二条和第一千零三十三条第二项的规定，在未经他人同意的情况下，拍摄他人不愿为他人知晓的私密空间属于侵犯他人的隐私权。即使拍摄行为并非出于行为人的故意，但只要造成了侵犯他人隐私权的结果，那么权利人就有权要求行为人停止侵犯隐私权的行为。如果因侵犯隐私权的行为给权利人造成损害的，行为人也应当承担赔偿责任。

在上面的案例中，毛某为了防盗，在自家的院墙上安装了摄像头。虽然毛某安装摄像头的位置是在自己家的院子里，但仍然要注意摄像头的拍摄范围是否会涉及他人的隐私空间。井某的院子属于自己的私密空间，是不想被外人窥视的。毛某安装摄像头的行为侵犯了井某的隐私权，应当及时调整摄像头的位置。平时我们在进行拍照、摄像这一类的活动时，也需要注意避开他人的隐私空间，避免侵犯他人的隐私权。

条文依据

《中华人民共和国民法典》

第一千零三十二条 自然人享有隐私权。任何组织或者个人不得以刺探、侵扰、泄露、公开等方式侵害他人的隐私权。

隐私是自然人的私人生活安宁和不愿为他人知晓的私密空间、私密活动、私密信息。

第一千零三十三条 除法律另有规定或者权利人明确同意外，任何组织或者个人不得实施下列行为：

（一）以电话、短信、即时通讯工具、电子邮件、传单等方式侵扰他人的私人生活安宁；

（二）进入、拍摄、窥视他人的住宅、宾馆房间等私密空间；

（三）拍摄、窥视、窃听、公开他人的私密活动；
（四）拍摄、窥视他人身体的私密部位；
（五）处理他人的私密信息；
（六）以其他方式侵害他人的隐私权。

42. 随意出售他人的个人信息是违法行为吗？

典型案例

龚某开了一个小药店，平时村里及附近村的村民都会到这儿来买药。新冠肺炎疫情暴发后，购买部分药物必须进行登记。于是，龚某专门准备了一本册子，用来登记顾客的电话号码、家庭住址、所购买的药物以及治疗的疾病等个人信息。时间一长，龚某所收集的村民个人信息业已攒满了一整本册子。某天，龚某听说个人信息能够卖钱，便动起了这个心思。他联系到一家老年用品公司，将收集的老年人的个人信息全部卖给了该公司。随后，该公司来到村里向老年村民“精准”推销公司产品。请问，龚某随意出售村民个人信息的行为是否违法？

依法解析

根据我国《个人信息保护法》的规定，对个人信息的处理包括收集、存储、使用、加工、传输、提供、公开、删除等方式。在处理个人信息时需遵循以下几个原则：第一，应当合法、正当、必要、诚信；第二，应当具有明确、合理的目的，并应当与处理目的直接相关，采取对个人权益影响最小的方式；第三，处理个人信息应当公开透明，公开个人信息处理规则，明示处理的目的、方式和范围。合法收集他人个人信息以后，应当遵循以上原则对个人信息进行处理，不能非法买卖、提供或者公开他人的个人信息。

在上面的案例中，龚某为了防范疫情，收集购买药品的顾客的个人信息，这一行为是合法的。但是，当龚某收集到村民的个人信息以后，不得在未经村民同意的情况下，随意透露给他人，更不能进行出售。龚某的行为不仅仅是普通的违法行为，还可能触犯《刑法》第二百五十三条之一中关于侵犯公民个人信息罪的相关规定。合法收集他人个人信息后，必须注意妥善保管个人信息，避免出现违法情形。

条文依据

《中华人民共和国个人信息保护法》

第四条 个人信息是以电子或者其他方式记录的与已识别或者可识别的自然人有关的各种信息，不包括匿名化处理后的信息。

个人信息的处理包括个人信息的收集、存储、使用、加工、传输、提供、公开、删除等。

第十条 任何组织、个人不得非法收集、使用、加工、传输他人个人信息，不得非法买卖、提供或者公开他人个人信息；不得从事危害国家安全、公共利益的个人信息处理活动。

《中华人民共和国刑法》

第二百五十三条之一 违反国家有关规定，向他人出售或者提供公民个人信息，情节严重的，处三年以下有期徒刑或者拘役，并处或者单处罚金；情节特别严重的，处三年以上七年以下有期徒刑，并处罚金。

……

43. 把被隔离村民的个人信息公布出来，违法了吗？

典型案例

皮某是某村的村民，不久前曾去A省某市看望亲戚，并与亲戚在当地游玩。皮某刚回到家以后没几天，就看到新闻报道A省某市出现了新冠肺炎确诊病例。皮某按照规定将自己曾去过A省某市的情况报告给村委会，而当地的防疫办也通知皮某，因其行程轨迹与确诊病例存在时空重合，需要居家隔离。由于皮某的自觉性比较低，为了让邻里街坊都能够帮忙监督其不要到处走动，村长龙某将皮某的姓名、家庭住址、电话号码、身份证号码等个人信息公布在了村里的微信群里，还发给几个邻村的村长，一并转发到邻村的几个大群里。请问，村长龙某公布皮某个人信息的行为违法了吗？

依法解析

根据我国《民法典》第一千零三十四条的规定，个人信息最基本的特征就是能够识别出特定自然人的身份。如果个人信息处理不当，很可能会使自然人的权益受到损害。因此，在处理个人信息时，应当遵循合法、正当、必要和诚信这几个原则，注意要采取对个人权益影响最小的方式。

根据我国《个人信息保护法》第十三条第一款第四项的规定，如果为应对突发公共卫生事件，必须处理个人信息的，可以处理个人信息，但必须在必要范围内进行。在上面的案例中，皮某因新冠肺炎疫情需要居家隔离。为了让大家监督皮某，村长龙某将皮某的姓名、家庭住址、电话号码、身份证号码等个人信息公布出来，还散发到几个邻村，以让皮某严格遵守居家隔离规定。由此可见，龙某公布皮某个人信息的行为超出了必需的范围，违反了法律的规定。在防控疫情的过程中，有时会不可避免地公布公民的个人信息，但一定要遵循处理个人信息的原则，避免损害公民的其他合法权益。

条文依据

《中华人民共和国民法典》

第一千零三十四条 自然人的个人信息受法律保护。

个人信息是以电子或者其他方式记录的能够单独或者与其他信息结合识别特定自然人的各种信息，包括自然人的姓名、出生日期、身份证件号码、生物识别信息、住址、电话号码、电子邮箱、健康信息、行踪信息等。

个人信息中的私密信息，适用有关隐私权的规定；没有规定的，适用有关个人信息保护的规定。

《中华人民共和国个人信息保护法》

第十三条 符合下列情形之一的，个人信息处理者方可处理个人信息：

（一）取得个人的同意；

（二）为订立、履行个人作为一方当事人的合同所必需，或者按照依法制定的劳动规章制度和依法签订的集体合同实施人力资源管理所必需；

（三）为履行法定职责或者法定义务所必需；

（四）为应对突发公共卫生事件，或者紧急情况下为保护自然人的生命健康和财产安全所必需；

（五）为公共利益实施新闻报道、舆论监督等行为，在合理的范围内处理个人信息；

（六）依照本法规定在合理的范围内处理个人自行公开或者其他已经合法公开的个人信息；

（七）法律、行政法规规定的其他情形。

依照本法其他有关规定，处理个人信息应当取得个人同意，但是有前款第二项至第七项规定情形的，不需取得个人同意。

44. 员工受到性骚扰，公司有义务阻止吗？

典型案例

小吕大学毕业以后，进入某公司工作。直属上司严某见小吕年轻漂亮，便向她表达了自己的爱意，而小吕知道严某已有家室，便婉言拒绝了他的表白。但严某没有放弃，常常以指导工作为由，在私人时间给小吕发送一些暧昧的甚至不堪入目的图片或者视频。一开始，小吕碍于严某是上司，只委婉地提醒他不要再发消息了。但严某不肯善罢甘休，时间一长，小吕不堪其扰，就向公司举报他性骚扰。请问，严某的行为是性骚扰吗？当员工受到性骚扰时，公司有义务阻止吗？

依法解析

根据我国《民法典》第一千零一十条的规定，性骚扰是指用言语、文字、图像、肢体行为等方式，在违背他人意愿的情况下，对他人加以性暗示，侵犯被骚扰人权利的行为。机关、企业、学校等单位应当采取合理的预防、受理投诉、调查处置等措施，防止和制止利用职权、从属关系等实施性骚扰。《女职工劳动保护特别规定》

第十一条也特别规定，在劳动场所，用人单位应当预防和制止对女职工的性骚扰。面对性骚扰行为，用人单位应当采取相应措施，不仅要预防，还要对已经发生的性骚扰行为及时进行制止。同时，要积极帮助被骚扰职工报警，配合举证，使实施性骚扰的人得到应有的惩罚。

在上面的案例中，严某经常向小吕发送暧昧甚至不堪入目的消息，给小吕造成了困扰，其行为属于性骚扰。小吕不仅可以向公司举报，还可以报警。在得知性骚扰的事实以后，公司有义务及时采取措施，一方面从公司层面对严某进行处罚，另一方面保护小吕避免其遭到报复。报警以后，还应当积极配合公安机关调查取证。

条文依据

《中华人民共和国民法典》

第一千零一十条 违背他人意愿，以言语、文字、图像、肢体行为等方式对他人实施性骚扰的，受害人有权依法请求行为人承担民事责任。

机关、企业、学校等单位应当采取合理的预防、受理投诉、调查处置等措施，防止和制止利用职权、从属关系等实施性骚扰。

《女职工劳动保护特别规定》

第十一条 在劳动场所，用人单位应当预防和制止对女职工的性骚扰。

四、婚姻家庭

45. 怎么区分个人财产与夫妻共同财产?

典型案例

蒋某与施某在大学期间确定了恋爱关系。大学毕业后，两人合租了一套房屋。蒋某为方便上班，独自出资购买了一辆汽车，施某为两人的合租房购置了不少家具家电。两年以后，双方工作和感情都稳定下来，便商讨结婚事宜。两人决定在结婚以后共同出资购买婚房，共同偿还房贷。结婚前，蒋某根据当地风俗，给了施某6万元的彩礼。请问，在上面提到的各项财产中，哪些是个人财产？哪些是夫妻共同财产？

依法解析

根据我国《民法典》第一千零六十二条的规定，夫妻在婚姻关系存续期间获得的下列财产属于夫妻共同财产：（1）工资、奖金、劳务报酬；（2）生产、经营、投资的收益；（3）知识产权的收益；（4）继承或者受赠的财产，但是本法第一千零六十三条第三项规定的除外；（5）其他应当归共同所有的财产。同时，第一千零六十三条规定了下列财产属于夫妻一方的个人财产：（1）一方的婚前财产；（2）一方因受到人身损害获得的赔偿或者补偿；（3）遗嘱或者赠与合同中确定只归一方的财产；（4）一方专用的生活用品；

（5）其他应当归一方的财产，具体指：一方以个人财产投资取得的收益；男女双方实际取得或者应当取得的住房补贴、住房公积金；男女双方实际取得或者应当取得的基本养老金、破产安置补偿费。一般来说，夫妻共同财产与个人财产主要依靠“结婚”这一节点来划分，婚前一方的财产不会随着结婚时间的长短而变为夫妻共同财产。

在上面的典型案例中，蒋某与施某在结婚前所获得的财产主要有蒋某购买的汽车、施某购买的家具家电，以及蒋某给施某的彩礼。汽车和家具家电是蒋某和施某各自出资购买，分别属于两人的个人财产；彩礼是蒋某在婚前对施某的赠与，属于施某的个人财产。而两人婚后共同购买的房屋属于夫妻共同财产。

条文依据

《中华人民共和国民法典》

第一千零六十二条 夫妻在婚姻关系存续期间所得的下列财产，为夫妻的共同财产，归夫妻共同所有：

（一）工资、奖金、劳务报酬；

（二）生产、经营、投资的收益；

（三）知识产权的收益；

（四）继承或者受赠的财产，但是本法第一千零六十三条第三项规定的除外；

（五）其他应当归共同所有的财产。

夫妻对共同财产，有平等的处理权。

第一千零六十三条 下列财产为夫妻一方的个人财产：

（一）一方的婚前财产；

（二）一方因受到人身损害获得的赔偿或者补偿；

（三）遗嘱或者赠与合同中确定只归一方的财产；

（四）一方专用的生活用品；

（五）其他应当归一方的财产。

《最高人民法院关于适用〈中华人民共和国民法典〉婚姻家庭编的解释（一）》

第二十四条 民法典第一千零六十二条第一款第三项规定的“知识产权的收益”，是指婚姻关系存续期间，实际取得或者已经明确可以取得的财产性收益。

第二十五条 婚姻关系存续期间，下列财产属于民法典第一千零六十二条规定的“其他应当归共同所有的财产”：

（一）一方以个人财产投资取得的收益；

（二）男女双方实际取得或者应当取得的住房补贴、住房公积金；

（三）男女双方实际取得或者应当取得的基本养老金、破产安置补偿费。

第二十六条 夫妻一方个人财产在婚后产生的收益，除孳息和自然增值外，应认定为夫妻共同财产。

第二十七条 由一方婚前承租、婚后用共同财产购买的房屋，登记在一方名下的，应当认定为夫妻共同财产。

第三十条 军人的伤亡保险金、伤残补助金、医药生活补助费属于个人财产。

第三十一条 民法典第一千零六十三条规定为夫妻一方的个人财产，不因婚姻关系的延续而转化为夫妻共同财产。但当事人另有约定的除外。

46. 婚前一方支付首付购房，婚后共同还贷，离婚时房子怎么分？

典型案例

程某和莫某两人经相亲认识，恋爱半年以后决定结婚。结婚以前，程某家向莫某提出，必须要有房子才能结婚。几番协商都没有结果，莫某只能向亲朋好友借钱，终于凑够了首付款，购买了一套住房。婚后，由夫妻双方的共同财产偿还房贷。几年以后，程某与莫某的感情出现裂痕，最终决定离婚，但对房屋的归属产生了争议。莫某认为，该房屋的首付款是他付的，房产证上写的也是他的名字，房屋应当归他所有。而程某认为，房屋在婚后由两人一同还贷，属于夫妻共同财产，应当二人均分。请问，该房屋应当如何分割呢？

依法解析

受传统思想的影响，许多计划结婚的情侣都会选择由男方婚前支付首付款购买房屋，婚后共同还贷，因此，常常在离婚时对房产分割发生争议。为了解决这一问题，我国《最高人民法院关于适用〈中华人民共和国民法典〉婚姻家庭编的解释（一）》第七十八条规定，在夫妻一方婚前支付首付款，并将房屋登记在支付首付款一方名下，要在离婚时确定房屋的归属，应当按照下列原则进行：首先，由夫妻二人协商确定；其次，如果协商不成，那么房屋归登记一方所有。对于另一方已经偿还的贷款以及房屋的增值部分，由登记一方依法对另一方进行补偿。

在上面的典型案例中，莫某在婚前支付首付款购买房屋，并将该房屋登记在其一人名下。在离婚时，程某与莫某就房屋的归属如果协商不成，二人可以向法院提起离婚诉讼，由法院对房屋的所有权问题进行判决。一般情况下，法院会将房屋判归莫某所有，并要求莫某对程某作出补偿。

条文依据

《最高人民法院关于适用〈中华人民共和国民法典〉婚姻家庭编的解释（一）》

第七十八条 夫妻一方婚前签订不动产买卖合同，以个人财产支付首付款并在银行贷款，婚后用夫妻共同财产还贷，不动产登记于首付款支付方名下的，离婚时该不动产由双方协议处理。

依前款规定不能达成协议的，人民法院可以判决该不动产归登记一方，尚未归还的贷款为不动产登记一方的个人债务。双方婚后共同还贷支付的款项及其相对应财产增值部分，离婚时应根据民法典第一千零八十七条第一款规定的原则，由不动产登记一方对另一方进行补偿。

《中华人民共和国民法典》

第一千零八十七条 离婚时，夫妻的共同财产由双方协议处理；协议不成的，由人民法院根据财产的具体情况，按照照顾子女、女方和无过错方权益的原则判决。

……

47. 刚结婚没几天就想离婚，收到的彩礼该怎么办?

典型案例

平某马上就要30岁了，还没有结婚。平某的父母为女儿的婚事操碎了心，到处托人给平某说媒。而平某看着自己的小姐妹一个个都已经结婚生子，心里也很着急。经过媒人的介绍，平某认识了隔壁村的常某。两人相处不到三个月，就领取了结婚证。按照当地风俗，常某给了平某10万元的彩礼。结婚还不到一个月，平某发现常某的生活习惯很不好，两人的性格也不太合适，经常发生争吵。一气之下，平某搬回了娘家，声称要与常某离婚。请问，如果离婚，平某所收的彩礼需要退还给男方吗?

依法解析

根据我国《最高人民法院关于适用〈中华人民共和国民法典〉婚姻家庭编的解释（一）》第五条的规定，当发生以下几种情况时，当事人有权向法院提起诉讼，要求返还彩礼：第一，双方未办理结婚登记手续；第二，双方办理结婚登记手续但确未共同生活；第三，婚前给付并导致给付人生活困难。当发生第二种和第三种情况时，当事人要求返还彩礼必须以双方离婚为前提条件。

但是，在司法实践中，人民法院会根据双方结婚时间的长短、给付彩礼的数额、家里的生活条件、有没有生育子女、是谁先提出来的离婚、双方谁有过错等多种因素确定是否返还彩礼及返还的数额，并不尽然按照上面司法解释第五条第一款第二项、第三项来处理。

在上面的案例中，平某与常某结婚还不到一个月就想离婚。如果平某提出离婚，常某要求返还彩礼的话，人民法院会根据实际情况酌情判决。

条文依据

《最高人民法院关于适用〈中华人民共和国民法典〉婚姻家庭编的解释（一）》

第五条 当事人请求返还按照习俗给付的彩礼的，如果查明属于以下情形，人民法院应当予以支持：

（一）双方未办理结婚登记手续；

（二）双方办理结婚登记手续但确未共同生活；

（三）婚前给付并导致给付人生活困难。

适用前款第二项、第三项的规定，应当以双方离婚为条件。

48. 结婚以后才发现丈夫患有遗传性的精神病，怎么办？

典型案例

宋某与薛某经人介绍认识，恋爱半年以后结了婚。结婚几个月以后，宋某发现薛某经常背着自己去医院，便渐渐地对薛某起了疑心。一天，宋某在打扫卫生时，无意中发现了一个药盒，上网搜索了一下药盒上的药名，发现这种药物是用来治疗精神类疾病的。宋某感到很震惊，拿着药盒质问薛某是怎么回事。薛某见药盒被发现，只能向宋某坦白自己患有严重的遗传性精神病，担心宋某知道后会离开自己，才没有把这件事告诉她。宋某发现自己受到了薛某的欺骗，非常伤心。请问，此时的宋某可以怎么办？

依法解析

根据我国《民法典》第一千零五十三条的规定，如果结婚的一方患有不适合结婚的重大疾病的，应当在结婚之前告知另一方，不得对另一方隐瞒。如果没有如实告知，另一方在婚后知情，无论婚姻持续了多长时间，另一方都可以向法院请求撤销婚姻。如果另一方想要撤销婚姻，必须在知道或者应当知道对方患有重大疾病以后的一年内向法院提出请求。婚姻关系经法院撤销以后，代表着两人之间的夫妻关系始终不存在，双方之间不再具有夫妻间的权利义务关系。

在上面的案例中，薛某患有严重的遗传性精神疾病，却没有在婚前将患病的事实告诉宋某。薛某的疾病是遗传性的，很可能会遗传给下一代，这种疾病对婚姻关系的成立有着决定性的影响。薛某作为精神病人，有权步入婚姻，但这并不代表他可以侵犯宋某的知情权。宋某在得知薛某患病的事实以后，如果不想继续婚姻，就可以在一年内向法院提出撤销与薛某之间的婚姻的请求。

条文依据

《中华人民共和国民法典》

第一千零五十三条 一方患有重大疾病的，应当在结婚登记前如实告知另一方；不如实告知的，另一方可以向人民法院请求撤销婚姻。

……

49. 向法院起诉离婚也有“离婚冷静期”吗？

典型案例

姜某和童某谈恋爱时，童某就总是喜欢拈花惹草，姜某为此没少和他吵架。每次吵架过后，童某都下跪保证自己绝不再犯，姜某也就心软原谅了他。没想到结婚后，童某变本加厉，不仅搞外遇，还用家里的钱给情人买东买西。姜某实在是忍无可忍，决定和童某离婚。姜某与童某来到婚姻登记机关登记离婚，却被工作人员告知需要经过三十天的“离婚冷静期”以后，两人才能申请领取离婚证。但是姜某觉得自己和童某一天也过不下去了，只想快点与童某解除婚姻关系，便打算向法院提起离婚诉讼。请问，向法院起诉离婚有“离婚冷静期”吗？

依法解析

根据我国《民法典》第一千零七十六条和第一千零七十七条的规定可以看出，“离婚冷静期”是给要离婚的男女双方一个冷静思考的机会。“离婚冷静期”适用于登记离婚的情况，当夫妻双方决定离婚，并签订了书面的离婚协议以后，可以向婚姻登记机关申请离婚登记。婚姻登记机关收到离婚登记申请三十日内，如果夫妻双方中的任意一方不愿意离婚的，都可以撤回离婚登记的申请。如果决定离婚的，则需要在该期限到期以后三十日内，到婚姻登记机关领取离婚证。而如果夫妻双方是通过诉讼离婚的方式离婚的，就不需要适用“离婚冷静期”的相关规定，只需要向人民法院提起离婚诉讼即可。

在上面的案例中，姜某因想尽快与童某解除婚姻关系，便打算向法院提起离婚诉讼。离婚诉讼虽然不需要经过三十天的“离婚冷静期”，但是从法院立案到审判，也有很长的诉讼程序要走，无法达到姜某快速离婚的目标。姜某可以根据自己的需求，选择通过登记离婚还是诉讼离婚的方式与童某离婚。

条文依据

《中华人民共和国民法典》

第一千零七十六条　夫妻双方自愿离婚的，应当签订书面离婚协议，并亲自到婚姻登记机关申请离婚登记。

离婚协议应当载明双方自愿离婚的意思表示和对子女抚养、财产以及债务处理等事项协商一致的意见。

第一千零七十七条　自婚姻登记机关收到离婚登记申请之日起三十日内，任何一方不愿意离婚的，可以向婚姻登记机关撤回离婚登记申请。

前款规定期限届满后三十日内，双方应当亲自到婚姻登记机关申请发给离婚证；未申请的，视为撤回离婚登记申请。

50. 经判决不准离婚后便分居，多久可以准许离婚？

典型案例

邵某和齐某是夫妻，靠种地为生。没想到后来赶上了大旱，田里收成不好，邵某便跟随同村的人一起前往城里打工，留齐某在家照顾孩子。邵某走了以后，只有逢年过节才会回来。平时齐某给邵某打电话，邵某常常不接，发消息也爱搭不理。齐某质问邵某是不是变心了，邵某没有否定。齐某心灰意懒，向法院起诉与邵某离婚。但是法院认为两人感情尚未破裂，判决不准离婚。判决结果下达以后，齐某便带着孩子回了娘家居住，一直没有与邵某来往。请问，经过多久，齐某再次提起离婚诉讼，法院就应当准许两人离婚呢？

依法解析

如果夫妻一方想要离婚，另一方不同意离婚的，或者虽然夫妻双方都想离婚，但是对婚内财产分割和子女的抚养权问题有争议的，都可以向法院提起离婚诉讼，寻求法院的帮助。在很多情况下，法院无法判定夫妻之间的感情是否确实已经破裂，在第一次离婚诉讼中往往会作出不准离婚的判决。此时，如果夫妻双方确定要离婚，可以再次提起离婚诉讼。根据我国《民法典》第一千零七十九条的规定，如果在第一次离婚诉讼中，法院判决不准离婚以后，夫妻双方又分居满一年的，再次提起离婚诉讼时法院应当准予离婚。

在上面的案例中，齐某向法院提起离婚诉讼以后，法院认为齐某与邵某之间的感情尚未破裂，因此作出了不准离婚的判决。在判决下达以后，如果齐某回娘家居住满一年，其间都没有和邵某共同生活的话，这也足以证明齐某与邵某之间感情破裂，如果齐某再次提起离婚诉讼，法院就应当准予两人离婚。

条文依据

《中华人民共和国民法典》

第一千零七十九条 夫妻一方要求离婚的，可以由有关组织进行调解或者直接向人民法院提起离婚诉讼。

人民法院审理离婚案件，应当进行调解；如果感情确已破裂，调解无效的，应当准予离婚。

有下列情形之一，调解无效的，应当准予离婚：

（一）重婚或者与他人同居；

（二）实施家庭暴力或者虐待、遗弃家庭成员；

（三）有赌博、吸毒等恶习屡教不改；

（四）因感情不和分居满二年；

（五）其他导致夫妻感情破裂的情形。

……

经人民法院判决不准离婚后，双方又分居满一年，一方再次提起离婚诉讼的，应当准予离婚。

51. 父母离婚时都不想抚养孩子，法院会把孩子判给谁？

典型案例

鲁某与曹某是夫妻，有一个不到 1 岁的儿子。为了养家糊口，鲁某与曹某共同前往城里打工，将儿子留给奶奶照顾。两年后，鲁某觉得自己与曹某在外打工期间经常发生争吵，这样的婚姻让他很厌烦，便提出了离婚。但是，曹某不想离婚，鲁某便向法院提起了离婚诉讼。在诉讼过程中，鲁某和曹某都认为自己和孩子没感情，不想抚养孩子，互相推脱孩子的抚养权。请问，在这种情况下，法院会如何判决孩子的抚养权问题？

依法解析

根据《最高人民法院关于适用〈中华人民共和国民法典〉婚姻家庭编的解释（一）》第六十条的规定，如果夫妻在离婚诉讼期间都不想要孩子的抚养权的，可以先由法院裁定暂时由一方对孩子进行抚养。这一规定是为了让法院出面来暂时解决夫妻之间的抚养权纠纷。这并不是最终的解决结果，孩子的抚养权归谁还是应当在最有利于孩子的基础上，由夫妻二人讨论决定，讨论不成的，由法院根据《民法典》第一千零八十四条第三款的规定来进行判决。

条文依据

《最高人民法院关于适用〈中华人民共和国民法典〉婚姻家庭编的解释（一）》

第六十条 在离婚诉讼期间，双方均拒绝抚养子女的，可以先行裁定暂由一方抚养。

《中华人民共和国民法典》

第一千零八十四条 ……

离婚后，不满两周岁的子女，以由母亲直接抚养为原则。已满两周岁的子女，父母双方对抚养问题协议不成的，由人民法院根据双方的具体情况，按照最有利于未成年子女的原则判决。子女已满八周岁的，应当尊重其真实意愿。

52. 老母亲想要再婚，成年子女可以因此不赡养老人吗？

典型案例

袁某年轻时遇人不淑，结婚后才发现丈夫是个屡教不改的赌徒。要强的袁某带着两个儿子离了婚，独自将两个儿子抚养长大，并给他们成了家。袁某见儿子们都不用自己管了，总算放下了心头的一件大事，开始享受晚年生活。一天，袁某在参加镇里的活动时，认识了丧妻的老陈。袁某与老陈一见如故，没过多久就谈起了“黄昏恋”。袁某将想和老陈结婚的愿望告诉了两个儿子，却没想到遭到了儿子们强烈反对。两个儿子认为袁某一把年纪了还要再婚，别人会笑话，坚决反对袁某再婚，还声称如果袁某再婚就不会再继续赡养她。请问，袁某儿子们的做法合法吗?

依法解析

在现实生活中，“黄昏恋”往往不能得到所有人的认同。许多老人想要在晚年再婚，还要看自己子女的脸色。但是，即使是老年人，也同样拥有婚姻自由的权利，有权选择是否离婚和再婚，他人无权进行干涉。子女对父母的婚姻自由应当秉持尊重的态度，不得以各种手段干涉。根据我国《民法典》第一千零六十九条和《老年人权益保障法》第二十一条的规定，即使老年人再婚，子女也必须履行对父母的赡养义务。如果子女因父母离婚或者再婚不履行赡养义务的，老人也可以通过法律途径要求子女支付赡养费。

在上面的案例中，袁某的儿子们赡养袁某是基于子女这个身份应当履行的法定义务，只要他们之间是母子关系，赡养义务就不会消除。而袁某的儿子们也应当将袁某当作一个独立的个体来看待，尊重她，不能因为袁某年纪大了就否定她追求幸福婚姻的权利。

条文依据

《中华人民共和国民法典》

第一千零六十九条 子女应当尊重父母的婚姻权利，不得干涉父母离婚、再婚以及婚后的生活。子女对父母的赡养义务，不因父母的婚姻关系变化而终止。

《中华人民共和国老年人权益保障法》

第二十一条 老年人的婚姻自由受法律保护。子女或者其他亲属不得干涉老年人离婚、再婚及婚后的生活。

赡养人的赡养义务不因老年人的婚姻关系变化而消除。

53. 只把遗产留给儿子没有留给女儿，能要求女儿履行赡养义务吗?

典型案例

老魏头有三个孩子，其中大女儿魏甲，二女儿魏乙，小儿子魏丙。老魏头的思想比较封建落后，认为只有儿子魏丙才能给自己传宗接代。从三个孩子小的时候开始，老魏头就对两个女儿比较冷淡，只疼爱小儿子。三个孩子长大成人以后，老魏头担心两个女儿“惦记”自己的财产，便早早地写下了遗嘱，将老屋与存款全部留给了儿子。魏甲和魏乙得知此事后，对老魏头彻底失望，结婚以后也不再和老魏头往来。老魏头上了年纪以后，因病瘫痪在床，只靠儿子和儿媳妇无法得到很好照顾。于是，老魏头想叫两个女儿一起赡养他。请问，在这种情况下，魏甲和魏乙有义务赡养老魏头吗?

依法解析

魏甲和魏乙有义务赡养老魏头。子女对父母的赡养义务与将来能不能继承遗产是两回事。子女对父母的赡养义务是基于父母子女关系所产生的法定义务，只要父母子女关系存在，赡养义务就不会消除。

而每个人都有立遗嘱处分自己合法财产的权利，如果案例中的老魏头执意想把遗产留给小儿子，女儿们也没有办法。但是，如果女儿们精心照顾父亲后，没准父亲会心软继而改变遗嘱，这也是完全有可能的。

当然，作为父亲，老人应当摒弃落后思想，对女儿和儿子一视同仁，这样才能构筑起和谐的家庭环境。

条文依据

《中华人民共和国民法典》

第一千零六十七条 ……

成年子女不履行赡养义务的，缺乏劳动能力或者生活困难的父母，有要求成年子女给付赡养费的权利。

第一千一百三十三条 ……

自然人可以立遗嘱将个人财产指定由法定继承人中的一人或者数人继承。

……

54. 子女能约定轮流赡养老人吗?

典型案例

老冯有一儿一女两个孩子，分别在不同的城市工作。半年前，老冯的老伴因突发心梗去世，只剩下老冯一人居住在村里的老房子里。老冯患有多年的脑梗，落下了偏瘫的后遗症，需要人照顾。儿子和女儿给他雇了几个护工，但都不太满意，于是决定将老冯接到城里一起居住。由于老冯的两个孩子平时工作都比较忙，对谁该把老冯接到家里居住产生了争议。最后，在征求了老冯的意见之后，两个孩子决定每个人轮流照顾老冯，半年轮换一次，老冯住在谁家就由谁来负责老冯全部的开销。随后，老冯的两个孩子签订了轮流赡养的协议。请问，此赡养协议有效吗?

依法解析

根据我国《老年人权益保障法》第二十条的规定，经老年人同意，赡养人之间可以就履行赡养义务签订赡养协议。在签订赡养协议时应当注意，不得在赡养协议中约定违反法律规定的内容，例如直接免除某个赡养人的赡养义务等，这是不具有法律效力的。同时，在约定赡养协议的内容时，还应当尊重老年人本人的意愿，在最有利于老年人的情况下确定赡养人之间赡养义务的分配。

在上面的案例中，老冯的两个孩子为了能够更好地照顾老冯，签订了轮流照顾老冯的赡养协议。在该赡养协议中，双方约定轮流对老冯履行赡养义务，并没有通过赡养协议来逃避赡养义务，因此，该赡养协议的内容是合法有效的。当地的村委会、老年人组织或者老冯孩子的单位都可以监督赡养协议的履行。如果老冯的孩子没有按照赡养协议履行赡养义务，老冯也可以寻求以上组织的帮助。

条文依据

《中华人民共和国老年人权益保障法》

第二十条 经老年人同意，赡养人之间可以就履行赡养义务签订协议。赡养协议的内容不得违反法律的规定和老年人的意愿。

基层群众性自治组织、老年人组织或者赡养人所在单位监督协议的履行。

五、继　承

55. 口头表示放弃继承权，事后还能继承遗产吗？

典型案例

黄某有两个儿子，黄甲和黄乙。黄甲成年后离开家乡前往城市打工，黄乙则一直跟随在黄某身边。黄某上了年纪以后，黄甲不经常回家，每年会给家里寄一些钱作为弥补。后来，黄某因病去世，生前没有留下遗嘱。黄甲以为父亲的遗产只有乡下一套不值钱的老房子，便口头向黄乙表示放弃继承权，将遗产让给黄乙一人继承。事后，黄甲才知道，除了老房子以外，父亲的遗产还有他辛苦一辈子攒下的30万元存款。黄甲顿时感到有些后悔，请问，此时的黄甲还能继承父亲的遗产吗？

依法解析

继承开始以后，继承人可以选择接受继承或者放弃继承。但是，放弃继承权并不是口头说说这么简单。根据我国《民法典》第一千一百二十四条第一款的规定，如果继承人想要放弃继承权，必须用书面的形式向其他继承人或者遗产管理人作出明确表示。如果没有表示，就视为接受继承。需要注意的是，继承人放弃继承权，必须在继承开始也就是被继承人死亡后、遗产分割以前进行。如果遗产分割以后才表示要放弃继承权，那么放弃的就不再是继承权，而是对所继承财产的所有权。

在上面的案例中，在父亲黄某去世以后，黄甲向黄乙表示放弃继承权，但他只是在口头上表示放弃，并没有以书面形式作出表示。因此，黄甲实际上仍然享有继承权，还可以继承黄某的遗产。如果黄甲要求继承遗产，黄乙不能以他已经放弃继承权为由拒绝。

条文依据

《中华人民共和国民法典》

第一千一百二十四条 继承开始后，继承人放弃继承的，应当在遗产处理前，以书面形式作出放弃继承的表示；没有表示的，视为接受继承。

……

《最高人民法院关于适用〈中华人民共和国民法典〉继承编的解释（一）》

第三十三条 继承人放弃继承应当以书面形式向遗产管理人或者其他继承人表示。

第三十五条 继承人放弃继承的意思表示，应当在继承开始后、遗产分割前作出。遗产分割后表示放弃的不再是继承权，而是所有权。

56. 儿子经常打骂虐待老母亲，还能继承母亲的遗产吗？

典型案例

杜某育有一儿一女。女儿出嫁以后离开了家里，儿子则一直和杜某一起生活。杜某患有老年痴呆症，需要人照顾。自从老伴去世以后，照顾杜某的任务就全落在了儿子的头上。久而久之，杜某的儿子和儿媳都觉得杜某是个累赘。两人一有不顺心的事情，就打骂杜某出气。为了避免杜某大小便失禁，杜某的儿子还经常不让她吃饭、喝水。杜某的女儿得知母亲被虐待的情况后，将她接到了自己家中亲自照顾。请问，杜某儿子还能继承杜某的遗产吗?

依法解析

根据我国《民法典》第一千一百二十五条的规定，如果继承人有以下行为之一的，丧失继承权：（一）故意杀害被继承人；（二）为争夺遗产而杀害其他继承人；（三）遗弃被继承人，或者虐待被继承人情节严重；（四）伪造、篡改、隐匿或者销毁遗嘱，情节严重；（五）以欺诈、胁迫手段迫使或者妨碍被继承人设立、变更或者撤回遗嘱，情节严重。其中，第三种、第四种和第五种情形，都需要具备情节严重的情况，继承人才会丧失继承权，同时，在此三种情形下，如果继承人在事后确实已经悔改，被继承人也表示了宽恕，或者又将该继承人写入遗嘱中的，该继承人仍然可以继承遗产，不丧失继承权。

在上面的案例中，杜某的儿子对杜某实施了虐待行为。根据《最高人民法院关于适用〈中华人民共和国民法典〉继承编的解释（一）》第六条的规定，要判断杜某儿子的虐待行为是否会导致丧失继承权，可以从实施虐待行为的时间、手段、后果和社会影响等方面进行认定。如果认定杜某儿子的虐待行为达到情节严重的标准，就可以确认杜某儿子丧失继承权，不能再继承杜某的遗产。

条文依据

《中华人民共和国民法典》

第一千一百二十五条 继承人有下列行为之一的，丧失继承权：

（一）故意杀害被继承人；

（二）为争夺遗产而杀害其他继承人；

（三）遗弃被继承人，或者虐待被继承人情节严重；

（四）伪造、篡改、隐匿或者销毁遗嘱，情节严重；

（五）以欺诈、胁迫手段迫使或者妨碍被继承人设立、变更或者撤回遗嘱，情节严重。

继承人有前款第三项至第五项行为，确有悔改表现，被继承人表示宽恕或者事后在遗嘱中将其列为继承人的，该继承人不丧失继承权。

受遗赠人有本条第一款规定行为的，丧失受遗赠权。

《最高人民法院关于适用〈中华人民共和国民法典〉继承编的解释（一）》

第六条 继承人是否符合民法典第一千一百二十五条第一款第三项规定的“虐待被继承人情节严重”，可以从实施虐待行为的时间、手段、后果和社会影响等方面认定。

虐待被继承人情节严重的，不论是否追究刑事责任，均可确认其丧失继承权。

57. 叔叔无儿无女，遗产该由谁来继承？

典型案例

几十年前，老贾刚结婚，就因一场事故失去了生育能力。此后，妻子虽然没有离开老贾，但是两人始终没有生育子女。后来，老贾的妻子先于他去世，只剩下老贾孤零零的一个人，幸好平时还能去哥哥家里走动。不久前，老贾的哥哥也因病去世，老贾的亲人就只剩下了哥哥的儿子和女儿。侄子总是在闲暇的时候前来看望老贾，还常常给他带来一些生活必需品。而侄女嫁得远，极少到老贾家里走动。过了几年，老贾病逝，留下了一套房屋和10万元存款作为遗产。请问，老贾的遗产该由谁来继承？

依法解析

老贾的侄子和侄女都可以继承老贾的遗产。在继承人先死亡，被继承人后死亡的情况下，可能会导致被继承人的遗产无人继承。为了解决这一问题，我国《民法典》规定了代位继承制度。根据《民法典》第一千一百二十八条的规定，在被继承人的兄弟姐妹享有继承权的情况下，如果被继承人的兄弟姐妹先于被继承人死亡，那么被继承人的遗产应当由被继承人的兄弟姐妹的子女代位继承。被继承人的兄弟姐妹的子女是否对被继承人履行了赡养义务，不影响其享有的代位继承权。

在上面的案例中，老贾没有子女，作为第一顺序继承人的父母和妻子都已经去世，在世的继承人只剩老贾的哥哥。而哥哥先于老贾去世，此时应当由老贾的侄子和侄女继承遗产。虽然老贾的侄子对他进行了赡养，而侄女没有赡养，但这并不会使侄女丧失继承权。除了老贾的侄子以外，其侄女也可以继承老贾的遗产。

条文依据

《中华人民共和国民法典》

第一千一百二十七条 遗产按照下列顺序继承：

（一）第一顺序：配偶、子女、父母；

（二）第二顺序：兄弟姐妹、祖父母、外祖父母。

继承开始后，由第一顺序继承人继承，第二顺序继承人不继承；没有第一顺序继承人继承的，由第二顺序继承人继承。

本编所称子女，包括婚生子女、非婚生子女、养子女和有扶养关系的继子女。

本编所称父母，包括生父母、养父母和有扶养关系的继父母。

本编所称兄弟姐妹，包括同父母的兄弟姐妹、同父异母或者同母异父的兄弟姐妹、养兄弟姐妹、有扶养关系的继兄弟姐妹。

第一千一百二十八条 被继承人的子女先于被继承人死亡的，由被继承人的子女的直系晚辈血亲代位继承。

被继承人的兄弟姐妹先于被继承人死亡的，由被继承人的兄弟姐妹的子女代位继承。

代位继承人一般只能继承被代位继承人有权继承的遗产份额。

58. 遗产该给没出生的孩子留一份吗？

典型案例

老潘一家是某村的村民，老潘在村里承包了一片果园，平时让儿子帮忙照看。一天，老潘的儿子去县里赶集，不幸遭遇了车祸，经抢救无效去世。儿子去世以后，留下了一辆货车与 8 万元存款。儿子结婚没多久，儿媳妇还怀着三个月的身孕。儿子的突然离世，无疑让老潘一家蒙上了一层阴云。处理完儿子的后事以后，老潘开始和儿媳妇商量遗产的继承问题。请问，儿媳妇肚子里的孩子还没有出世，在分遗产时应该给这个孩子留一份吗？

依法解析

根据我国《民法典》第一千一百五十五条的规定，在继承开始以后，如果有未出世的胎儿，应该给胎儿保留遗产份额。如果在应当保留份额却没有保留的情况下，按照《最高人民法院关于适用〈中华人民共和国民法典〉继承编的解释（一）》第三十一条的规定，从继承人继承的遗产中扣回。当胎儿正常出生以后，为胎儿保留的遗产份额正式由胎儿继承。如果胎儿流产或者一生下来就是死体的，那么为胎儿保留的遗产份额由原本的继承人继承。如果胎儿是在出生以后才死亡的，那么此时的胎儿已经继承了遗产，遗产份额应当由胎儿的继承人来继承。

在上面的案例中，老潘的儿子去世以后，老潘夫妻以及儿媳妇都是继承人。除此之外，儿媳妇腹中的胎儿虽然尚未出世，不能直接继承遗产，但也应当为其保留其应得的遗产份额。

条文依据

《中华人民共和国民法典》

第一千一百五十五条 遗产分割时，应当保留胎儿的继承份额。胎儿娩出时是死体的，保留的份额按照法定继承办理。

《最高人民法院关于适用〈中华人民共和国民法典〉继承编的解释（一）》

第三十一条 应当为胎儿保留的遗产份额没有保留的，应从继承人所继承的遗产中扣回。

为胎儿保留的遗产份额，如胎儿出生后死亡的，由其继承人继承；如胎儿娩出时是死体的，由被继承人的继承人继承。

59. 老人把家中财产送给村委会的遗嘱有效吗？

典型案例

老郑所居住的村子以前是个贫困村，自从村委会换届以后，新的村委会干部就带领大家不懈努力立志脱贫致富，使村子终于摆脱了贫困村的称号，家家户户都富裕起来。而老郑作为村里的生产骨干，自然也受到了村委会的不少帮助。因此，老郑一直怀着感恩之心，想要为村委会做些什么。于是，老郑写下遗嘱，在自己死后将一半存款赠送给村委会，让村委会能够更好地帮助村民致富。老郑去世以后，村委会凭借老郑的遗嘱，想要取得老郑的遗产，却遭到了老郑儿女的强烈反对。请问，老郑的遗嘱是否具有法律效力？

依法解析

根据我国《民法典》第一千一百三十三条第三款的规定，我们每个人都可以通过立遗嘱的方式，将遗产留给继承人，或者赠与国家、集体、法定继承人以外的组织和个人。遗产是被继承人遗留的财产，被继承人在世时对自己过世后的遗产享有分配的权利。无论其他继承人是否认可，都不影响被继承人赠与行为的效力，其他继承人也没有权利阻拦被继承人将遗产赠送给他人。

在上面的案例中，老郑立下遗嘱，将自己的部分遗产赠送给村委会，村委会是合法的遗赠对象，老郑的遗嘱是具有法律效力的。老郑去世以后，村委会有权凭借老郑的遗嘱取得老郑的遗产，老郑的子女不能进行干涉。如果老郑的子女拒绝承认遗嘱的效力或者拒绝交出遗产的，村委会也可以采取诉讼等方式维护其受遗赠的权利。

条文依据

《中华人民共和国民法典》

第一千一百三十三条 ……

自然人可以立遗嘱将个人财产赠与国家、集体或者法定继承人以外的组织、个人。

……

60. 怎么才能通过拍摄视频的方式来立遗嘱呢?

典型案例

不久前，年逾八十的老秦终于赶上了年轻人的潮流，将自己使用多年的老年手机换成了智能手机。更换手机以后，老秦发现新手机让生活变得便利了许多，就连平时拍照和录视频也变得更加清晰方便了。一天，老秦在浏览短视频平台时，发现许多人用手机来记录生活。老秦想到自己已经80多岁了，是时候该留下个遗嘱了，便想到通过手机拍摄视频的方式来立下遗嘱。但是，老秦不知道该怎样立遗嘱才能使遗嘱合法有效。那么，通过拍视频的方式所立的遗嘱怎么才能合法有效呢?

依法解析

通过拍摄视频的方式所立的遗嘱属于录音录像形式的遗嘱，是一种法定的遗嘱方式。根据我国《民法典》第一千一百三十七条的规定，通过录音录像形式立的遗嘱，应当同时具备以下条件才能具有法律效力：第一，在立录音录像形式的遗嘱时，应当有两个以上的见证人在场见证；第二，在立录音录像形式的遗嘱时，遗嘱人和见证人都需要在录音录像中记录其名字或者肖像，以及年、月、日。具备了这两个条件，录音录像遗嘱才能有法律效力。否则，即使有遗嘱存在，也无效，只能按照法定继承的方式分割遗产。

在上面的案例中，老秦想要通过拍摄视频的方式来立遗嘱，需要注意在立遗嘱时应当具备的条件。老秦在寻找遗嘱的见证人时，不仅要注意见证人是否有见证能力，还要确保见证人的数量为两个以上。

条文依据

《中华人民共和国民法典》

第一千一百三十七条 以录音录像形式立的遗嘱，应当有两个以上见证人在场见证。遗嘱人和见证人应当在录音录像中记录其姓名或者肖像，以及年、月、日。

61. 已经立了一份遗嘱，如果后悔还能重新立遗嘱吗？

典型案例

沈某有一个独生子小沈，从小就不喜欢上学，读完初中就辍学了。沈某让小沈跟着自己务农，但是小沈又觉得务农收入太低，成天想着能做些挣钱的大事。后来，小沈跟着几个同乡去城里打工，因为好高骛远的性格，没有单位愿意长期雇用他。一心想着发财的小沈被他人蒙骗，走上了赌博的不归路。沈某得知此事以后十分痛心，一气之下要和小沈断绝父子关系，还写下遗嘱要将自己所有的遗产留给国家。几年以后，醒悟后的小沈决定痛改前非，脚踏实地地工作，沈某也对自己当初冲动的决定有些后悔，想要重新拟定遗嘱。请问，沈某还能重新立遗嘱吗？

依法解析

沈某还能重新立遗嘱。根据我国《民法典》第一千一百四十二条的规定，遗嘱人立完遗嘱以后，不仅可以对遗嘱的内容进行更改，还可以撤回遗嘱或重新立遗嘱。如果遗嘱人立有多份遗嘱，且遗嘱全部都合法有效的话，那么最后一份遗嘱最能体现遗嘱人对于自己遗产分配的意愿，在继承遗产时应当按照最后一份遗嘱进行继承。就算其中有遗嘱已经进行过公证，也不会影响最后一份遗嘱的优先效力。

在上面的案例中，沈某先立下了一份遗嘱，后因与儿子之间关系缓和而对遗嘱的内容感到后悔。在这种情况下，沈某完全可以重新再立一份遗嘱，按照自己的意愿对遗产进行重新分配。如果沈某重新立了遗嘱，他去世后，就应当按照后来重新立的遗嘱分配遗产。

条文依据

《中华人民共和国民法典》

第一千一百四十二条 遗嘱人可以撤回、变更自己所立的遗嘱。

立遗嘱后，遗嘱人实施与遗嘱内容相反的民事法律行为的，视为对遗嘱相关内容的撤回。

立有数份遗嘱，内容相抵触的，以最后的遗嘱为准。

62. 儿子早亡，失独老人可以与谁签订遗赠扶养协议呢？

典型案例

老张夫妻老来得子，快到 40 岁才有了独生子小张。没想到，小张刚大学毕业，正是前途一片光明的时候，却意外出了车祸，不幸遇难。老张夫妻失去了唯一的儿子，每天以泪洗面。几年过后，老张夫妻终于走出了失子的悲痛，却面临无人养老的困境。老张夫妻年龄大了，想要解决自身养老问题，便四处打听，得知可以和别人签一份遗赠扶养协议，用自己的遗产换取他人的扶养义务。老张想知道，他和老伴可以和谁签订遗赠扶养协议呢？

依法解析

根据我国《民法典》第一千一百五十八条的规定，遗赠扶养协议可以和继承人以外的组织或者个人签订。无论被继承人是否有法定的继承人，都可以与他人签订遗赠扶养协议。遗赠扶养协议签订以后，双方都应当按照协议的内容履行义务。签订遗赠扶养协议的组织或者个人应当履行被继承人生养死葬的义务，如果没有正当理由不履行义务的，就不能取得遗产，也不能要求被继承人补偿其已经支付的供养费用。

在上面的案例中，老张夫妻需要人来养老，他们可以与信得过的任何人签订遗赠扶养协议。在签订遗赠扶养协议后，老张夫妻有权要求对方承担扶养义务。如果对方不承担的，老张夫妻也可以解除遗赠扶养协议，选择与其他人重新签订协议。

条文依据

《中华人民共和国民法典》

第一千一百五十八条 自然人可以与继承人以外的组织或者个人签订遗赠扶养协议。按照协议，该组织或者个人承担该自然人生养死葬的义务，享有受遗赠的权利。

《最高人民法院关于适用〈中华人民共和国民法典〉继承编的解释（一）》

第四十条 继承人以外的组织或者个人与自然人签订遗赠扶养协议后，无正当理由不履行，导致协议解除的，不能享有受遗赠的权利，其支付的供养费用一般不予补偿；遗赠人无正当理由不履行，导致协议解除的，则应当偿还继承人以外的组织或者个人已支付的供养费用。

六、侵权责任

63. 他人拖欠货款不还，能自行扣留对方的车辆吗?

典型案例

龚某与时某签订了一份货物买卖合同，约定时某向龚某购买20万元的货物。龚某将货物交付给时某后，时某以手头紧为由，没有立即支付货款，但承诺会在两个月内付清。两个月过后，时某仍然差8万元货款没有支付，龚某多次催要未果。于是，龚某将时某告上法庭。法院判决时某向龚某支付剩余货款，但时某一直没有履行判决。龚某忍无可忍，向法院申请强制执行。一天，龚某获知时某的一辆货车停在某停车场，于是一方面联系了法院，另一方面自己赶到停车场，在法院工作人员未到之前自行扣留了该货车。请问，龚某的行为符合法律的要求吗?

依法解析

在某些特殊情况下，当公民的合法权益受到损害时，法律允许其可以自行采取扣留他人财物等措施维护自己的权益。我国《民法典》第一千一百七十七条对此作出了具体规定。可以看出，法律对于这一问题的规定是比较严格的，需要符合以下条件，受害人才能实施自助行为：第一，情况紧迫且不能及时获得国家机关保护。如果受害人在权利受损时能够采取报警等措施解决的，不能实施自助行为。

第二，如果不立即采取措施，合法权益将受到难以弥补的损害。第三，实施的自助行为必须在保护自身合法权益的必要限度内。第四，在实施自助行为后，应当立即通知国家机关，请求国家机关的帮助。

在上面的案例中，时某长期拖欠货款不还，且拒不执行法院偿还货款的判决，龚某向法院申请了强制执行。在强制执行过程中，龚某发现了时某的车辆。此时，法院工作人员赶到现场尚且需要时间，如果龚某不及时采取措施，时某很可能将车辆开走，导致龚某的货款无法得到偿还。因此，龚某扣留其车辆属于法律规定的自助行为，是符合法律要求的。

条文依据

《中华人民共和国民法典》

第一千一百七十七条 合法权益受到侵害，情况紧迫且不能及时获得国家机关保护，不立即采取措施将使其合法权益受到难以弥补的损害的，受害人可以在保护自己合法权益的必要范围内采取扣留侵权人的财物等合理措施；但是，应当立即请求有关国家机关处理。

受害人采取的措施不当造成他人损害的，应当承担侵权责任。

64. 遛狗时没有拴绳子，他人故意逗狗被咬伤，狗主人需要承担责任吗？

典型案例

钱某饲养了一只小狗，每天下班以后，都会带着它在小区里散步。一天，钱某在遛狗时正好碰见了住在同一个小区的李某。李某不喜欢狗，看见钱某的宠物狗没拴绳，便故意跺脚，想把它吓跑。没想到，李某的行为反而惹怒了小狗，小狗冲上前将他咬伤。请问，钱某是否应当对李某承担赔偿责任？

依法解析

如今，随着养宠物的人群越来越庞大，宠物伤人事件也层出不穷。我国《民法典》特意对饲养动物伤人的侵权责任承担作出了规定。根据该法第一千二百四十五条和第一千二百四十六条的规定，当宠物伤害他人时，第一责任人为宠物的饲养人或管理人。一般来说，如果被侵权人（可以理解为被宠物伤害到的人）存在故意或者重大过失，宠物的饲养人或者管理人又能够对此予以证明的，就可以免除或者减轻责任。但是，如果伤害是因为宠物饲养人或者管理人违反规定不对宠物采取安全措施造成的，尽管宠物饲养人或管理人能够证明伤害是被侵权人故意造成的，也不能免除责任，只能减轻部分责任。

在上面的案例中，钱某遛狗时并没有给狗拴绳，而我国《动物防疫法》第三十条第二款规定，在携带犬只出门时，应当对犬只采取拴绳等安全措施，因此钱某违反了法律规定。此时，只有钱某能证明“李某故意被狗咬”，才能减轻自己的赔偿责任，而李某“朝狗跺脚”的行为很难被证明其存在让狗咬的“故意”。因此，钱某对李某的赔偿责任不能减轻。可见，养宠人应当“依法养宠”“文明养宠”，方能在发生纠纷时减免责任。

条文依据

《中华人民共和国民法典》

第一千二百四十五条 饲养的动物造成他人损害的，动物饲养人或者管理人应当承担侵权责任；但是，能够证明损害是因被侵权人故意或者重大过失造成的，可以不承担或者减轻责任。

第一千二百四十六条 违反管理规定，未对动物采取安全措施造成他人损害的，动物饲养人或者管理人应当承担侵权责任；但是，能够证明损害是因被侵权人故意造成的，可以减轻责任。

《中华人民共和国动物防疫法》

第三十条 ……

携带犬只出户的，应当按照规定佩戴犬牌并采取系犬绳等措施，防止犬只伤人、疫病传播。

……

65. 打球不小心被撞受伤，可以要求对方或者活动主办者承担赔偿责任吗？

典型案例

费某热爱运动，业余时间偶尔在小区里的篮球场内打球。一天，有人提议篮球同好们打一场“友谊赛”。居委会得知此事后，大力支持，提出组织几场“业主篮球联赛”，爱好篮球的业主纷纷响应。这天，一群人按照约定来到篮球场进行比赛。比赛开始后，大家逐渐认真起来，都想赢得这次比赛。而本来就喜欢打篮球的费某，更是充满了必胜的决心。在一次跳起与对手抢篮板时，费某不慎被对方撞倒在地，导致腿部受伤。随后，费某被送往医院治疗。请问，费某能否要求对方或者组织比赛的居委会承担赔偿责任？

依法解析

我国《民法典》第一千一百七十六条规定，自愿参加具有一定风险的文体活动，因其他参加者的行为受伤的，除其他参加者具有故意或者重大过失外，不能要求其他参加者承担责任，这就是法律所规定的“自甘风险”的情形。这是因为，在具有一定风险的文体活动中，被侵权人在参加之前就应当对风险有所了解。风险的发生是难以预料的，并且伴随着活动的性质必然存在。例如，在拳击比赛中容易被对手打伤，这是这项运动的性质决定的风险，不能因此要求对手承担责任。而对于活动组织者，要看其是否尽到了安全保障义务。如果伤害是因为活动组织者未尽到安全保障义务而发生的，那么被侵权人就可以要求其承担责任。

案例中的费某在篮球比赛时被对手撞倒，导致受伤。打篮球本来就是一项具有对抗性质的运动，在过程中很可能使参加者受到伤害。而费某作为一名成年人，在参加篮球比赛前应当对风险具有明确的认知。而费某受伤是因为被对手撞倒，并不是因为组织者未尽到安全保障义务。因此，费某受到的伤害应由其自行承担。

条文依据

《中华人民共和国民法典》

第一千一百七十六条 自愿参加具有一定风险的文体活动，因其他参加者的行为受到损害的，受害人不得请求其他参加者承担侵权责任；但是，其他参加者对损害的发生有故意或者重大过失的除外。

活动组织者的责任适用本法第一千一百九十八条至第一千二百零一条的规定。

第一千一百九十八条 宾馆、商场、银行、车站、机场、体育场馆、娱乐场所等经营场所、公共场所的经营者、管理者或者群众性活动的组织者，未尽到安全保障义务，造成他人损害的，应当承担侵权责任。

因第三人的行为造成他人损害的，由第三人承担侵权责任；经营者、管理者或者组织者未尽到安全保障义务的，承担相应的补充责任。经营者、管理者或者组织者承担补充责任后，可以向第三人追偿。

66. 被楼上抛落的物品砸伤，该如何维权？

典型案例

每天下午，宋某都会带3岁的女儿到小区里散步。一天，宋某照常与女儿一起散步时，天空突然阴云密布，下起雨来。宋某连忙带着女儿回家，因为怕淋到雨，宋某便沿着楼体外侧行走。马上就要到单元门口的时候，上方突然掉下来一袋垃圾，正好砸中宋某女儿的头，宋某连忙将女儿送往医院。经过医生诊断，宋某女儿被砸成了脑震荡，需要住院治疗。宋某十分气愤，但她并不知道垃圾是从谁家扔下来的。请问，宋某该如何替女儿维权呢？

依法解析

根据我国《民法典》第一千二百五十四条的规定，当高空抛物造成他人损害时，除实施高空抛物行为人需要承担责任外，物业公司等建筑物管理人没有采取必要的安全保障措施的，也要承担一定的侵权责任。如果难以确定具体侵权人的，被侵权人可以要求不能证明自己不是侵权人的其他建筑物使用人共同承担侵权责任。这些建筑物使用人在进行赔偿以后，可以向实际侵权人进行追偿。被侵权人受到损害后，应当在第一时间报警，由公安机关对真正的责任人进行追查，保障其权利。

在上面的典型案例中，宋某的女儿被高空掉下的垃圾砸伤。此时，宋某无法找到抛下垃圾的行为人。在这种情况下，宋某可以要求事发时该区域上面的所有居住者与物业公司共同承担赔偿责任。除能够证明自己确实没有抛下垃圾的居住者外，其他居住者都应当对宋某的女儿进行赔偿。而物业公司如果不能证明自己已经采取必要的安全保障措施防止高空抛物，就应当依法承担未履行安全保障义务的侵权责任。当事情发生以后，宋某还应当及时报警，配合警方采取证据，早日找到真正的侵权人。

条文依据

《中华人民共和国民法典》

第一千二百五十四条 禁止从建筑物中抛掷物品。从建筑物中抛掷物品或者从建筑物上坠落的物品造成他人损害的，由侵权人依法承担侵权责任；经调查难以确定具体侵权人的，除能够证明自己不是侵权人的外，由可能加害的建筑物使用人给予补偿。可能加害的建筑物使用人补偿后，有权向侵权人追偿。

物业服务企业等建筑物管理人应当采取必要的安全保障措施防止前款规定情形的发生；未采取必要的安全保障措施的，应当依法承担未履行安全保障义务的侵权责任。

发生本条第一款规定的情形的，公安等机关应当依法及时调查，查清责任人。

67. 留守儿童盗窃他人财物，该由谁来赔偿失主的损失？

典型案例

小亮今年 11 岁，是一名留守儿童。从小亮还不记事的时候开始，其父母就一起外出打工，将小亮托付给爷爷奶奶照顾。每年，父母只有在过年的时候才能回来住几天。年一过完，为了一家人的生计，父母又得急匆匆地离开家乡。小亮每天都很想念父母，经常问爷爷奶奶父母什么时候才可以真正回到他身边。而爷爷奶奶也总是回答小亮，等家里有钱了爸爸妈妈就会回来了。年幼的小亮认为只要自己帮助父母挣到钱，父母就能尽快回来。于是，小亮常常到村外的建筑工地偷一些零碎的钢材去卖掉，想要以此来攒钱。一次，小亮在偷盗时被工头抓住。请问，该由谁来赔偿工地的损失呢？

依法解析

未成年人不具备完全民事行为能力，如果造成他人损害，一般应当由未成年人的监护人来赔偿损失。根据我国《民法典》第一千一百八十八条和第一千一百八十九条的规定，监护人应当对未成年人尽到监护职责，避免未成年人对他人造成损害。如果未成年人给他人造成损害，监护人需要承担相应的责任，但是在尽到监护职责的情况下可以减轻侵权责任。即使监护人将监护职责委托给他人，也不能因此免除监护人的责任。

在上面的案例中，小亮的父母外出打工，将小亮委托给爷爷奶奶照顾。此时，爷爷奶奶是代替小亮的父母来照顾小亮，而小亮的父母依然还是小亮的监护人，应当承担监护职责。小亮盗窃建筑工地上的钢材，给建筑工地造成了损失，该损失应当由小亮的父母来承担赔偿责任。但是，如果小亮的爷爷奶奶在小亮盗窃钢材这件事上存在过错，那么小亮的爷爷奶奶也要承担相应的责任。

条文依据

《中华人民共和国民法典》

第一千一百八十八条 无民事行为能力人、限制民事行为能力人造成他人损害的，由监护人承担侵权责任。监护人尽到监护职责的，可以减轻其侵权责任。

有财产的无民事行为能力人、限制民事行为能力人造成他人损害的，从本人财产中支付赔偿费用；不足部分，由监护人赔偿。

第一千一百八十九条 无民事行为能力人、限制民事行为能力人造成他人损害，监护人将监护职责委托给他人的，监护人应当承担侵权责任；受托人有过错的，承担相应的责任。

68. 在路上骑车因轧到“晾粮”而摔伤，损失谁来承担？

典型案例

有不少村民都趁着天气晴朗将刚收获的玉米摊在路上晾晒。章某家里收获的玉米多，占用的道路面积也比较大。马某在骑车经过时，因轧到玉米而不慎摔倒。虽然没有伤到骨头，只是些皮外伤，但是马某也花费了好几百元的医药费。事后，马某拿着医药费去找章某“报销”，却被章某拒绝。章某说大家都在路上晒粮，自己没有错。请问，马某受伤应当由谁来承担责任？

依法解析

根据我国《民法典》第一千二百五十六条的规定，对于公共道路上所堆放、倾倒或遗撒的妨碍通行的物品所造成的损害，应当承担责任的主体主要有两个：堆放、倾倒、遗撒物品的行为人和公共道路的管理人。需要注意的是，如果公共道路的管理人能够证明自己已经尽到了应尽的清理、防护、警示等义务的，就不需要承担侵权责任。

在上面的案例中，章某晾晒玉米的道路是其他村民也会通行的道路，属于公共道路，应当在保证正常通行以及不侵害他人权利的基础上进行。章某在晾晒玉米时占用道路的面积较大，妨碍了马某的通行，导致马某受伤，应当承担责任。而村委会作为村内公共道路的管理人，在村民晾晒粮食时也应当尽到相应的义务，提醒村民避开公共道路，对于妨碍通行的晾晒物应当及时清理。由此可见，马某受伤应当由晾晒玉米的行为人章某、公共道路的管理人村委会来共同承担责任。

条文依据

《中华人民共和国民法典》

第一千二百五十六条 在公共道路上堆放、倾倒、遗撒妨碍通行的物品造成他人损害的，由行为人承担侵权责任。公共道路管理人不能证明已经尽到清理、防护、警示等义务的，应当承担相应的责任。

69. 自家的树枝折断砸伤他人，需要赔偿吗？

典型案例

万某在自家院子里种了一棵海棠树，等到秋天能收获不少果实，不仅能够满足家里人吃，还能给亲朋好友送一些。海棠树种了很多年，又高又茂盛，有一部分枝干已经长到了院墙外面。一次暴雨后，一位热心的邻居从外面路过时，发现万某家的海棠树露在外面的树枝在雨水大风击打下快要断了，便把这件事告诉了万某。万某得知以后，并没有及时处理。一天，同村的几个小孩在附近玩耍时，正好被断裂掉下的树枝砸中受伤。请问，万某是否应当对被砸伤的小孩进行赔偿？

依法解析

万某应当对被砸伤的小孩进行赔偿。根据我国《民法典》第一千二百五十七条的规定，林木的所有人或者管理人在不能证明自己没有过错的情况下，应当对因林木折断等造成他人损害的情况承担侵权责任。一般来说，行为人有过错的情况下侵犯他人权利才需要承担侵权责任，但此种情况直接推定为行为人具有过错，需要行为人来特别证明自己没有过错。也就是说，即使林木的所有人或者管理人对于损害结果并不具有过错，但只要其不能明确证明这一点，就应当对受到损害的人承担侵权责任。

在上面的案例中，万某所种植的海棠树有一部分枝干在院墙外，此部分仍然属于万某所有。因此，万某有义务避免院外的海棠树树枝发生折断造成他人伤害的情况。但是，万某在明知道树枝快要折断的情况下，仍然没有采取相应措施，导致树枝掉下砸伤小孩。万某应当对被砸伤的小孩承担赔偿责任。即便是树枝没有“快断”的现象，砸伤人的，如果万某不能证明自己没有过错，也需要承担赔偿责任。

条文依据

《中华人民共和国民法典》

第一千二百五十七条 因林木折断、倾倒或者果实坠落等造成他人损害，林木的所有人或者管理人不能证明自己没有过错的，应当承担侵权责任。

70. 认为医生没有尽责而将医生打伤，需要承担什么责任？

典型案例

戴某最近一段时间总是头疼，虽然不是特别严重，但是持续时间很长，比较影响正常生活。于是，戴某来到医院，想要检查一下自己究竟得了什么病。戴某挂号以后，由裴医生对戴某进行了问诊，并根据戴某的情况开具了几项检查，检查费用总共 2000 元。检查结果出来以后，裴医生告诉戴某，他的身体并没有什么毛病，头疼可能是因为最近没有休息好。戴某觉得自己花了这么多钱检查也没查出个结果，心里很不平衡，认为是裴医生为了多赚检查费故意多开检查项目。随后，戴某与裴医生发生了争吵，并将裴医生打伤。请问，戴某需要承担什么责任？

依法解析

根据我国《民法典》第一千二百二十八条的规定，如果干扰医疗秩序，对医务人员的工作、生活以及其他合法权益造成了损害，需要依法承担侵权责任。这里的侵权责任不仅包括对医务人员的侵权责任，还可能包括行政处罚责任以及刑事责任。根据《治安管理处罚法》第四十三条第一款和《刑法》第二百三十四条的规定，故意伤害他人身体，情节较轻的可能面临拘留和罚款，而情节较重构成犯罪的，就可能会被判处刑事处罚。

在上面的案例中，戴某认为裴医生为了赚取检查费，故意多开检查项目，于是在争吵中将裴医生打伤。裴医生为戴某开具检查项目是正常的医疗行为，目的是能够更好地确认戴某的身体状况。如果戴某认为裴医生开具的检查项目有问题，可以对裴医生进行投诉，而不能随意殴打医生，扰乱正常的医疗秩序。

条文依据

《中华人民共和国民法典》

第一千二百二十八条 医疗机构及其医务人员的合法权益受法律保护。

干扰医疗秩序，妨碍医务人员工作、生活，侵害医务人员合法权益的，应当依法承担法律责任。

《中华人民共和国治安管理处罚法》

第四十三条 殴打他人的，或者故意伤害他人身体的，处五日以上十日以下拘留，并处二百元以上五百元以下罚款；情节较轻的，处五日以下拘留或者五百元以下罚款。

……

《中华人民共和国刑法》

第二百三十四条 故意伤害他人身体的，处三年以下有期徒刑、拘役或者管制。

犯前款罪，致人重伤的，处三年以上十年以下有期徒刑；致人死亡或者以特别残忍手段致人重伤造成严重残疾的，处十年以上有期徒刑、无期徒刑或者死刑。本法另有规定的，依照规定。

71. 去朋友家串门时被施工人员不小心砸伤，该找谁赔偿？

典型案例

这几年，吕某通过辛勤的劳动，攒下了不少积蓄，便打算将自家的房子进行扩建，再修建出一个二层来。几个月以后，房屋扩建得差不多了，就剩一个阳光房还差一些收尾工作没有完成。吕某将房屋扩建的好消息和朋友分享，邀请朋友陶某来参观扩建以后的新家。陶某去吕某家中做客的时候，吕某家里还有几名工人在施工。陶某四处走动参观时，在梯子上工作的贾某手里的工具不慎掉落，正好砸在陶某的头上。陶某顿时血流不止，便前往医院进行包扎。请问，陶某应该找谁来赔偿医药费？

依法解析

根据我国《民法典》第一千一百九十二条的规定，在个人之间的劳务关系中，如果提供劳务的一方给他人造成了损害，应当由接受劳务的一方承担责任。劳务关系就是指劳动者与用工者之间凭借口头上或者书面上的约定，由劳动者来向用工者提供一次性的、短时的劳务，用工者按照约定向劳动者支付报酬的关系。例如请小时工来帮忙打扫卫生，就属于劳务关系的一种。如果提供劳务的一方存在故意或者重大过失的情况，那么接受劳务的一方在赔偿他人损害后，可以向提供劳务的一方追偿。

在上面的案例中，吕某想要扩建房屋，于是请来一批工人帮忙施工。此时，吕某与工人之间就形成了劳务关系。陶某在参观吕某新家的过程中被工人不小心砸伤，应当由接受劳务的吕某来向陶某进行赔偿。

条文依据

《中华人民共和国民法典》

第一千一百九十二条 个人之间形成劳务关系，提供劳务一方因劳务造成他人损害的，由接受劳务一方承担侵权责任。接受劳务一方承担侵权责任后，可以向有故意或者重大过失的提供劳务一方追偿。提供劳务一方因劳务受到损害的，根据双方各自的过错承担相应的责任。

提供劳务期间，因第三人的行为造成提供劳务一方损害的，提供劳务一方有权请求第三人承担侵权责任，也有权请求接受劳务一方给予补偿。接受劳务一方补偿后，可以向第三人追偿。

72. 免费搭乘便车却遭遇车祸受伤，能要求司机赔偿吗？

典型案例

姚某和蔡某是同乡，两人在同一城市打工。蔡某工作几年，攒钱买了一辆面包车，这样过年回家的时候就不用抢票，可以直接开车回去。姚某知道蔡某买了车，过年时，就让蔡某回家的时候把自已捎上。蔡某思乡心切，一下工就连夜开车走上了回乡的路。此时蔡某已经工作了一天，原本就非常疲惫，而回乡的路程又要好几个小时。蔡某一路上强打着精神，但还是因注意力不集中而导致车辆侧翻，造成姚某腰部受伤。请问，姚某能否要求蔡某进行赔偿？

依法解析

在生活中，我们有时候会免费搭乘亲友的车辆，也可能会顺路搭载他人。如果在这一过程中发生事故，导致搭乘人受到损害，责任该由谁来承担呢？根据我国《民法典》第一千二百一十七条的规定，如果非营运机动车在无偿搭载他人时，因司机的主要责任发生事故，导致搭乘人受到损害，此时应当减轻司机一方的赔偿责任。

在上面的案例中，姚某与蔡某既是同乡，也是工友，蔡某在回家时免费搭载姚某是出于同乡间的情谊。虽然事故的发生是由于蔡某疲劳驾驶，但蔡某对事故的发生并不存在故意或者重大过失。因此，姚某可以要求蔡某赔偿他的医疗费用，但考虑到蔡某在搭载姚某时是出于好意，应当对蔡某的赔偿责任进行适当的减轻。

条文依据

《中华人民共和国民法典》

第一千二百一十七条 非营运机动车发生交通事故造成无偿搭乘人损害，属于该机动车一方责任的，应当减轻其赔偿责任，但是机动车使用人有故意或者重大过失的除外。

第四章

其他常用法律政策知识

一、乡村振兴

73. 全面实施乡村振兴战略，应遵循哪些原则？

典型案例

何某采用先进的大棚控温技术，种植了樱桃，这些樱桃销路非常好，何某也因此成了远近闻名的致富能手。县政府了解到这一情况后，对何某进行了访谈，并将其树立为“乡村振兴标杆”。何某的典型示范，引导村民都积极投身到乡村振兴建设中来。那么，乡村振兴包括哪些方面？全面实施乡村振兴战略，应遵循哪些原则？

依法解析

乡村振兴包括乡村产业振兴、人才振兴、文化振兴、生态振兴、组织振兴这五个方面，涵盖了乡村发展中的经济、政治、文化、社会、生态文明和党的建设，实施乡村振兴战略，对解决“三农”问题意义重大。在上面的例子中，何某采用技术手段种植大棚樱桃致富，被树立为“乡村振兴标杆”，是政府在产业振兴方面采取的典型示范措施。

全面实施乡村振兴战略，下好全国一盘棋，应遵循以下原则：一是要坚持农业农村优先发展，在干部配备上优先考虑，在要素配置上优先满足，在资金投入上优先保障，在公共服务上优先安排；二是要坚持农民主体地位，充分尊重农民意愿，保障农民民主权利和其他合法权益，调动农民的积极性、主动性、创造性，维护农民根本利益；三是要坚持人与自然和谐共生，统筹山水林田湖草沙系统治理，推动绿色发展，推进生态文明建设；四是要坚持改革创新，充分发挥市场在资源配置中的决定性作用，更好发挥政府作用，推进农业供给侧结构性改革和高质量发展，不断解放和发展乡村社会生产力，激发农村发展活力；五是要坚持因地制宜、规划先行、循序渐进，顺应村庄发展规律，根据乡村的历史文化、发展现状、区位条件、资源禀赋、产业基础分类推进。

条文依据

《中华人民共和国乡村振兴促进法》

第二条 全面实施乡村振兴战略，开展促进乡村产业振兴、人才振兴、文化振兴、生态振兴、组织振兴，推进城乡融合发展等活动，适用本法。

本法所称乡村，是指城市建成区以外具有自然、社会、经济特征和生产、生活、生态、文化等多重功能的地域综合体，包括乡镇和村庄等。

第四条 全面实施乡村振兴战略，应当坚持中国共产党的领导，贯彻创新、协调、绿色、开放、共享的新发展理念，走中国特色社会主义乡村振兴道路，促进共同富裕，遵循以下原则：

（一）坚持农业农村优先发展，在干部配备上优先考虑，在要素配置上优先满足，在资金投入上优先保障，在公共服务上优先安排；

……

74. 如何促进乡村产业振兴?

典型案例

某地政府部门为了充分利用本地乡村广阔土地和丰富的风力资源，发展风能发电等绿色经济产业，特发出通知，凡是在本辖区中的各个乡镇新建风力发电企业的，按项目验收规模给予一定的补贴扶持，以清洁能源企业建设助力乡村产业振兴。那么，如何促进乡村产业振兴?

依法解析

产业振兴是乡村振兴的基石。乡村产业振兴涉及方方面面，发展应兼顾“绿水青山”和“金山银山”。产业振兴既要开展高质量的农业生产，执行严格的农田保护政策，保障广大人民的“粮袋子”；又要抓好特色产业、乡村旅游、电子商务等乡村产业的发展，依托本地优势资源，搞好产业融合，充实乡村百姓的“钱袋子”。可以说，如今各地政府推出的促进乡村产业振兴的方案不胜枚举，在上面的案例中，政府对乡村地区设立的风力发电项目企业予以补贴扶持，就是搞好特色产业的具体举措，将农村土地和风力资源充分利用，助力乡村产业发展。具体地，《乡村振兴促进法》第二章“产业发展”，全面解答了在产业发展方面应如何促进乡村振兴的问题。

条文依据

《中华人民共和国乡村振兴促进法》

第二章　产业发展

第十二条　国家完善农村集体产权制度，增强农村集体所有制经济发展活力，促进集体资产保值增值，确保农民受益。

各级人民政府应当坚持以农民为主体，以乡村优势特色资源为依托，支持、促进农村一二三产业融合发展，推动建立现代农业产业体系、生产体系和经营体系，推进数字乡村建设，培育新产业、新业态、新模式和新型农业经营主体，促进小农户和现代农业发展有机衔接。

第十三条　国家采取措施优化农业生产力布局，推进农业结构调整，发展优势特色产业，保障粮食和重要农产品有效供给和质量安全，推动品种培优、品质提升、品牌打造和标准化生产，推动农业对外开放，提高农业质量、效益和竞争力。

国家实行重要农产品保障战略，分品种明确保障目标，构建科学合理、安全高效的重要农产品供给保障体系。

……

75. 如何加强乡村的“人才”建设?

典型案例

某县多年来传承着手工编织工艺，但是随着近年来年轻劳动力进城务工比重增加，工艺传承以居家老人、妇女零散编织为主。随着国家推进乡村产业振兴，该县政府举办了多次手工编织工艺大赛，并由比赛胜出的工匠总结编纂工艺手册，发放到群众手中，组织返乡人员学习编织技艺，为巩固和发展此类人才开辟了新的道路。那么，在乡村振兴中，应如何加强人才建设？

依法解析

乡村振兴要坚持以人为本。乡村人才建设要着眼于现有乡村留守本土人员的教育、培训，也要加强乡村人才引进、交流。具体而言，对于乡村教育培训水平较低的短板，完善教育培训的软件、硬件资源是重中之重，教育培训既包括九年义务教育，如小学、初中教育；又包括职业教育和继续教育，如农业技能培训、返乡创业就业培训和职业技能培训。通过多种形式、多个阶段的教育培训有序衔接，为农村发展培养出有文化、懂技术、善经营、会管理的高素质农民和农村实用人才、创新创业带头人。此外，针对农村人口大量流失的现状，增强人才向心力是当务之急，县级以上人民政府应当建立鼓励各类人才参与乡村建设的激励机制，搭建社会工作和乡村建设志愿服务平台，支持和引导各类人才通过多种方式服务乡村振兴。在上面的例子中，县政府组织比赛和技能学习，就是实施人才振兴战略的具体体现。具体地，《乡村振兴促进法》第三章“人才支撑”，全面解答了在乡村振兴中如何加强人才建设的问题。

条文依据

《中华人民共和国乡村振兴促进法》

第三章　人才支撑

第二十四条　国家健全乡村人才工作体制机制，采取措施鼓励和支持社会各方面提供教育培训、技术支持、创业指导等服务，培养本土人才，引导城市人才下乡，推动专业人才服务乡村，促进农业农村人才队伍建设。

第二十五条 各级人民政府应当加强农村教育工作统筹，持续改善农村学校办学条件，支持开展网络远程教育，提高农村基础教育质量，加大乡村教师培养力度，采取公费师范教育等方式吸引高等学校毕业生到乡村任教，对长期在乡村任教的教师在职称评定等方面给予优待，保障和改善乡村教师待遇，提高乡村教师学历水平、整体素质和乡村教育现代化水平。

各级人民政府应当采取措施加强乡村医疗卫生队伍建设，支持县乡村医疗卫生人员参加培训、进修，建立县乡村上下贯通的职业发展机制，对在乡村工作的医疗卫生人员实行优惠待遇，鼓励医学院校毕业生到乡村工作，支持医师到乡村医疗卫生机构执业、开办乡村诊所、普及医疗卫生知识，提高乡村医疗卫生服务能力。

各级人民政府应当采取措施培育农业科技人才、经营管理人才、法律服务人才、社会工作人才，加强乡村文化人才队伍建设，培育乡村文化骨干力量。

……

76. 繁荣乡村文化应发展哪些内容?

典型案例

朱某过年回家时发现，村子里发生了翻天覆地的变化，村口的空地上修建了很多健身体育设施，以前凑在一起唠家常的乡亲，很多都在村委会的图书角看书，书架上摆满了图书，包括技能培训类、文史类、家庭教育类等多个门类。村领导跟他说，希望朱某能够就村里的文化建设提提意见，一起帮村子来繁荣文化发展。那么，在繁荣乡村文化方面，应注意发展哪些内容?

依法解析

乡村文化建设是乡村振兴的灵魂所在。乡村文化在长久的发展过程中有着深厚的文化积累，其中既有陈规陋习，也有淳朴民风，我们要坚持取其精华去其糟粕，将无形的文明建设和有形的文化公共设施建设两手抓。搞好无形的文明建设，就是要各级人民政府采取措施，丰富农民文化体育生活，倡导科学健康的生产生活方式，发挥村规民约积极作用，培育文明乡风、良好家风、淳朴民风，建设文明乡村；搞好有形的文化公共设施建设，就是要各级政府坚持规划引导、典型示范，有计划地建设特色鲜明、优势突出的农业文化展示区、文化产业特色村落，发展乡村特色文化体育产业，推动乡村地区传统工艺振兴，积极推动智慧广电乡村建设，提供便利可及的公共文化服务。在上面的例子中，朱某眼中的图书角、健身体育设施建设就是乡村文化振兴的部分具体举措，意义重大。具体地，《乡村振兴促进法》第四章“文化繁荣”，全面解答了在乡村振兴中如何进行文化繁荣的问题。

条文依据

《中华人民共和国乡村振兴促进法》

第四章　文化繁荣

第二十九条　各级人民政府应当组织开展新时代文明实践活动，加强农村精神文明建设，不断提高乡村社会文明程度。

第三十条　各级人民政府应当采取措施丰富农民文化体育生活，倡导科学健康的生产生活方式，发挥村规民约积极作用，普及科学知识，推进移风易俗，破除大操大办、铺张浪费等陈规陋习，提倡孝老爱亲、勤俭节约、诚实守信，促进男女平等，创建文明村镇、文明家庭，培育文明乡风、良好家风、淳朴民风，建设文明乡村。

第三十一条 各级人民政府应当健全完善乡村公共文化体育设施网络和服务运行机制，鼓励开展形式多样的农民群众性文化体育、节日民俗等活动，充分利用广播电视、视听网络和书籍报刊，拓展乡村文化服务渠道，提供便利可及的公共文化服务。

各级人民政府应当支持农业农村农民题材文艺创作，鼓励制作反映农民生产生活和乡村振兴实践的优秀文艺作品。

……

77. 在乡村振兴中，怎样加强生态保护？

典型案例

某村过去是远近闻名的困难村，除了世代的积贫外，破败脏乱的环境也使得外来投资者长期敬而远之。但是随着国家乡村振兴战略的开展，某村村民在村集体的带领下，一改过去贫穷落后的局面，在发展经济的同时，他们也下定决心要保护、恢复生态环境，给自己和后代打造一个富强、美丽的新乡村。那么，在乡村振兴中，如何加强生态保护？

依法解析

良好的生态环境是乡村振兴发展中所应当贯彻、追求的原则和目标。国家推行健全重要生态系统保护制度和生态保护补偿机制，实施重要生态系统保护和修复工程，着力倡导与加强乡村生态保护和环境治理，从而在乡村振兴的过程中实现绿化美化乡村环境，建设美丽乡村的目标。就具体措施而言，既有对农业生产者倡导性的建议，如鼓励和支持农业生产者采用节水、节肥、节药、节能等先进的种植养殖技术，推动种养结合、农业资源综合开发，优先发展生态循环农业；也有对政府部门的细化要求，如各级人民政府应当采取措施加强农业面源污染防治，推进农业投入品减量化、生产清洁化、废弃物资源化、产业模式生态化，引导全社会形成节约适度、绿色低碳、文明健康的生产生活和消费方式；还有对相关部门、行业、人员的禁止性规定，如国家对农业投入品实行严格管理，对剧毒、高毒、高残留的农药、兽药采取禁用限用措施。只有切实履行与遵守法律的规定要求，才能更好地实现生态环境的保护，进而才能营建和谐美丽的乡村，真正地实现乡村振兴。具体地，《乡村振兴促进法》第五章“生态保护”，全面解答了在乡村振兴中如何加强生态保护的问题。

条文依据

《中华人民共和国乡村振兴促进法》

第五章　生态保护

第三十四条　国家健全重要生态系统保护制度和生态保护补偿机制，实施重要生态系统保护和修复工程，加强乡村生态保护和环境治理，绿化美化乡村环境，建设美丽乡村。

第三十五条　国家鼓励和支持农业生产者采用节水、节肥、节药、节能等先进的种植养殖技术，推动种养结合、农业资源综合开发，优先发展生态循环农业。

各级人民政府应当采取措施加强农业面源污染防治，推进农业投入品减量化、生产清洁化、废弃物资源化、产业模式生态化，引导全社会形成节约适度、绿色低碳、文明健康的生产生活和消费方式。

……

二、农村基本经营制度

78. 土地承包经营权何时生效?

典型案例

张某母亲在世时分得承包地4亩，后来分家析产时，张某自愿只要1亩地，其余3亩地都给他的妹妹承包。两天后，张某的妹妹就与本村村委会签订了《农村土地（耕地）承包合同》，约定承包土地3亩，并填写了《农村土地承包经营权确权登记申请书》等书面材料，镇政府核实情况后，将3亩土地全部登记在张某妹妹的名下。不料，张某的媳妇因为张某的做法跟他大吵一架，张某无奈找到村委会协商，说自己反悔了，要求平分这4亩地。村委会工作人员答复，现在他妹妹对这3亩地的土地承包经营权已经生效了，并且已经下发了权属凭证，具有法律效力，张某反悔也没有用。那么，土地承包经营权何时生效?

依法解析

我国《农村土地承包法》第二十三条明确规定，土地承包方自承包合同生效时就依法取得了土地承包经营权，承包合同生效是以承包合同成立之日起计算的。因此，案例中张某妹妹的3亩地的土地承包经营权，在她与村委会签订《农村土地（耕地）承包合同》之日就生效了。生效的合同双方都应该全面履行合同，不能擅自改变、解除。张某对分家方案后悔，并不是让村委会解除与其妹妹签订的承包合同的合法理由。

农村土地承包合同生效后，国家会依《农村土地承包经营权证管理办法》第二条的规定，依法确认承包方享有土地承包经营权，并颁发法律凭证，也就是农村土地承包经营权证。农村土地承包经营权证与农村土地承包合同记载的事项应一致。案例中张某的妹妹已经持有农村土地承包经营权证，其承包经营权已经得到了国家的确认，理应受法律保护。

条文依据

《中华人民共和国农村土地承包法》

第二十三条 承包合同自成立之日起生效。承包方自承包合同生效时取得土地承包经营权。

《中华人民共和国农村土地承包经营权证管理办法》

第二条 农村土地承包经营权证是农村土地承包合同生效后，国家依法确认承包方享有土地承包经营权的法律凭证。

农村土地承包经营权证只限承包方使用。

79. 儿子娶媳妇分家后，土地承包经营权也要分吗?

典型案例

周某是某村村民，作为户主，很多年前就和村委会签订了《土地承包经营权协议》，家里一共分得 6 亩地。去年冬天，周某的儿子小周结婚了。由于小周的岳母总是来探望他们小两口，大家都住在一起有些不方便，儿子和儿媳妇就想要另立门户，过自己的小日子，周某表示同意。到了春天，小周看到同村的人都在地里忙着播种施肥，就想到自己还没有承包地呢，于是就去问父亲，分家后土地承包经营权是否也应当分配？

依法解析

我国当前实行的是“增人不增地、减人不减地”的土地承包政策，家庭成员分家后，土地承包经营权是否重新分配，要区别对待。

《农村土地承包法》第二十一条第一款明确规定，耕地的承包期为三十年，也就是老百姓所说的“三十年不变”。同时，该法第十六条还规定，承包权益是以家庭户为基本单位的，家庭成员在此后一段时间内增加或者减少都不能重新分配土地。也就是说，在我国上一轮分地的时候，每个家庭分得了相应的土地承包经营权，当时的家庭成员就可以依法平等享有承包权益，也可以简单地理解为按照亩数平均分土地。上面案例中的小周在上一轮分地时就分得了承包地，那么他和媳妇独门立户后，也就依然分得其原来享有的土地承包经营权，并且该权益三十年不变；另外，如果小周在上一轮国家分地时没有分得土地，那么就要考虑本村集体是否有《农村土地承包法》第二十九条规定的预留机动地等用于调整的地块，如果有则小周一家也能分得新的土地承包经营权，如果村集体没有类似地块，那么小周分户生活后依然无法分得土地承包经营权，需要等到国家下一轮分配土地承包经营权的时候，再参与分配。

条文依据

《中华人民共和国农村土地承包法》

第十六条 家庭承包的承包方是本集体经济组织的农户。

农户内家庭成员依法平等享有承包土地的各项权益。

第二十一条 耕地的承包期为三十年。草地的承包期为三十年至五十年。林地的承包期为三十年至七十年。

前款规定的耕地承包期届满后再延长三十年，草地、林地承包期届满后依照前款规定相应延长。

第二十九条 下列土地应当用于调整承包土地或者承包给新增人口：

（一）集体经济组织依法预留的机动地；

（二）通过依法开垦等方式增加的；

（三）发包方依法收回和承包方依法、自愿交回的。

80. 农民进城落户的，必须要交回承包地吗？

典型案例

老张的儿子在城里工作稳定，婚后很快就有了孩子，为了更好地照顾小孩，老张和妻子决定搬到城里，跟儿子一起住。由于老张儿子所在的学区教学质量不太好，老张就打算重新买一套房子，留着给小孙子上学用，老张和妻子的户口也落到了新房上。这一消息被同村的老王知道了，老王找到老张，说自己儿子一直没有分到地，老张都进城落户了，就应该把承包地交出来，让村里重新分配。老张说这个政策他不太了解，就向村委会主任询问。那么，进城落户的，必须要交回承包地吗？

依法解析

当前城市化进程越来越快，农民落户城市的现象也越来越普遍，此后的土地承包经营权归属问题备受关注，我国《农村土地承包法》第二十七条规定，发包方不得在承包期内收回承包地，尤其对进城农户作出了保护性规定，明确不得以退出土地承包经营权作为农户进城落户的前提条件，阻碍或者限制农户进城。也就是说，案例中老张一家虽然进城落户，但是在土地承包期内，老张依然享有原先在农村的土地承包经营权，不必交回村集体。

国家一方面坚决保护落户城镇的农户的土地权益，但考虑到无人耕种土地造成的资源浪费，《农村土地承包法》还规定，国家鼓励流转土地承包经营权，落户城镇的农民可以自愿以出租、转包等形式将自己的土地承包经营权流转给他人。如果农户决定采取转让土地承包经营权或者将承包地交回发包方的，必须保证承包农户是自愿的，并且应当是有偿转让收回，任何人不得强迫农户交回承包地。

条文依据

《中华人民共和国农村土地承包法》

第二十七条 承包期内，发包方不得收回承包地。

国家保护进城农户的土地承包经营权。不得以退出土地承包经营权作为农户进城落户的条件。

承包期内，承包农户进城落户的，引导支持其按照自愿有偿原则依法在本集体经济组织内转让土地承包经营权或者将承包地交回发包方，也可以鼓励其流转土地经营权。

……

81. 嫁到外村的妇女，应当“地随人走”吗?

典型案例

小张出生的时候，村集体就将本村的预留地分配给她 2.3 亩，长期由其父母耕种。如今小张已经到了出嫁的年纪，经媒人介绍，小张决定与隔壁村的小李结婚。两家商谈彩礼、办酒席的时候，小李的母亲提出小张的土地承包经营权必须也带到婆家来。小张的母亲却说，小张还有个到了婚龄的弟弟，家里本来就不富裕，小张的那 2.3 亩地还是得留到家里用。小李母亲说“地随人走”是天经地义的事，小张母亲无权干涉。就这样，两人的婚礼被搁置了。那么，嫁到外村的妇女，应当“地随人走”吗？

依法解析

近现代以前，重男轻女的落后观念在农村根深蒂固，尤其是在住宅、耕地等分配过程中，妇女的权益更是得不到保障。1949 年以后，国家一直倡导男女平等，就土地承包经营权而言，我国《农村土地承包法》第六条就专门作出了规定，明确妇女在农村土地承包中与男子享有平等的权利，严禁侵害妇女土地承包经营权的行为。

现实生活中，男女婚嫁，往往是女方随男方居住生活，这就出现了女方出嫁外村，土地承包经营权是否随之迁出的问题。这一问题需要考虑妇女在新居住地是否取得承包地。根据《农村土地承包法》第三十一条的规定，承包期内，妇女结婚，在新居住地未取得承包地的，发包方不得收回其原承包地，这种情况也就是案例中小李母亲和小张母亲提到的是否要“地随人走”。如果外嫁女小张在小李所在的村集体没有取得新的承包地，那么小张原有的承包地权益就不能收回，依然由小张享有土地承包经营权，父母也不得干涉；如果小张取得了新的承包地，那么，小张原有的土地承包经营权就可以依法回收，不会再按照“地随人走”的原则继续由小张支配了。

条文依据

《中华人民共和国农村土地承包法》

第六条 农村土地承包，妇女与男子享有平等的权利。承包中应当保护妇女的合法权益，任何组织和个人不得剥夺、侵害妇女应当享有的土地承包经营权。

第三十一条 承包期内，妇女结婚，在新居住地未取得承包地的，发包方不得收回其原承包地；妇女离婚或者丧偶，仍在原居住地生活或者不在原居住地生活但在新居住地未取得承包地的，发包方不得收回其原承包地。

82. 新出生的孩子几年都没有分到田地，应给予什么补偿?

典型案例

某县张家庄的土地肥沃，经过好几家勘探队对土地进行采样观察，最终被定义为富硒土地。县政府谋划建立了富硒产业示范基地，通过企业规模化、科技化种植提高土地的附加价值，开发富硒农产品自产自销商业链，并鼓励农户开展互助合作。这样一来，本村的农户大多都选择把土地承包经营权流转给示范基地的企业，并收取了一笔丰厚的流转费。张某和李某结婚前都有自己的承包地，两人也将承包地流转了出去。高兴之余，二人想起来他们婚后生育的孩子至今都没有分到田地，也就损失了很大一笔流转费，于是就去村委会询问。那么，新出生的孩子几年都没有分到田地，应给予什么补偿?

依法解析

我国《农村土地承包法》第二十九条明确规定，集体预留的机动地、开垦新增加的地、回收地等土地，用于调整承包土地、承包给新增人口。因此，新增人口主要是靠上述三类地块进行补偿的，但这并不意味着所有新增人口都能够得到这种补偿，《农村土地承包法》第六十七条规定，本法实施前未留机动地的，本法实施后不得再留机动地，而且预留的机动地也不允许超过本集体耕地总面积的百分之五。简单来说，就是2003 年3 月1 日以前村里有预留地的就可以用于分配给新增人口，没有预留地的，就要看本集体是否有开垦类新增地或者收回、交回的承包地，没有此类地块的，新增人口就暂时得不到任何补偿。因此，案例中张某和李某的孩子能否得到补偿，取决于村集体是否有相关地块，有地块的就可以进行分地补偿，但是如果本集体的新增人口过多，又没有足够的调整地块，就没有补偿。

条文依据

《中华人民共和国农村土地承包法》

第二十九条 下列土地应当用于调整承包土地或者承包给新增人口：

（一）集体经济组织依法预留的机动地；

（二）通过依法开垦等方式增加的；

（三）发包方依法收回和承包方依法、自愿交回的。

第六十七条 本法实施前已经预留机动地的，机动地面积不得超过本集体经济组织耕地总面积的百分之五。不足百分之五的，不得再增加机动地。

本法实施前未留机动地的，本法实施后不得再留机动地。

第七十条 本法自 2003 年 3 月 1 日起施行。

83. 土地承包三十年不变，如果承包人死亡的，其名下的耕地会“占有”到三十年为止吗?

典型案例

赵一与赵二系兄弟，其父赵某早年丧妻，赵某为户主，赵一于1995年分户别住，赵二仍然与父亲为同一农户，同吃同住，帮助父亲耕种田地。到1998年，村里进行土地调整时，赵一分得土地1.5亩，父亲户下分得土地3亩。赵某于2019年去世，其名下3亩土地由赵二进行管理、耕种，考虑到土地承包三十年不变，承包人户主写的还是父亲的名字，赵二怕将来赵一争要承包地，就想着是否能够变更为自己的名字。那么，赵某名下的耕地会“占有”到三十年为止吗?

依法解析

我国《农村土地承包法》第十六条明确规定，家庭承包的承包方是农户，农户内所有家庭成员依法平等享有承包土地的各项权益。如果出现户主死亡的情况，有家庭其他成员的，由其他成员来履行此承包合同。承包合同订立后，发生农户合并、分立、转让等情形的，《农业部等部门关于开展农村土地承包经营权登记试点工作的意见》指出，要适时开展土地承包合同变更和土地承包经营权变更等工作，对土地承包经营权证书进行完善，变更或者补换发土地承包经营权证书，并且证书中要按照《农村土地承包经营权证管理办法》第十九条的规定，在经营权证上注明“换发”字样，予以区别。

案例中赵某作为农户，其名下只有赵二为唯一的家庭成员，赵一已经分户独立。在农户成员有所变化的事实基础上，赵二可以申请换发权属证书，变更自己为户主，继续履行本户3亩地的承包经营权合同，赵某名下的耕地也就不会“占有”到三十年为止了。

条文依据

《中华人民共和国农村土地承包法》

第十六条 家庭承包的承包方是本集体经济组织的农户。

农户内家庭成员依法平等享有承包土地的各项权益。

《农业部等部门关于开展农村土地承包经营权登记试点工作的意见》

……

三、开展农村土地承包经营权登记试点工作的主要内容

……

（四）开展土地承包经营权变更、注销登记。在建立健全土地承包经营权登记簿的基础上，适时开展土地承包合同变更、解除和土地承包经营权变更、注销等工作，并对土地承包经营权证书进行完善，变更或者补换发土地承包经营权证书。承包期内，因下列情形导致土地承包经营权发生变动或者灭失，根据当事人申请，县（区、市）农村土地承包管理部门依法办理变更、注销登记，并记载于土地承包经营权登记簿：一是因集体土地所有权变化的；二是因承包地被征占用导致承包地块或者面积发生变化的；三是因承包农户分户等导致土地承包经营权分割的；四是因土地承包经营权采取转让、互换方式流转的；五是因结婚等原因导致土地承包经营权合并的；六是承包地块、面积与实际不符的；七是承包地灭失或者承包农户消亡的；八是承包地被发包方依法调整或者收回的；九是其他需要依法变更、注销的情形……

《中华人民共和国农村土地承包经营权证管理办法》

第十九条 农村土地承包经营权证换发、补发，应当在农村土地承包经营权证上注明“换发”、“补发”字样。

84. 农村土地承包经营权可以被继承吗？

典型案例

刘一与刘二系兄弟关系，二人自幼丧母，父亲刘某系某县刘家庄村村民，于2021年病故。刘某生前承包了一片林地，一直从事育林工作，年老体弱后由大儿子刘一照顾，林地也由大儿子管理。刘某去世后，刘一与刘二因争要林地承包经营权而大打出手。刘一认为，父亲早就随他同住，父亲的林地权益也就相当于给了自己，刘二没有权利讨要。村委会调解员告知二人均有权继承林地承包经营权，但是刘一还是执意不肯平分，要求起诉到法院。那么，农村土地承包经营权可以被继承吗？

依法解析

农村土地承包经营权是否可以被继承，要区分两种情况。首先，根据我国《农村土地承包法》第三十二条第二款的规定，林地承包的承包人死亡，其继承人可以在承包期内继续承包。这也就意味着，林地的承包经营权可以继承，这是法律明确规定的，毫无争议，因此案例中刘某的林地承包经营权是可以被继承的，刘一和刘二兄弟二人都有继承权。其次，由于土地分为林地、耕地等多种类型，上述条款单独规定的是林地继承，对林地以外的土地类型则需要按照《农村土地承包法》第三十二条第一款的规定执行，即对于承包人应得的承包收益，依照继承法的规定继承。这也就意味着，其他类型的土地承包经营权是不能继承的，只能继承对应的承包收益。

这一区别主要是因为我国耕地实施的是家庭承包制度，当承包户中的一人或几人死亡时，承包地由其他成员继续经营，并不直接产生继承的问题。我们常说到“十年树木”，育林工作本身就具有周期长的特点，如不能进行继承，就会出现很多“自己种树，他人乘凉”的不公平问题，不利于调动育林的积极性。综上可知，林地的承包经营权可依法继承，除林地以外的土地承包经营权不发生继承。

条文依据

《中华人民共和国农村土地承包法》

第三十二条 承包人应得的承包收益，依照继承法的规定继承。

林地承包的承包人死亡，其继承人可以在承包期内继续承包。

85. 土地是否要流转，农户可以完全自主决定吗？

典型案例

近期，某县着力打造绿色蔬菜种植基地，选址在该县某某村，而规模化种植最为关键的就是集中大量土地，该村村委会召集村民开会，要求用少数服从多数的投票方式，决定是否将全村的耕地都流转给绿色蔬菜种植基地企业。小郑称自己不会参加投票，要利用自己的耕地种植性价比更高的作物，即便最终投票结果是赞成全村流转的票数高，那也跟他无关。而且个人的承包地应该由自己决定是否流转，这种投票没有法律依据。村委会没有理会小郑的意见，继续组织了投票活动。见状，小郑拨打了市长服务热线。那么，土地是否要流转，农户可以完全自主决定吗?

依法解析

我国《农村土地承包法》第三十六条、第三十八条明确规定，承包方可以依法自主决定向他人流转土地经营权，只需要向作为发包方的村集体备案即可，任何组织和个人不得强迫村民土地经营权的流转。因此，案例中的村委会没有权利规定以投票方式替农户决定是否流转自己的土地经营权，小郑可以自主决定是否流转自己的承包地。

鉴于实际生活中还是存在以各种方式妨碍土地流转决定的情况，中央农村工作领导小组办公室、农业农村部专门发布了《关于做好整村流转农户承包地风险防范工作的通知》，明确指出对农村承包地进行整村流转，必须尊重农民意愿，把选择权交给农民。所以，案例中的村委会没有权利以任何方式决定流转农户的承包地，更不能以少数服从多数的方式，侵害少数农户的承包地权益。

条文依据

《中华人民共和国农村土地承包法》

第三十六条 承包方可以自主决定依法采取出租（转包）、入股或者其他方式向他人流转土地经营权，并向发包方备案。

第三十八条 土地经营权流转应当遵循以下原则：

（一）依法、自愿、有偿，任何组织和个人不得强迫或者阻碍土地经营权流转；

（二）不得改变土地所有权的性质和土地的农业用途，不得破坏农业综合生产能力和农业生态环境；

（三）流转期限不得超过承包期的剩余期限；

（四）受让方须有农业经营能力或者资质；

（五）在同等条件下，本集体经济组织成员享有优先权。

《中央农村工作领导小组办公室、农业农村部关于做好整村流转农户承包地风险防范工作的通知》

……

二、要审慎稳妥，不能盲目推进。……对农村承包地进行整村流转，涉及的主体多、包含的利益关系十分复杂，是否整村流转土地，必须尊重农民意愿，把选择权交给农民，由农民选择而不是代替农民选择。坚持依法自愿有偿，不能搞强迫命令，不能搞行政瞎指挥，不得剥夺和非法限制农民承包土地的权利。……

86. 在哪些情形下，承包方（农户）可以单方解除土地流转合同？

典型案例

孙某的表哥进城当外卖配送骑手，一年到头的收入比在村里种地的孙某多好几倍，孙某就把自己的承包地流转给了一家以水稻规模化种植为主的农业公司，也到城里送起了外卖。到了年底，孙某回家过年，发现这块地上有很大一片油污，孙某立刻到农业公司了解情况，原来农业公司的运输车发生了油泄漏，污染了一块田地。由于被污染，这块地短期内不能再耕种，所以就荒置了。孙某要求农业公司进行土壤修复，农业公司却表示他们人员紧张，目前无力着手修复。孙某听后，提出要解除流转合同，收回承包地。那么，孙某可以单方面解除流转合同吗？在哪些情形下，承包方（农户）可以单方解除土地流转合同？

依法解析

土地的损害是难以快速修复的，不但需要时间投入，还需要很多的人力物力，因此，国家坚决打击损害土地的不法行为。根据我国《农村土地承包法》第四十二条和《农村土地经营权流转管理办法》第二十条的规定，土地受让方给土地造成严重损害或者严重破坏土地生态环境的，承包方有权单方解除土地经营权流转合同。有以上情形，承包方也就是家庭承包的农户在合理期限内不解除土地经营权流转合同的，村集体等发包方有权要求终止土地经营权流转合同。因此，案例中的孙某有权单方解除流转合同，并且即便孙某不行使合同解除权，发包方也就是村委会或者村集体经济组织也有权要求终止流转合同，以充分保护承包地。

除了案例中的情形，受让方有擅自改变土地的农业用途、弃耕抛荒连续两年以上及其他严重违约行为的，承包方都有权单方解除流转合同，并追究对方的赔偿责任。

条文依据

《中华人民共和国农村土地承包法》

第四十二条 承包方不得单方解除土地经营权流转合同，但受让方有下列情形之一的除外：

（一）擅自改变土地的农业用途；

（二）弃耕抛荒连续两年以上；

（三）给土地造成严重损害或者严重破坏土地生态环境；

（四）其他严重违约行为。

《农村土地经营权流转管理办法》

第二十条 承包方不得单方解除土地经营权流转合同，但受让方有下列情形之一的除外：

（一）擅自改变土地的农业用途；

（二）弃耕抛荒连续两年以上；

（三）给土地造成严重损害或者严重破坏土地生态环境；

（四）其他严重违约行为。

有以上情形，承包方在合理期限内不解除土地经营权流转合同的，发包方有权要求终止土地经营权流转合同。

受让方对土地和土地生态环境造成的损害应当依法予以赔偿。

87. 土地流转合同解除，受让方在土地上建设的配套设施可以要求承包方补偿吗？

典型案例

冯某跟随村里组建的建筑队到处施工，无力管理承包地，干脆就把十亩地都流转给了老张，同意老张盖大棚种植作物。老张为了降低成本，除了三亩地上盖了大棚，剩余七亩地就用了低价购买的劣质农用薄膜，后来也没有及时把地膜揭下来。两三年过去了，冯某看到自己的地里布满了大大小小的地膜残片，提出解除流转合同。老张虽然承认残留在地里的地膜是不可降解的，也愿意跟冯某道歉，但提出只要冯某补偿自己盖大棚的损失，就同意解除合同。冯某认为，是老张有错在先，自己根本没有必要补偿。那么，土地流转合同解除，受让方在土地上建设的配套设施，可以要求承包方进行补偿吗？

依法解析

我国《农村土地承包法》第四十三条、《农村土地经营权流转管理办法》第十三条规定，经承包方同意，受让方是可以建设农业生产配套设施的，如果承包方提前收回承包地，受让方有权获取合理补偿。流转合同中载明补偿方式的按照合同内容履行，没有相关约定的，由双方协商。案例中，老张盖大棚是经过冯某同意的，冯某提前收回承包地，应当对老张配套建设的损失予以适当的补偿。

当然，对于老张对承包地的损害，冯某可依据《农村土地经营权流转管理办法》第二十条的规定，要求老张赔偿。但是不能因为老张的侵害行为，就对大棚的投入视而不见，双方应协商补偿方案。

条文依据

《中华人民共和国农村土地承包法》

第四十三条 经承包方同意，受让方可以依法投资改良土壤，建设农业生产附属、配套设施，并按照合同约定对其投资部分获得合理补偿。

《农村土地经营权流转管理办法》

第十三条 经承包方同意，受让方依法投资改良土壤，建设农业生产附属、配套设施，及农业生产中直接用于作物种植和畜禽水产养殖设施的，土地经营权流转合同到期或者未到期由承包方依法提前收回承包土地时，受让方有权获得合理补偿。具体补偿办法可在土地经营权流转合同中约定或者由双方协商确定。

第二十条 承包方不得单方解除土地经营权流转合同，但受让方有下列情形之一的除外：

（一）擅自改变土地的农业用途；

（二）弃耕抛荒连续两年以上；

（三）给土地造成严重损害或者严重破坏土地生态环境；

（四）其他严重违约行为。

有以上情形，承包方在合理期限内不解除土地经营权流转合同的，发包方有权要求终止土地经营权流转合同。

受让方对土地和土地生态环境造成的损害应当依法予以赔偿。

88. 受让方再将土地进行流转，违法吗？

典型案例

李某因病长期卧床休养，自己的五亩地就流转给了同村的宁某。宁某学习市里推广的蟹田水稻种植技术，搞规模化种植。但是连续两年，宁某的种植情况都不太乐观，看着别人赚了很多钱，宁某心急如焚。到了第三年，市技术能手张某找到宁某，说这块地的蟹田种植已经初具规模了，只要他稍加改善种植技术，就可以扭转现状，劝说宁某将这块地流转给自己用，双方互利共赢。宁某没敢直接答应，因为他知道这块地并不是自己的，自己再次流转，怕是违反法律。那么，流转土地再进行流转，违法吗？

依法解析

我国《农村土地承包法》第四十六条、《农村土地经营权流转管理办法》第二十一条明确规定，受让方可以再流转土地经营权，但需要经承包方书面同意，并且向本集体经济组织备案，并报告乡（镇）人民政府农村土地承包管理部门。由此可知，受让方再次流转土地，并不违反法律规定，但需要履行一定的手续。案例中的宁某可以在征得李某同意的情况下，依法再次将五亩地流转给张某，并依法备案、报告。

当然，再次流转土地除了受到法律束缚外，还要遵循首次流转合同约定的内容，如果承包方与受让方约定不允许受让方再次流转，那么，基于双方真实的意思表示，受让方就不能再次流转土地了，除非双方再进行协商，承包方重新同意受让方再流转土地。因此，李某与宁某如果在流转合同中约定了不能再次流转承包地，那么，在没有征得李某书面同意的情况下，宁某再次流转承包地给张某的行为就会构成违约行为，需承担违约责任。

条文依据

《中华人民共和国农村土地承包法》

第四十六条 经承包方书面同意，并向本集体经济组织备案，受让方可以再流转土地经营权。

《农村土地经营权流转管理办法》

第二十一条 发包方对承包方流转土地经营权、受让方再流转土地经营权以及承包方、受让方利用土地经营权融资担保的，应当办理备案，并报告乡（镇）人民政府农村土地承包管理部门。

89. 外地投资人、外村农户、本村农户同时就土地流转竞标，同等条件下，应该给谁？

典型案例

某县李家庄村集体为充分开发集体土地资源，以招标的方式发包本集体东头的一块荒山。该荒山共有11亩，其中流转价款最高的有三方，并且流转期限都是30年，用途都是筹建生态山林、生态农场类项目。这三方分别是外县投资人张某、隔壁村村民付某和本村村民李某。对于这三份条件、内容差不多的竞标书，李家庄村委会犯了难，不知该将荒山流转给谁。那么，外地投资人、外村农户、本村农户同时就土地流转竞标，同等条件下，应该给谁？

依法解析

我国土地类型多样，村集体的一些荒山、荒沟、荒丘、荒滩等不宜采取家庭承包方式的农村土地，按照《农村土地承包法》第四十八条的规定，可以通过招标的方式承包。以招标方式承包农村土地的，按照《农村土地承包法》第五十一条、《农村土地经营权流转管理办法》第九条和《最高人民法院关于审理涉及农村土地承包纠纷案件适用法律问题的解释》第十一条的规定，本集体经济组织成员在流转价款、流转期限等主要竞标内容相同的条件下，有权优先承包。也就是说，案例中李家庄村民李某有权优先承包村里的11亩荒山。

结合优先权的排除情况，李家庄村委会还要考量，外县投资人张某、隔壁村村民付某是否存在已经开始使用承包地达两个月的情形，如果本地块是尚无人实际使用的，同等条件下，本村荒山承包权应该给本村村民李某。

条文依据

《中华人民共和国农村土地承包法》

第四十八条 不宜采取家庭承包方式的荒山、荒沟、荒丘、荒滩等农村土地，通过招标、拍卖、公开协商等方式承包的，适用本章规定。

第五十一条 以其他方式承包农村土地，在同等条件下，本集体经济组织成员有权优先承包。

《农村土地经营权流转管理办法》

第九条 土地经营权流转的受让方应当为具有农业经营能力或

者资质的组织和个人。在同等条件下，本集体经济组织成员享有优先权。

《最高人民法院关于审理涉及农村土地承包纠纷案件适用法律问题的解释》

第十一条 土地经营权流转中，本集体经济组织成员在流转价款、流转期限等主要内容相同的条件下主张优先权的，应予支持。但下列情形除外：

（一）在书面公示的合理期限内未提出优先权主张的；

（二）未经书面公示，在本集体经济组织以外的人开始使用承包地两个月内未提出优先权主张的。

90. 可以用流转来的土地使用权去银行做抵押吗?

典型案例

张某与父亲同为一户，父亲去世后，户内的承包地就都得张某自己打理。去年，张某出嫁到了别的村里，但是村里还保留着张某的承包地。由于往返田地和婆家的路不太好走，张某就把承包地流转给了同村的小宋。小宋从农技站了解到一款新型收割机，能够解决玉米倒秧后的收割问题，便打算购置一台，但是他刚支付完承包张某土地的流转费，手头的资金不太充足。后来，小宋听农技站工作人员说，可以用流转的土地去银行抵押贷款，解决购置的资金问题。那么，真的可以用流转来的土地使用权去银行做抵押吗?

依法解析

我国《农村土地承包法》第四十七条和《农村土地经营权流

转管理办法》第二十一条明确规定，受让方通过流转取得的土地经营权，经承包方书面同意，可以向银行等金融机构融资借贷，但应向发包方村集体备案，并向镇政府有关部门报告。据此可知，案例中的小宋只要征得张某的同意，履行备案和报告手续，就可以用流转来的土地使用权去银行做抵押，银行贷款发放后，小宋也就能购置新型农机了。

土地流转制度是为了盘活农村的土地资源，但在促进土地流转的同时，国家也很重视承包方的权益，土地使用权融资需征求承包方同意，在很大程度上能够有效防止承包方的权益受损，使发展农村经济与保障承包方权益得以平衡。

条文依据

《中华人民共和国农村土地承包法》

第四十七条 承包方可以用承包地的土地经营权向金融机构融资担保，并向发包方备案。受让方通过流转取得的土地经营权，经承包方书面同意并向发包方备案，可以向金融机构融资担保。

担保物权自融资担保合同生效时设立。当事人可以向登记机构申请登记；未经登记，不得对抗善意第三人。

实现担保物权时，担保物权人有权就土地经营权优先受偿。

土地经营权融资担保办法由国务院有关部门规定。

《农村土地经营权流转管理办法》

第二十一条 发包方对承包方流转土地经营权、受让方再流转土地经营权以及承包方、受让方利用土地经营权融资担保的，应当办理备案，并报告乡（镇）人民政府农村土地承包管理部门。

91. 收回流转的土地后，农户们发现自己的土地质量严重下降，如何维权？

典型案例

史某将自己的承包地流转给了同村的艾某，流转期为三年。艾某支付完流转费后，急于让土地增产丰收，就大量使用化肥、农药，并且化肥中有机肥的比重很小。仅仅两年多的时间，这块地就出现了严重板结的现象，土壤结构遭到了破坏。考虑到投入和产出的比例，流转合同到期后，艾某主动交回了承包地，没有续签流转合同。史某收回土地后，发现了土地土质受损的问题，还找了专门的检测机构对土质进行检测，检测结果为该地块存在土壤酸化的问题，pH 值降到 4 以下。这让史某心疼得不得了，必须找艾某讨个说法。那么，土地流转合同终止交回土地后，农户们发现自己的土地质量严重下降，如何维权？

依法解析

我国《农村土地承包法》第三十八条明确规定，土地经营权流转应当遵循“不得破坏农业综合生产能力和农业生态环境”的原则。土壤的营养成分和土质酸碱度都属于农业生态环境的重要因素，破坏土壤营养成分和土壤酸碱度，就会损害农业综合生产能力，这是违反土地流转原则的行为，是法律所不允许的。另外，《农村土地经营权流转管理办法》第十一条也专门指出，流转土地的受让方应当依照有关法律法规保护土地。案例中的艾某为了追求短期内的高产出、高回报，损害土质，没有履行保护土地的义务。

根据《农村土地承包法》第六十四条的规定，土地经营权人对土地和土地生态环境造成的损害应当予以赔偿。如果承包人是在流转合同期内发现这一损害行为的，还可以行使单方解除权。据此可知，案例中的艾某应当承担赔偿责任。

条文依据

《中华人民共和国农村土地承包法》

第三十八条 土地经营权流转应当遵循以下原则：

（一）依法、自愿、有偿，任何组织和个人不得强迫或者阻碍土地经营权流转；

（二）不得改变土地所有权的性质和土地的农业用途，不得破坏农业综合生产能力和农业生态环境；

（三）流转期限不得超过承包期的剩余期限；

（四）受让方须有农业经营能力或者资质；

（五）在同等条件下，本集体经济组织成员享有优先权。

第六十四条 土地经营权人擅自改变土地的农业用途、弃耕抛荒连续两年以上、给土地造成严重损害或者严重破坏土地生态环境，承包方在合理期限内不解除土地经营权流转合同的，发包方有权要求终止土地经营权流转合同。土地经营权人对土地和土地生态环境造成的损害应当予以赔偿。

《农村土地经营权流转管理办法》

第十一条 受让方应当依照有关法律法规保护土地，禁止改变土地的农业用途。禁止闲置、荒芜耕地，禁止占用耕地建窑、建坟或者擅自在耕地上建房、挖砂、采石、采矿、取土等。禁止占用永久基本农田发展林果业和挖塘养鱼。

92. 农户可以使用承包地使用权入股经营吗?

典型案例

某地因海水侵蚀严重，土地都有不同程度的盐碱化。在政府的大力扶植下，该地成立了多家盐碱地治理示范企业。随着改良技术的推广应用，某大豆企业培育出了耐盐碱大豆，并且需要大量土地试验种植。该企业向某镇农户发出邀请函，欢迎农户以承包地使用权入股，共同促进企业更好地发展。农户孟某家的地就是盐碱地，庄稼长势一直不好，他打算入股该企业。村委会工作人员得知后，称孟某的入股行为要是没有经过备案，根本不作数，入股可得慎重。孟某对土地使用权入股的规定也不太了解，怕自己盲目入股会有风险。那么，农户可以使用承包地使用权入股经营吗?

依法解析

根据《农村土地承包法》第三十六条的规定，承包方可以自主决定依法采取入股的方式向他人流转土地经营权，并向发包方备案。也就是说，承包方可以将部分乃至全部土地经营权入股企业，以双方协商确定的作价出资，成为公司的股东，助力农业生产经营。并且，此类流转方式中的备案义务，并不是认定流转合同效力的必要前提，根据《最高人民法院关于审理涉及农村土地承包纠纷案件适用法律问题的解释》第十四条的规定，即便没有办理备案手续，村集体等发包方要求认定流转合同无效的，法院也不予支持。

案例中的孟某可以按照与企业协商的作价，将土地经营权入股，其入股行为是符合法律规定的，可以受到法律的保护，并且入股后孟某与村集体间的承包关系不变，孟某享有的土地承包权不会受到影响。

条文依据

《中华人民共和国农村土地承包法》

第三十六条 承包方可以自主决定依法采取出租（转包）、入股或者其他方式向他人流转土地经营权，并向发包方备案。

《最高人民法院关于审理涉及农村土地承包纠纷案件适用法律问题的解释》

第十四条 承包方依法采取出租、入股或者其他方式流转土地经营权，发包方仅以该土地经营权流转合同未报其备案为由，请求确认合同无效的，不予支持。

93. 农户有地不种植也不流转，村委会可以将地收回吗？

典型案例

老王的小孙女到了上幼儿园的年纪，儿子、儿媳都忙于工作，只能把老王接到城里，负责照顾小孙女。春耕时节，村委会联系老王抓紧时间春耕，老王说自己回不去，今年就算了吧。到了第二年春耕时，村委会听说老王还是回不来，就建议老王可以找人代耕或者流转耕地，长时间撂荒的，国家是有政策规定要求收回承包地的。老王一听就火冒三丈，他觉得这个地是自己的承包地，国家都规定了三十年不变，村里凭什么收回去，随即决定继续撂荒。到了第三年，村里人议论纷纷，都说村里要收回老王的承包地，老王听到后就慌了神。那么，农户有地不种植也不流转，村委会可以将地收回吗？

依法解析

《农村土地承包法》第二十七条第一款规定，土地承包期内，发包方不得收回承包地。这就意味着，农户有地不种植也不流转，村委会也无权将地收回。但是，《土地管理法》第三十八条规定，禁止任何单位和个人闲置、荒芜耕地。《农村土地承包法》第四十二条和第六十四条也有不得“弃耕”的规定。也就是说，上面的案例中，农户老王有地不种植也不流转，依照《农村土地承包法》的规定，村委会虽然不可以将地收回，但是可以劝说老王恢复耕种或者将土地流转。如果老王执意不肯，村委会可以自行组织恢复耕种。

条文依据

《中华人民共和国农村土地承包法》

第二十七条 承包期内，发包方不得收回承包地。

……

第四十二条 承包方不得单方解除土地经营权流转合同，但受让方有下列情形之一的除外：

（一）擅自改变土地的农业用途；

（二）弃耕抛荒连续两年以上；

（三）给土地造成严重损害或者严重破坏土地生态环境；

（四）其他严重违约行为。

第六十四条 土地经营权人擅自改变土地的农业用途、弃耕抛荒连续两年以上、给土地造成严重损害或者严重破坏土地生态环境，承包方在合理期限内不解除土地经营权流转合同的，发包方有权要求终止土地经营权流转合同。土地经营权人对土地和土地生态环境造成的损害应当予以赔偿。

《中华人民共和国土地管理法》

第三十八条 禁止任何单位和个人闲置、荒芜耕地。已经办理审批手续的非农业建设占用耕地，一年内不用而又可以耕种并收获的，应当由原耕种该幅耕地的集体或者个人恢复耕种，也可以由用地单位组织耕种；一年以上未动工建设的，应当按照省、自治区、直辖市的规定缴纳闲置费；连续二年未使用的，经原批准机关批准，由县级以上人民政府无偿收回用地单位的土地使用权；该幅土地原为农民集体所有的，应当交由原农村集体经济组织恢复耕种。

在城市规划区范围内，以出让方式取得土地使用权进行房地产开发的闲置土地，依照《中华人民共和国城市房地产管理法》的有关规定办理。

三、疫情防控

94. 不配合防疫政策，会受到怎样的处罚？

典型案例

某县人民医院在新冠肺炎例行核酸检测中筛查出了两例阳性病患，该县疫情防控指挥部决定对该县城区部分区域进行临时封控。某村村民徐某得知消息后想外出囤一些物资，路过某关口时，被工作人员劝返，徐某不听指挥，开车冲卡，使现场秩序十分混乱。执勤民警到现场后再次劝阻，徐某拒不认错，甚至意图殴打现场工作人员。民警在警告无果后采取强制措施将徐某带离现场，后公安机关依法对其处以行政拘留5日、罚款200元的行政处罚。那么，不配合防疫政策，会受到怎样的处罚？

依法解析

新冠肺炎疫情暴发以来，新型冠状病毒已经历经多次变异，病毒的传染性更强、隐蔽性更高、传播速度更快，增加了新冠肺炎疫情的防控难度。各地疫情防控领导小组在对本地疫情暴发形势进行研判后作出的临时封控措施是符合此种相关传染病管理法律规定的。居民应该自觉遵守防疫政策，听从工作人员的指挥和安排。如不配合防疫政策，应承担相应的扰乱社会秩序、妨碍传染病防治等法律责任，可依据《治安管理处罚法》处以警告、罚款或拘留的行政处罚。常见情形包括：第一，乘坐公共交通工具，出入小区、超市、菜市场、酒店等公共场所，拒不配合管理人员的劝导佩戴口罩、健康信息核查、身份信息登记的；第二，经过疫情防控卡点的车辆和人员，以冲卡或者其他方法，拒不配合、接受卡点工作人员检查的；第三，纳入核酸检测范围的人群，无故拒不参加统一组织的核酸检测的；第四，封控、封闭小区的居民拒不配合封控管理，擅自外出、聚集，经劝阻无效的；第五，集中隔离结束后，不按照规定接受健康监测和管理，经劝阻无效的，隐瞒病情、瞒报行程信息（尤其是重点地区旅居史）、隐瞒与确诊病例或者疑似病例有密切接触史的，拒绝配合疾控和公安部门开展的疫情流行病学调查工作的。

如果是已经确诊的患者不遵守以上防疫规定，因其扩大活动范围会给社会带来较大的传染风险，危害性和危险程度更大，若造成他人人身、财产损害的，应根据《传染病防治法》第七十七条的规定，承担相应的民事赔偿等责任；若出现传染范围大、损失大等严重情节的，还将依据《刑法》中有关妨害传染病防治罪的规定承担刑事责任。

本案中，当地已经出现了新冠肺炎确诊病例，县疫情防控指挥部已经下达了临时封控通知，徐某作为当地居民，必须积极配合防控措施的落实，其私自外出并冲撞防控卡口的行为，已经违反了《治安管理处罚法》的规定，执勤民警有权对其采取强制措施，其受到的行政处罚也是咎由自取，广大群众切不可效仿。

条文依据

《中华人民共和国突发事件应对法》

第六十六条 单位或者个人违反本法规定，不服从所在地人民政府及其有关部门发布的决定、命令或者不配合其依法采取的措施，构成违反治安管理行为的，由公安机关依法给予处罚。

《中华人民共和国治安管理处罚法》

第五十条 有下列行为之一的，处警告或者二百元以下罚款；情节严重的，处五日以上十日以下拘留，可以并处五百元以下罚款：

（一）拒不执行人民政府在紧急状态情况下依法发布的决定、命令的；

（二）阻碍国家机关工作人员依法执行职务的；

（三）阻碍执行紧急任务的消防车、救护车、工程抢险车、警车等车辆通行的；

（四）强行冲闯公安机关设置的警戒带、警戒区的。

阻碍人民警察依法执行职务的，从重处罚。

《中华人民共和国传染病防治法》

第七十七条 单位和个人违反本法规定，导致传染病传播、流行，给他人人身、财产造成损害的，应当依法承担民事责任。

《中华人民共和国刑法》

第三百三十条 违反传染病防治法的规定，有下列情形之一，引起甲类传染病以及依法确定采取甲类传染病预防、控制措施的传染病传播或者有传播严重危险的，处三年以下有期徒刑或者拘役；后果特别严重的，处三年以上七年以下有期徒刑：

……

（五）拒绝执行县级以上人民政府、疾病预防控制机构依照传染病防治法提出的预防、控制措施的。

……

95. 瞒报、谎报、迟报传染病疫情，要承担怎样的责任？

典型案例

张某是一名货车司机，曾前往某市送货，还未离开送货的区域便出现了新冠肺炎确诊病例，市政府和区政府决定临时封控该区。张某考虑到差旅费高，便在封城前快速驾车准备返回老家。途中，张某觉得自己有点发烧，怕真是确诊就没法回家了，于是将以前用过的核酸检测证明用修图软件进行修改以假乱真回到老家，后来果然确诊，张某所在的村随即被封，影响了较多人的生命健康。那么，瞒报、谎报、迟报传染病疫情的，要承担怎样的责任？

依法解析

故意隐瞒、谎报、迟报传染病疫情的行为，既是对自己身体健康不负责任，也是对他人生命安全的极大漠视，更是对社会公众防疫成果的肆意践踏，扰乱了防疫部门的管理秩序，理应承担相应的法律责任。《治安管理处罚法》第二十五条规定，散布谣言、谎报疫情而扰乱社会秩序的，由公安机关处五日以上十日以下拘留，可以并处五百元以下罚款；情节较轻的，处五日以下拘留或者五百元以下罚款。

如果由于行为人违反疫情防控规定未及时上报，因此造成疫情扩散的，存在阻碍传染病控制的危害，可依法被追究妨害传染病防治罪，处三年以下有期徒刑或者拘役；后果特别严重的，处三年以上七年以下有期徒刑。现实案例中，有的法院认定确诊患者携带病原体，故意不报，而给社会公众利益造成极大的损失，以投放危险物质罪论处。

上面的案例中，张某明知自己有发烧症状却不上报，还伪造核酸检测证明，破坏了疫情防控秩序，至少会受到治安管理处罚。情节严重的，检察机关可以以妨害传染病防治罪或投放危险物质罪对张某提起诉讼。

条文依据

《中华人民共和国治安管理处罚法》

第二十五条 有下列行为之一的，处五日以上十日以下拘留，可以并处五百元以下罚款；情节较轻的，处五日以下拘留或者五百元以下罚款：

（一）散布谣言，谎报险情、疫情、警情或者以其他方法故意扰乱公共秩序的；

……

《中华人民共和国刑法》

第一百一十四条 放火、决水、爆炸以及投放毒害性、放射性、传染病病原体等物质或者以其他危险方法危害公共安全，尚未造成严重后果的，处三年以上十年以下有期徒刑。

第一百一十五条 放火、决水、爆炸以及投放毒害性、放射性、传染病病原体等物质或者以其他危险方法致人重伤、死亡或者使公私财产遭受重大损失的，处十年以上有期徒刑、无期徒刑或者死刑。

……

第三百三十条 违反传染病防治法的规定，有下列情形之一，引起甲类传染病以及依法确定采取甲类传染病预防、控制措施的传染病传播或者有传播严重危险的，处三年以下有期徒刑或者拘役；后果特别严重的，处三年以上七年以下有期徒刑：

……

（五）拒绝执行县级以上人民政府、疾病预防控制机构依照传染病防治法提出的预防、控制措施的。

……

96. 经营者在疫情封控期间，趁机高价售出之前所囤积的物资，违法了吗？

典型案例

某地新冠肺炎疫情反复，某乡一家药店囤积了大量口罩、体温枪和消毒酒精。在得知本地有散发病例后，该药店趁机高价销售之前囤积的库存品，牟取暴利，也给广大居民造成了不必要的恐慌。某村村民王某不满自己高价从该药店购买口罩的事情，就拨打了举报电话。该地市场监管局工作人员接到举报电话后，到药店调查核实，药店负责人表示，疫情期间物资匮乏，并且疫情防控以来人工费、运费等都涨价了，自己提高物资价格也不算违法。那么，经营者在疫情封控期间，趁机高价售出之前所囤积的物资，违法了吗？

依法解析

按照我国《价格法》第十四条的规定，经营者不得有哄抬价格的不正当经营行为，案例中的药店哄抬抗疫物资价格的行为显然违反了法律规定，应当按照《价格法》第四十条、《突发公共卫生事件应急条例》第五十二条的规定，由主管部门责令改正，由公安部门或者市场监督管理部门根据其违法情节，处以行政处罚；构成犯罪的，追究其刑事责任。

值得一提的是，最高人民法院、最高人民检察院、公安部、司法部对于在新冠肺炎疫情期间哄抬防护物资的行为，专门发布了《关于依法惩治妨害新型冠状病毒感染肺炎疫情防控违法犯罪的意见》的通知，依法严惩疫情期间哄抬物价等不法行为。案例中的药店如果存在违法所得数额较大或者有其他严重情节的，公安机关会依照通知中的相关规定，以涉嫌非法经营罪立案侦查，追究药店负责人的刑事责任。

对于王某因该药店高价出售行为造成其多付药款的损失，根据《价格法》第四十一条的规定，药店负责人应当退还给王某多收取的钱款。王某依法举报药店不法行为的做法是维权的有效途径之一，也是制约药店合法经营的有效措施。

条文依据

《中华人民共和国价格法》

第十四条 经营者不得有下列不正当价格行为：

……

（三）捏造、散布涨价信息，哄抬价格，推动商品价格过高上涨的；

……

第四十条 经营者有本法第十四条所列行为之一的，责令改正，没收违法所得，可以并处违法所得五倍以下的罚款；没有违法所得的，予以警告，可以并处罚款；情节严重的，责令停业整顿，或者由工商行政管理机关吊销营业执照。有关法律对本法第十四条所列行为的处罚及处罚机关另有规定的，可以依照有关法律的规定执行。

……

第四十一条 经营者因价格违法行为致使消费者或者其他经营者多付价款的，应当退还多付部分；造成损害的，应当依法承担赔偿责任。

《突发公共卫生事件应急条例》

第五十二条 在突发事件发生期间，散布谣言、哄抬物价、欺骗消费者，扰乱社会秩序、市场秩序的，由公安机关或者工商行政管理部门依法给予行政处罚；构成犯罪的，依法追究刑事责任。

《最高人民法院、最高人民检察院、公安部、司法部关于依法惩治妨害新型冠状病毒感染肺炎疫情防控违法犯罪的意见》

二、准确适用法律，依法严惩妨害疫情防控的各类违法犯罪

……

（四）依法严惩哄抬物价犯罪。在疫情防控期间，违反国家有关市场经营、价格管理等规定，囤积居奇，哄抬疫情防控急需的口罩、护目镜、防护服、消毒液等防护用品、药品或者其他涉及民生的物品价格，牟取暴利，违法所得数额较大或者有其他严重情节，严重扰乱市场秩序的，依照刑法第二百二十五条第四项的规定，以非法经营罪定罪处罚。

……

97. 个人可以随便在朋友圈、微信群卖口罩、消毒酒精等防疫物资吗?

典型案例

近两年全国各地新冠肺炎疫情持续零星散发，某村一百货店老板王某遂囤积了大量口罩、消毒酒精等防疫物资。一天，王某所在地的卫健委通报，本地新增5例本土确诊病例，要求居民出行务必做好防护，并有序接受全员核酸检测。很快，很多在附近工厂打工的村民都回到家中，村里口罩、消毒酒精的需求也大大增加。王某见状，便开始在微信朋友圈发布消息，出售自己囤积的口罩、消毒酒精。有亲友在信息评论区留言，指出“医用口罩并不是随随便便就能卖的”。王某却觉得很多人都在朋友圈卖防疫物资，他的售卖行为应该是没问题的。那么，个人可以随便在朋友圈、微信群卖口罩、消毒酒精等防疫物资吗?

依法解析

口罩一般分为医用口罩、普通口罩等，对新冠肺炎疫情有防护作用的口罩指的是医用口罩（也称医用外科口罩），此类口罩作为一种医疗用品，属于第二类医疗器械。根据《医疗器械监督管理条例》第四十一条第一款、《医疗器械网络销售监督管理办法》第四条第二款的规定，经营第二类医疗器械实行产品许可、备案管理。也就是说，从事医用口罩等第二类医疗器械经营的企业，应向所在市的政府主管部门备案，并获得从事医疗器械网络销售的相关行政许可，才可以通过网络平台售卖。案例中的王某并没有取得第二类医疗经营备案凭证，是不能销售医用口罩的。同样地，可用于人体表面消毒的酒精也属于医疗器械用品，也不能由个人随便售卖。

对于利用朋友圈、微信群等网络渠道销售医疗器械的问题，《医疗器械网络销售监督管理办法》第四条规定，网络销售医疗器械的主体应当是医疗器械注册人、备案人或者医疗器械经营企业，普通百姓并不是合法的网络售卖主体。因此，王某个人销售口罩、消毒酒精等医疗器械防疫物资的行为是违法的，情节严重的，还会被追究刑事责任。

条文依据

《医疗器械监督管理条例》

第四十一条 从事第二类医疗器械经营的，由经营企业向所在地设区的市级人民政府负责药品监督管理的部门备案并提交符合本条例第四十条规定条件的有关资料。

……

《医疗器械网络销售监督管理办法》

第四条 ……

从事医疗器械网络销售的企业，是指通过网络销售医疗器械的医疗器械上市许可持有人（即医疗器械注册人或者备案人，以下简称持有人）和医疗器械生产经营企业。

……

第三十七条 从事医疗器械网络销售的企业、医疗器械网络交易服务第三方平台提供者违反法律法规有关规定从事销售或者交易服务，法律法规已有规定的，从其规定。构成犯罪的，移送公安机关处理。

98. 采用挖路断交的做法来阻止各村村民往来，以期防止疫情传播，合法吗？

典型案例

新冠肺炎疫情期间，某村村委会为控制外来人口进村流动，降低外来疫情扩散的风险，未经上级批准，直接雇用挖掘机将通往村内的几条道路都挖断，致使想要到县医院就诊的村民孙某无法顺利出村，耽误了最佳治疗时间。后来孙某家人找到村委会理论，要求村委会必须把路填平，否则就给镇政府打电话投诉。村委会负责人表示，周边好几个村子都是这么做的，当前疫情防控大于一切，投诉也没有用。那么，采用挖路断交的做法来阻止各村村民往来，以期防止疫情传播，合法吗？

依法解析

无论是否出于阻断疫情的目的，擅自阻断或挖断道路都是违法的。我国《道路交通安全法》第一百零四条规定，未经批准，不得擅自挖掘道路，占用道路施工或者从事其他影响道路交通安全活动。案例中的村委会并未经上级批准，无权擅自挖断道路。另外，根据国务院办公厅印发的《关于做好公路交通保通保畅工作 确保人员车辆正常通行的通知》的要求，各部门严禁硬隔离或挖断农村公路。因此，疫情防控并不是自行挖断道路的合理合法理由，案例中的村委会应当立即停止违法行为，迅速恢复村里的主干道，确保通行安全。

为防止部分地区以疫情防控为理由层层加码，阻断部分公路、水路通行，2022年4月24日，交通运输部专门发布《关于切实做好春季农业生产服务保障工作的通知》，明确要确保普通公路特别是农村公路“微循环”畅通，严禁擅自阻断或者挖断普通公路特别是农村公路行为。

条文依据

《中华人民共和国道路交通安全法》

第一百零四条 未经批准，擅自挖掘道路、占用道路施工或者从事其他影响道路交通安全活动的，由道路主管部门责令停止违法行为，并恢复原状，可以依法给予罚款；致使通行的人员、车辆及其他财产遭受损失的，依法承担赔偿责任。

有前款行为，影响道路交通安全活动的，公安机关交通管理部门可以责令停止违法行为，迅速恢复交通。

国务院办公厅印发《关于做好公路交通保通保畅工作 确保人员车辆正常通行的通知》

一要全力保障公路路网顺畅运行。各地区、各有关部门要按照“科学有序、依法依规”原则，调整优化公路交通管控措施，严禁擅自封闭高速公路出入口，严禁阻断国省干线公路，严禁硬隔离或挖断农村公路，严禁阻碍应急运输车辆通行，严禁擅自在高速公路服务区和收费站、省界和国省干线公路设置疫情防控检疫点或检测站，已违法违规设置的要坚决撤销。要加强交通疏导，防止发生长时间、长距离公路交通拥堵，确保应急车道畅通。

……

《交通运输部关于切实做好春季农业生产服务保障工作的通知》

……

二、加强运行监测，确保路网畅通

……

（二）确保普通公路特别是农村公路“微循环”畅通。要充分发挥基层一线、广大群众的积极性，及时发现并协调解决路网阻断堵塞问题，严禁擅自阻断或者挖断普通公路特别是农村公路行为。……

99. 因新冠肺炎疫情暴发无法履行合同的，需要承担违约责任吗？

典型案例

某乡镇机械加工厂与外省一家钢铁厂签订了一批加工零件的合同，约定交货日期不得晚于当月31日，加工厂负责送货到钢铁厂园区。加工厂收到进度款后，立刻组织员工进行加工，当月20日，加工厂完成零件加工，只剩下装车、运输了。欣喜之时，厂里突然收到上级通知，称中午12时以后全市开始封城，不允许车辆通行，所有人都需要居家等候核酸检测。加工厂负责人这可着了急，没有车辆外出送货，时间一到自己就违约了，还得支付一大笔违约金。那么，因新冠肺炎疫情暴发无法履行合同的，需要承担违约责任吗？

依法解析

全面履行合同约定的内容是合同签约双方的责任，不履行、不完全履行约定，都属于违约行为，应承担相应的责任，但是具有不可抗力因素的除外。对此，《民法典》第一百八十条明确规定，因不可抗力不能履行民事义务的，不承担民事责任。所谓不可抗力，是指不能预见、不能避免且不能克服的客观情况。也就是说，机械加工厂如果是因不可抗拒的原因才导致无法履行合同内容，是不需要承担违约责任的。

那么，疫情之下，封城禁行措施是否属于不可抗力呢？对此，《最高人民法院关于依法妥善审理涉新冠肺炎疫情民事案件若干问题的指导意见（一）》明确规定，疫情或者疫情防控措施直接导致合同不能履行的，依法适用不可抗力的规定。由此可知，案例中的机械加工厂因新冠肺炎疫情封城这一不可抗力原因无法完成送货的任务，可以全部免除其责任。

条文依据

《中华人民共和国民法典》

第一百八十条 因不可抗力不能履行民事义务的，不承担民事责任。法律另有规定的，依照其规定。

不可抗力是不能预见、不能避免且不能克服的客观情况。

《最高人民法院关于依法妥善审理涉新冠肺炎疫情民事案件若干问题的指导意见（一）》

……

三、依法妥善审理合同纠纷案件。受疫情或者疫情防控措施直接影响而产生的合同纠纷案件，除当事人另有约定外，在适用法律时，应当综合考量疫情对不同地区、不同行业、不同案件的影响，准确把握疫情或者疫情防控措施与合同不能履行之间的因果关系和原因力大小，按照以下规则处理：

（一）疫情或者疫情防控措施直接导致合同不能履行的，依法适用不可抗力的规定，根据疫情或者疫情防控措施的影响程度部分或者全部免除责任。当事人对于合同不能履行或者损失扩大有可归责事由的，应当依法承担相应责任。因疫情或者疫情防控措施不能履行合同义务，当事人主张其尽到及时通知义务的，应当承担相应举证责任。

……

100. 向政府及相关部门报告突发公共卫生事件隐患，是每一位公民的权利吗？

典型案例

小孙大学毕业后准备回到农村老家，在这之前参加了一个旅游团，打算好好狂欢一场。在旅游途中，小孙感觉自己突然犯恶心，导游给了他一些止吐和治疗水土不服的药物。然而，服药后，小孙又开始出现发热、鼻子出血的症状，在导游的协助下小孙来到本地的一家医院，医生排查的时候低语道“疑似感染了鼠疫”，但是因为本地并没有公开报道出现了鼠疫，就没有作出这个病因诊断。很快，旅行团的其他游客有了类似反应，小孙要求旅行社立刻上报本地政府，旅行社却迟迟不报。一气之下，小孙直接拨打市长热线报告了鼠疫隐患，却受到旅行社的非议。那么，向政府及相关部门报告突发公共卫生事件隐患，是每一位公民的权利吗？

依法解析

我们比较熟悉的突发公共卫生事件主要是重大传染病疫情、群体性不明原因疾病和重大食物中毒这些类型。由于此类事件具有突发性且损害严重，越早发现就可以越早切断发病源头，所以需要政府机关提早介入，但政府机关很多时候可能无法第一时间得到消息。而每一个人都是突发公共卫生事件可能影响的对象，有些人是亲历者，还有些人是见证人，面对这些突发公共卫生事件，每个人都不应置身事外，个人的报告、举报是加速政府介入处理的一种重要方式，因此，赋予每个人报告、举报的权利非常关键和必要。我国《传染病防治法》第三十一条、《突发公共卫生事件应急条例》第二十四条明确规定，任何单位和个人有权向人民政府及其有关部门报告突发事件隐患。接到报告、举报的单位应当立即组织对突发事件隐患的情况进行调查处理。因此，案例中小孙报告该地疑似发生鼠疫的行为是正确的，这是法律赋予他的权利，旅行社工作人员无权非议。此外，如果小孙举报有功，还会得到一定的奖励。

条文依据

《中华人民共和国传染病防治法》

第三十一条　任何单位和个人发现传染病病人或者疑似传染病病人时，应当及时向附近的疾病预防控制机构或者医疗机构报告。

《突发公共卫生事件应急条例》

第二十四条　国家建立突发事件举报制度，公布统一的突发事件报告、举报电话。

任何单位和个人有权向人民政府及其有关部门报告突发事件隐患，有权向上级人民政府及其有关部门举报地方人民政府及其有关部门不履行突发事件应急处理职责，或者不按照规定履行职责的情况。接到报告、举报的有关人民政府及其有关部门，应当立即组织对突发事件隐患、不履行或者不按照规定履行突发事件应急处理职责的情况进行调查处理。

对举报突发事件有功的单位和个人，县级以上各级人民政府及其有关部门应当予以奖励。

101. 因新冠肺炎疫情而隔离的人员，其生活保障该由谁来负责？

典型案例

某地出现新冠肺炎确诊病例，当地政府及时转运隔离了与确诊病例存在密切接触的人员。正在家中做饭的刘大妈也接到了村委会的电话，说她在菜市场买菜的时候，曾与确诊病例在同一摊位买菜，时间和空间上都存在交集，需要集中隔离排查。刘大妈赶紧收拾必要的生活用品，不料发现自己手头没有钱了，非常着急。负责转运的医护人员把刘大妈送到指定的方舱隔离点时，刘大妈说出了自己的困难，旁边的隔离人员劝刘大妈放宽心，称这里生活保障很充足。那么，因新冠肺炎疫情而隔离的人员，其生活保障该由谁来负责？

依法解析

因实施隔离措施而被隔离人员的生活保障，依照《传染病防治法》第四十一条第二款的规定，应由作出隔离要求的政府全面负责。因此，案例中的刘大妈到了方舱医院后，并不需要自己付费购买生活物资，而是由政府免费提供。

物资有人提供，那保障是否充足呢？对此，我国《突发公共卫生事件应急条例》第六条第一款规定，县级以上各级人民政府应当建立突发事件应急流行病学调查、传染源隔离、卫生防护等有关物资、设备、设施、技术与人才资源储备，所需经费列入本级政府财政预算。由此可见，政府在应对突发事件中的应急物资是常态化储备的，足以保障群众的基本生活。此外，我国一直有着“一方有难，八方支援”的良好传统，疫情期间有很多的企业和个人捐助生活物资、医疗物资，这些捐赠会由政府部门及时有序发放到有需要的群体中去，刘大妈所在方舱医院如果出现物资临时调配不足，也可以享受到爱心捐助的物资。社会捐赠物资与政府调配物资协同推进，是能够为隔离的刘大妈提供充足的生活保障的。

条文依据

《中华人民共和国传染病防治法》

第四十一条 ……

在隔离期间，实施隔离措施的人民政府应当对被隔离人员提供生活保障；被隔离人员有工作单位的，所在单位不得停止支付其隔离期间的工作报酬。

……

《突发公共卫生事件应急条例》

第六条 县级以上各级人民政府应当组织开展防治突发事件相关科学研究，建立突发事件应急流行病学调查、传染源隔离、医疗救护、现场处置、监督检查、监测检验、卫生防护等有关物资、设备、设施、技术与人才资源储备，所需经费列入本级政府财政预算。

……

102. 对于应当隔离而拒绝隔离的人员，可以依法采取哪些措施？

典型案例

某地在群众日常核酸检测过程中发现了新冠病毒无症状感染者1例，检测医院立即上报给了卫健委。按照上级指示，医疗转运中心的几名医护人员迅速找到了该感染者齐某，对其实施转运措施，但是齐某称无症状感染者根本不属于确诊病例，现在的轻症患者都可以自己吃药治疗，自己不想被隔离治疗。医护人员多番解释传播危险和相关的国家政策，都没能说服齐某。后医护人员告知齐某，如其拒绝配合隔离转运，他们就会采取其他措施了。那么，对于应当隔离而拒绝隔离的人员，可以依法采取哪些措施？

依法解析

主动配合隔离治疗是每一位公民的法定义务，对像案例中的齐某一样拒绝隔离治疗的人员，依据我国《传染病防治法》第三十九条的规定，可以由公安机关协助医疗机构采取强制隔离治疗措施。案例中的转运医护人员可以报警，请公安机关强制完成隔离转运工作。

可以说，拒不配合隔离治疗既害人又害己，如果齐某拒不进行隔离治疗或者擅自离开隔离点，不仅是对自己身体健康不负责任的不理智行为，还会导致传染病对外扩散传播，若给他人造成人身和财产损害的，依据《传染病防治法》第七十七条的规定，还要承担民事赔偿责任；情节严重的，依照《最高人民法院、最高人民检察院关于办理妨害预防、控制突发传染病疫情等灾害的刑事案件具体应用法律若干问题的解释》第一条第二款的规定，还会被追究危害公共安全的刑事责任。因此，我们每个公民都应当依法配合国家的传染病防疫政策，早发现、早隔离、早治疗，共克时艰，携手抗疫。

条文依据

《中华人民共和国传染病防治法》

第三十九条 医疗机构发现甲类传染病时，应当及时采取下列措施：

（一）对病人、病原携带者，予以隔离治疗，隔离期限根据医学检查结果确定；

（二）对疑似病人，确诊前在指定场所单独隔离治疗；

（三）对医疗机构内的病人、病原携带者、疑似病人的密切接触者，在指定场所进行医学观察和采取其他必要的预防措施。

拒绝隔离治疗或者隔离期未满擅自脱离隔离治疗的，可以由公安机关协助医疗机构采取强制隔离治疗措施。

……

第七十七条 单位和个人违反本法规定，导致传染病传播、流行，给他人人身、财产造成损害的，应当依法承担民事责任。

《最高人民法院、最高人民检察院关于办理妨害预防、控制突发传染病疫情等灾害的刑事案件具体应用法律若干问题的解释》

第一条 ……

患有突发传染病或者疑似突发传染病而拒绝接受检疫、强制隔离或者治疗，过失造成传染病传播，情节严重，危害公共安全的，依照刑法第一百一十五条第二款的规定，按照过失以危险方法危害公共安全罪定罪处罚。

103. 什么是动物疫病强制免疫义务?

典型案例

某村村民孙某看到新闻里介绍的肉牛养殖法非常好，不但降低了病死率，而且成长期也被大大缩短，就决定购买种牛发展养殖业。孙某每天辛勤劳作，给牛按时按量投喂食物、清理粪便，牛的育肥效果明显，引来附近很多村民过来学习、观摩。村民老王说最近市里宣传国外动物疫病严重，要求必须对全市所有猪、牛、羊进行O型口蹄疫免疫接种，问孙某这些种牛是否参加了免疫。孙某说自己不知道这个免疫是什么。那么，什么是动物疫病强制免疫义务?

依法解析

由于动物疫病对养殖业生产和人类的身体健康有着极大的威胁，对重大动物疫病的预防和控制就显得非常重要。案例中，该市要求对全市所有猪、牛、羊进行O型口蹄疫免疫接种，就是动物疫病强制免疫的一个具体体现。根据《动物防疫法》第十六条的规定，我国对严重危害养殖业生产和人体健康的动物疫病，如口蹄疫、高致病性禽流感等实施强制免疫，通过接种防疫疫苗等手段，构筑免疫屏障。具体的强制免疫计划，包括动物疫病病种、接种区域等计划内容，由省级农业农村主管部门制定。案例中该市提出的免疫要求，就属于贯彻落实本区域内的强制免疫计划。

动物疫病免疫主体责任由饲养动物的单位和个人承担，依据《动物防疫法》第十七条第一款的规定，孙某作为饲养种牛的个人，需要承担强制免疫的主体责任，切实履行强制免疫义务，自主实施饲养种牛全部免疫接种，完善免疫档案，将预防为主的防疫指导方针落到实处。

条文依据

《中华人民共和国动物防疫法》

第十六条 国家对严重危害养殖业生产和人体健康的动物疫病实施强制免疫。

国务院农业农村主管部门确定强制免疫的动物疫病病种和区域。

省、自治区、直辖市人民政府农业农村主管部门制定本行政区域的强制免疫计划；根据本行政区域动物疫病流行情况增加实施强制免疫的动物疫病病种和区域，报本级人民政府批准后执行，并报国务院农业农村主管部门备案。

第十七条 饲养动物的单位和个人应当履行动物疫病强制免疫义务，按照强制免疫计划和技术规范，对动物实施免疫接种，并按照国家有关规定建立免疫档案、加施畜禽标识，保证可追溯。

……

104. 瞒报、谎报、迟报动物疫情，有什么法律后果？

典型案例

某镇卫生防疫部门陆续接到了村民上报的疫情相关消息，经过技术人员检验核实，本地区确实发生了家禽流感疫情。但是，镇卫生防疫部门负责人张某觉得如果此时向上级机关汇报，那么上级机关的隔离与消杀行动肯定会被外界报道，这将影响到本镇的家禽养殖业发展，就决定暂时不向上级汇报，先进行内部控制，并安排人员到孙某的养殖场进行重点处理。随着染疫家禽的流出，上级机关很快便查明了事实。那么，瞒报、谎报、迟报动物疫情，有什么法律后果？

依法解析

在动物疫情的控制与治理中，政府机关的正确领导与指挥发挥着核心作用，有效的防疫处置体系才能够全面保障疫情的控制与人民群众的生命财产安全。在发生、发现疫情后，无论是普通人民群众，还是有关机关的工作人员均应当及时、如实上报相关疫情信息。依据《动物防疫法》第九十一条的规定，对于违反法律规定，有瞒报、谎报、迟报、漏报等情形的有关部门及其工作人员，由上级人民政府或者有关部门责令改正，通报批评；对直接负责的主管人员和其他直接责任人员依法给予处分。本案中，张某作为镇卫生防疫部门的负责人员，在发现疫情后理应及时上报上级机关及有关部门，而其却擅自下令要求瞒报，其行为已经触犯了法律的规定，作为直接负责人员应当受到相应的处分。

同样，案例中的孙某作为染疫养殖场的负责人未履行报告的义务，依据《动物防疫法》第一百零八条的规定，可以由有关机关责令改正，并处以相应罚款，甚至责令停业整顿。

条文依据

《中华人民共和国动物防疫法》

第九十一条 地方各级人民政府、有关部门及其工作人员瞒报、谎报、迟报、漏报或者授意他人瞒报、谎报、迟报动物疫情，或者阻碍他人报告动物疫情的，由上级人民政府或者有关部门责令改正，通报批评；对直接负责的主管人员和其他直接责任人员依法给予处分。

第一百零八条 违反本法规定，从事动物疫病研究、诊疗和动物饲养、屠宰、经营、隔离、运输，以及动物产品生产、经营、加工、贮藏、无害化处理等活动的单位和个人，有下列行为之一的，由县级以上地方人民政府农业农村主管部门责令改正，可以处一万元以下罚款；拒不改正的，处一万元以上五万元以下罚款，并可以责令停业整顿：

（一）发现动物染疫、疑似染疫未报告，或者未采取隔离等控制措施的；

……

105. 走街串巷收购病死家畜，违法了吗?

典型案例

吴某的饭店长期从摊贩手中收购家禽用作食材，但由于养殖成本增高造成收购价格也逐年上涨，吴某十分发愁。后来有人给吴某出主意说，可以亲自下乡去收购一些病死的家畜，不但价格便宜而且人吃了也基本不会有什么事，有时候一些人家都直接免费给，要不然这些家畜可能也是被掩埋或扔掉。吴某当即便开着车下乡，开着广播走街串巷，专门收购病死的家畜，果然因此赚了不少钱，却很快被人举报了。那么，像吴某这样走街串巷收购病死家畜，违法了吗？又应当受到怎样的处罚？

依法解析

病死家畜身体上仍然残存着致害的病菌，会严重危及普通人民群众的生命健康安全，因此我国法律对于病死家畜的处理有着严格的规定。依据我国《动物防疫法》第二十九条和《病死及死因不明动物处置办法（试行）》第四条的规定，对于病死的家畜，严格禁止实施屠宰、经营和运输等行为，也不得随意处置及出售、转运、加工和食用病死或死因不明动物。

本案中，吴某收购病死家畜的行为已经严重违反了上述规定，依据《病死及死因不明动物处置办法（试行）》第十六条及《动物防疫法》第九十七条的规定，吴某的行为应当由有关部门责令改正，采取补救措施，没收违法所得、病死动物和动物产品，并处以相应罚款。

条文依据

《中华人民共和国动物防疫法》

第二十九条 禁止屠宰、经营、运输下列动物和生产、经营、加工、贮藏、运输下列动物产品：

（一）封锁疫区内与所发生动物疫病有关的；

（二）疫区内易感染的；

（三）依法应当检疫而未经检疫或者检疫不合格的；

（四）染疫或者疑似染疫的；

（五）病死或者死因不明的；

（六）其他不符合国务院农业农村主管部门有关动物防疫规定的。

……

第九十七条 违反本法第二十九条规定，屠宰、经营、运输动物或者生产、经营、加工、贮藏、运输动物产品的，由县级以上地方人民政府农业农村主管部门责令改正、采取补救措施，没收违法所得、动物和动物产品，并处同类检疫合格动物、动物产品货值金额十五倍以上三十倍以下罚款；同类检疫合格动物、动物产品货值金额不足一万元的，并处五万元以上十五万元以下罚款；其中依法应当检疫而未检疫的，依照本法第一百条的规定处罚。

前款规定的违法行为人及其法定代表人（负责人）、直接负责的主管人员和其他直接责任人员，自处罚决定作出之日起五年内不得从事相关活动；构成犯罪的，终身不得从事屠宰、经营、运输动物或者生产、经营、加工、贮藏、运输动物产品等相关活动。

《病死及死因不明动物处置办法（试行）》

第四条 任何单位和个人不得随意处置及出售、转运、加工和食用病死或死因不明动物。

第十六条 对违反规定经营病死及死因不明动物的或不按规定处理病死及死因不明动物的单位和个人，按《动物防疫法》有关规定处理。

106. 藏匿可能染疫的牲畜，要承担怎样的法律责任？

典型案例

近期，临市发生了生猪疫情，刘某发现自家东面圈舍的猪也有些无精打采，症状和防疫站宣传的疫病症状十分相似，上报防疫站后，工作人员进行了取样检测，认为刘某的生猪很可能已经全部感染疫病，于是便对所有生猪暂时采取了隔离措施。刘某想着西面圈舍的生猪状态很好，如果也这样被隔离下去，出栏时间肯定要大大推迟。于是，刘某连夜把西面圈舍中的猪都偷偷运到了自己另一个院落里藏起来，想着过几天就卖出去。但是，刘某的藏匿行为最终还是被防疫部门发现并进行了查处。那么，藏匿可能染疫的牲畜，要承担怎样的法律责任？

依法解析

染疫的牲畜会因传播疫病而对其他健康牲畜产生危险，如果因此流入市场和人们的餐桌，又将对人民群众的生命健康安全产生重大威胁。因此，我国法律法规对于染疫或可能染疫牲畜的处理有着严格的规定，其目的就是将这种安全隐患与风险降至最低，最大限度地保障疫情得到有效控制。依据我国《动物防疫法》第二十九条的规定，对于可能染疫的动物和动物产品是禁止屠宰、经营或者运输的。同样，依据该法第一百零四条的规定，不得藏匿已经隔离的可能染疫的牲畜，否则除了对动物和动物产品依法、依规处理外，还可以对行为人处三千元以上三万元以下罚款。

本案中，刘某私自藏匿可能染疫生猪的行为无疑已经违反了上述法律规定，有关部门除责令刘某改正外，还可以对其处以罚款。

条文依据

《中华人民共和国动物防疫法》

第二十九条 禁止屠宰、经营、运输下列动物和生产、经营、加工、贮藏、运输下列动物产品：

（一）封锁疫区内与所发生动物疫病有关的；

（二）疫区内易感染的；

（三）依法应当检疫而未经检疫或者检疫不合格的；

（四）染疫或者疑似染疫的；

（五）病死或者死因不明的；

（六）其他不符合国务院农业农村主管部门有关动物防疫规定的。

……

第一百零四条 违反本法规定，有下列行为之一的，由县级以上地方人民政府农业农村主管部门责令改正，处三千元以上三万元以下罚款：

（一）擅自发布动物疫情的；

（二）不遵守县级以上人民政府及其农业农村主管部门依法作出的有关控制动物疫病规定的；

（三）藏匿、转移、盗掘已被依法隔离、封存、处理的动物和动物产品的。

107. 开办畜禽养殖场或养殖小区应如何选址？

典型案例

许某一直在外地的一家大型养殖场做饲养员，凭借刻苦的精神，逐渐掌握了熟练的饲养与管理技术，便想回到家乡独自创办一家养殖场。规划完后，许某便拿出积蓄开始前期的筹办工作。考虑到养殖场的规模与发展，许某把养殖场的地址选在村外公路一侧，这样既靠近饮用水源，用电建设和工作人员往返、装车销售也比较方便，但是在向相关部门提交申请、进行行政审批的时候，却被告知养殖场选址不符合相关规定，并且防疫措施也不健全，需要完善补充。那么，开办畜禽养殖场或养殖小区应如何选址？

依法解析

畜禽养殖场在经营过程中不可避免地会对周边的环境产生破坏性影响，为了有效防止养殖带来的病疫、污染破坏，畜禽养殖场在建设选址上是有着严格的限定的。依据《畜禽规模养殖污染防治条例》第十一条的规定，在饮用水水源保护区、风景名胜区、自然保护区的核心区和缓冲区以及城镇居民等人口集中等区域内是禁止建设畜禽养殖场、养殖小区的。

另外，即使满足了选址要求，养殖场还应当依据该条例第十三条第一款的规定建设配备相应的污染防治设施与措施，或者是委托他人对畜禽养殖废弃物代为综合利用和无害化处理。

本案中，许某养殖场的选址因为在饮用水水源保护区内而不符合规定，应当依据相关规定重新选址并进行环境评价，同时做好相应防治措施，只有这样畜禽养殖场才能符合整体规划投入使用。

条文依据

《畜禽规模养殖污染防治条例》

第十一条 禁止在下列区域内建设畜禽养殖场、养殖小区：

（一）饮用水水源保护区，风景名胜区；

（二）自然保护区的核心区和缓冲区；

（三）城镇居民区、文化教育科学研究区等人口集中区域；

（四）法律、法规规定的其他禁止养殖区域。

第十三条 畜禽养殖场、养殖小区应当根据养殖规模和污染防治需要，建设相应的畜禽粪便、污水与雨水分流设施，畜禽粪便、污水的贮存设施，粪污厌氧消化和堆沤、有机肥加工、制取沼气、沼渣沼液分离和输送、污水处理、畜禽尸体处理等综合利用和无害化处理设施。已经委托他人对畜禽养殖废弃物代为综合利用和无害化处理的，可以不自行建设综合利用和无害化处理设施。

……

四、生态文明

108. 废弃的农用薄膜应该如何处理?

典型案例

村里的谢某和梁某两家发生了纠纷，原因是谢某将自家玉米地中翻耕出的大量农用薄膜碎片随意堆积在相邻的梁某家的田地中，影响梁某耕种土地。后梁某就将此事向当地的行政执法大队举报。执法人员经过调查，发现谢某确实将大量农用薄膜碎片弃置在邻居田中，经过进一步核实，这些薄膜均已超过了使用期限。最终执法人员向谢某讲解了我国关于废弃农用薄膜处理的法律规定，同时对谢某处以罚款200元的行政处罚。那么，废弃的农用薄膜应该如何处理呢?

依法解析

废弃的农用薄膜如果不能得到妥善处理，就会给农业生态带来消极影响。为了有针对性地解决农用薄膜导致的生态破碎和环境污染等问题，我国《土壤污染防治法》和《农用薄膜管理办法》均对此作出了明确规定，要求农用薄膜使用者和农业投入品生产者、销售者、使用者对农用薄膜进行捡拾、回收和无害化处理等，不得随意弃置、掩埋或者焚烧；同时鼓励企业合作建立健全农用薄膜回收利用体系，从而推动废旧农用薄膜回收、处理和再利用。如果违反法律规定，就会受到相应的责令改正、罚款等行政处罚。

在上面的例子中，谢某应当在农用薄膜使用期限到期前进行捡拾，并交给回收网点或回收工作者，不能随意弃置、掩埋或者焚烧。而谢某未及时回收农业废弃物、随意弃置农用薄膜碎片的行为，必然会受到相应的处罚。

条文依据

《农用薄膜管理办法》

第十五条 农用薄膜使用者应当在使用期限到期前捡拾田间的非全生物降解农用薄膜废弃物，交至回收网点或回收工作者，不得随意弃置、掩埋或者焚烧。

第十六条 农用薄膜生产者、销售者、回收网点、废旧农用薄膜回收再利用企业或其他组织等应当开展合作，采取多种方式，建立健全农用薄膜回收利用体系，推动废旧农用薄膜回收、处理和再利用。

《中华人民共和国土壤污染防治法》

第三十条 禁止生产、销售、使用国家明令禁止的农业投入品。

农业投入品生产者、销售者和使用者应当及时回收农药、肥料等农业投入品的包装废弃物和农用薄膜，并将农药包装废弃物交由专门的机构或者组织进行无害化处理。具体办法由国务院农业农村主管部门会同国务院生态环境等主管部门制定。

国家采取措施，鼓励、支持单位和个人回收农业投入品包装废弃物和农用薄膜。

第八十八条 违反本法规定，农业投入品生产者、销售者、使用者未按照规定及时回收肥料等农业投入品的包装废弃物或者农用薄膜，或者未按照规定及时回收农药包装废弃物交由专门的机构或者组织进行无害化处理的，由地方人民政府农业农村主管部门责令改正，处一万元以上十万元以下的罚款；农业投入品使用者为个人的，可以处二百元以上二千元以下的罚款。

109. 擅自在农村修建度假村，是否合法？

典型案例

M 村依山傍水，自然环境优美，发展旅游业具有得天独厚的条件。李某是一名旅游开发商，在详细考察了 M 村之后，决定在 M 村旁边修建一个生态旅游度假村，进行旅游业开发。由于缺少一些审批材料，度假村建设的报批一直没有顺利通过，但李某私底下已经开始动工建设，陆续修建了宾馆、商业街、小吃街和游乐设施等。在建设过程中，李某开发占用的土地面积越来越大，甚至填埋了几个灌溉用的水塘，引发了当地村民的极大不满。那么，李某在村里擅自修建度假村的行为是否合法呢？

依法解析

在我国，农村的土地具有专有用途，在农村建度假村需要经过农用地转用审批手续，任何人不能随意开发建设。我国《土地管理法》规定，对违反土地利用总体规划擅自将农用地改为建设用地的，不但要限期拆除新建的建筑物和其他设施，恢复土地原状，或者没收新建的建筑物和其他设施，同时还可以并处罚款，相关负责人员也会被处分甚至被追究刑事责任。

由此可见，在上面的例子中，李某在没有经过农用地转用审批的情况下，擅自在村集体土地上建设旅游度假村是不合法的，李某的行为也会受到相应的处罚。

条文依据

《中华人民共和国土地管理法》

第四十四条 建设占用土地，涉及农用地转为建设用地的，应当办理农用地转用审批手续。

……

第七十四条 买卖或者以其他形式非法转让土地的，由县级以上人民政府自然资源主管部门没收违法所得；对违反土地利用总体规划擅自将农用地改为建设用地的，限期拆除在非法转让的土地上新建的建筑物和其他设施，恢复土地原状，对符合土地利用总体规划的，没收在非法转让的土地上新建的建筑物和其他设施；可以并处罚款；对直接负责的主管人员和其他直接责任人员，依法给予处分；构成犯罪的，依法追究刑事责任。

110. 企业掩埋工业废料，可能要承担怎样的法律后果?

典型案例

近日，某市生态环境局接到举报称，某工业园区内被人倾倒、掩埋了大量黑褐色的不明废料。生态环境局立即对此展开了执法调查。经过调查，执法人员锁定了某新材料公司，该公司在生产过程中产生了大量工业废料，在未经任何无害化处理的情况下，私下联系了一家无资质的环保科技公司，将仓库中存放的数吨工业废料运输至某工业园区进行了秘密掩埋。那么，某新材料公司秘密掩埋工业废料的行为可能要承担什么样的法律后果呢?

依法解析

工业废料如果不加处理，随意倾倒、掩埋，不仅会占用土地资源，而且废料中富集的有害物质会随降雨、降雪等自然过程或者人为原因下沉到土壤深处，极易造成严重的土壤污染，引发土壤酸碱化、硬化、重金属污染等。为了有效杜绝这种行为，我国已经将排放、倾倒或者处置有放射性的废物等造成严重污染的行为纳入《刑法》，违法者轻则处三年以下有期徒刑或者拘役，并处或者单处罚金，重则处三年以上七年以下有期徒刑，并处罚金。除此之外，我国《固体废物污染环境防治法》也明确禁止擅自倾倒、堆放、丢弃、遗撒工业固体废物的行为，否则就会受到责令改正、罚款等行政处罚。

在上面的例子中，某新材料公司应当按照主管部门的规定建设工业废料的贮存设施、场所，安全分类存放，或者采取无害化处置措施，其未经处置就将工业固体废料擅自掩埋的行为不仅要受到行政处罚，造成严重后果的，还会构成污染环境罪。

条文依据

《中华人民共和国刑法》

第三百三十八条 违反国家规定，排放、倾倒或者处置有放射性的废物、含传染病病原体的废物、有毒物质或者其他有害物质，严重污染环境的，处三年以下有期徒刑或者拘役，并处或者单处罚金；情节严重的，处三年以上七年以下有期徒刑，并处罚金；有下列情形之一的，处七年以上有期徒刑，并处罚金：

（一）在饮用水水源保护区、自然保护地核心保护区等依法确定的重点保护区域排放、倾倒、处置有放射性的废物、含传染病病原体的废物、有毒物质，情节特别严重的；

（二）向国家确定的重要江河、湖泊水域排放、倾倒、处置有放射性的废物、含传染病病原体的废物、有毒物质，情节特别严重的；

（三）致使大量永久基本农田基本功能丧失或者遭受永久性破坏的；

（四）致使多人重伤、严重疾病，或者致人严重残疾、死亡的。

有前款行为，同时构成其他犯罪的，依照处罚较重的规定定罪处罚。

《中华人民共和国固体废物污染环境防治法》

第四十条 产生工业固体废物的单位应当根据经济、技术条件对工业固体废物加以利用；对暂时不利用或者不能利用的，应当按照国务院生态环境等主管部门的规定建设贮存设施、场所，安全分类存放，或者采取无害化处置措施。贮存工业固体废物应当采取符合国家环境保护标准的防护措施。

……

第一百零二条 违反本法规定，有下列行为之一，由生态环境主管部门责令改正，处以罚款，没收违法所得；情节严重的，报经有批准权的人民政府批准，可以责令停业或者关闭：

……

（七）擅自倾倒、堆放、丢弃、遗撒工业固体废物，或者未采取相应防范措施，造成工业固体废物扬散、流失、渗漏或者其他环境污染的；

……

111. 村民可以把宅基地上闲置的房屋卖给城里人开民宿吗？

典型案例

小刘从小生活在城市，某天突发奇想，想体验一把乡村的生活，于是计划在A村开一间民宿。他辗转找到了A村的村民吴某，吴某称自家宅基地有个老宅一直闲置着，可以卖给小刘改造成民宿，于是二人以20万元的价格达成了交易。然而小刘在办理手续时，始终无法完成过户，于是将吴某起诉到法院。法院经过审理，认定小刘和吴某之间的转让合同是无效的，小刘将房屋还给了吴某，吴某也将钱款退还给了小刘。那么，村民为什么不能把房屋转让给城里的人开民宿呢？

依法解析

根据我国相关法律规定，农村房屋不能单独转让，而是需要与宅基地使用权一同转让，且只能转让给本集体经济组织的村民。对于本集体经济组织成员之外的城镇居民，我国法律严禁他们在农村购置宅基地。由此可见，财产所有权的取得需要符合法律规定并获得相关部门批准。在上面的案例中，小刘属于城镇居民，主体资格不符，不能购买A村村民的宅基地和房屋，二人签订的合同也因此无效。但是，小刘可以租用吴家老宅开设民宿。

条文依据

《中华人民共和国土地管理法》

第六十二条 农村村民一户只能拥有一处宅基地，其宅基地的面积不得超过省、自治区、直辖市规定的标准。

……

农村村民出卖、出租、赠与住宅后，再申请宅基地的，不予批准。

……

《国务院关于深化改革严格土地管理的决定》

二、……

（十）加强村镇建设用地的管理。要按照控制总量、合理布局、节约用地、保护耕地的原则，编制乡（镇）土地利用总体规划、村庄和集镇规划，明确小城镇和农村居民点的数量、布局和规模。鼓励农村建设用地整理，城镇建设用地增加要与农村建设用地减少相挂钩。农村集体建设用地，必须符合土地利用总体规划、村庄和集镇规划，并纳入土地利用年度计划，凡占用农用地的必须依法办理审批手续。禁止擅自通过“村改居”等方式将农民集体所有土地转为国有土地。禁止农村集体经济组织非法出让、出租集体土地用于非农业建设。改革和完善宅基地审批制度，加强农村宅基地管理，禁止城镇居民在农村购置宅基地。引导新办乡村工业向建制镇和规划确定的小城镇集中。在符合规划的前提下，村庄、集镇、建制镇中的农民集体所有建设用地使用权可以依法流转。

……

112. 遭受环境污染损害的村民，应该如何维权？

典型案例

胡某和钱某是一对夫妻，二人在村里的承包地上盖起了养猪棚，打算发展养猪业。他们的养猪事业干得风风火火，却招来了邻居王某的极大不满。原来，胡某和钱某家的养猪棚距离王某的住处不远，猪棚产生的气味和排风扇噪声等，严重影响了王某一家的正常生活。对此王某多次找到胡某、钱某理论，要求他们拆除养猪棚，但都遭到了拒绝，王某十分气愤。那么，对于受到环境污染损害的村民王某，此时应该如何维权呢？

依法解析

每个人都享有适宜健康生活环境的权利，任何人都不能随意污染环境、损害他人权益。农村生态环境受到污染，很多村民深受其害。此时，受害者是可以救济自己的权利的，根据我国相关法律规定，任何人在发现环境污染行为时均享有向行政机关举报的权利，除此之外，任何人因为环境污染而权利受损，都可向法院起诉要求污染者承担责任。

在上面的例子中，王某认为自己遭受了环境污染的损害，其一方面可以向环境保护主管部门或者其他负有环境保护监督管理职责的部门举报，由这些主管部门对违法排放污染物的行为人作出罚款、责令改正等行政处罚；另一方面，由于胡某、钱某污染环境的行为侵害了王某的合法权益，王某可以向人民法院提起诉讼，要求胡某、钱某承担停止侵害、赔偿损失等侵权责任。

条文依据

《中华人民共和国环境保护法》

第五十七条　公民、法人和其他组织发现任何单位和个人有污染环境和破坏生态行为的，有权向环境保护主管部门或者其他负有环境保护监督管理职责的部门举报。

公民、法人和其他组织发现地方各级人民政府、县级以上人民政府环境保护主管部门和其他负有环境保护监督管理职责的部门不依法履行职责的，有权向其上级机关或者监察机关举报。

接受举报的机关应当对举报人的相关信息予以保密，保护举报人的合法权益。

《中华人民共和国民法典》

第一千二百二十九条　因污染环境、破坏生态造成他人损害的，侵权人应当承担侵权责任。

第一千二百三十二条　侵权人违反法律规定故意污染环境、破坏生态造成严重后果的，被侵权人有权请求相应的惩罚性赔偿。

113. 可以在湿地里开展养殖吗?

典型案例

某市的一个库区是一片人工湿地。这里湿地系统保存完好，为大量的野生鱼类、鸟类等生物提供了栖息地和生存环境。然而这片美丽的湿地却遭遇了劫难。村民李某偶然路过这片湿地，觉得非常适合搞养殖，就在湿地的一角开展起了养鱼业。由于大量投放饵料，湿地很快被李某的养殖场污染，周围的野生鱼类、鸟类等野生生物数量急剧减少。那么，李某在湿地从事养殖的行为是被法律所允许的吗?

依法解析

我国法律规定，严格禁止在湿地内从事过度放牧或者滥采野生植物，过度捕捞或者灭绝式捕捞，过度施肥、投药、投放饵料等污染湿地的种植养殖行为。在上面的案例中，虽然是人工湿地，但是具有显著的生态功能，依法属于国家保护的湿地资源。而李某向湿地内的养殖场投放大量的饵料，既污染了周围的生态环境，又破坏了生态多样性，其行为是违法的，应当被严厉制止。当然，在湿地范围内并不是绝对禁止从事种植养殖行为，但从事种植、畜牧、水产养殖等活动时，应当避免改变湿地的自然状况，并采取措施减轻对湿地生态功能的不利影响。

条文依据

《中华人民共和国湿地保护法》

第二十八条 禁止下列破坏湿地及其生态功能的行为：

……

（四）过度放牧或者滥采野生植物，过度捕捞或者灭绝式捕捞，过度施肥、投药、投放饵料等污染湿地的种植养殖行为；

……

第六十一条 违反本法规定，造成生态环境损害的，国家规定的机关或者法律规定的组织有权依法请求违法行为人承担修复责任、赔偿损失和有关费用。

第六十二条 违反本法规定，构成违反治安管理行为的，由公安机关依法给予治安管理处罚；构成犯罪的，依法追究刑事责任。

114. 在国家重点保护野生动植物集中分布的湿地中，有哪些禁止行为？

典型案例

某湿地自然保护区是国家重点保护野生动物——玉带海雕的重要栖息地。一日，该自然保护区管理站的工作人员在巡查时发现，村民刘某、郑某正在保护区内的草丛里掏鸟蛋，于是立即上前制止并向当地公安机关报案。经查，刘某、郑某多次秘密在该自然保护区捡拾鸟蛋，数量多达七八十枚。据刘某、郑某陈述，去掏鸟蛋只是闹着玩，就想捡几个回家“炒着吃”。那么刘某、郑某在该湿地自然保护区内捡拾鸟蛋的行为违法吗？在国家重点保护野生动植物集中分布湿地中还有哪些禁止行为呢？

依法解析

为了加强对国家重点保护野生动植物集中分布湿地的保护，我国《湿地保护法》明令禁止任何单位和个人破坏鸟类和水生生物的生存环境，也明令禁止在以水鸟为保护对象的自然保护地及其他重要栖息地从事捕鱼、挖捕底栖生物、捡拾鸟蛋、破坏鸟巢等危及水鸟生存、繁衍的活动。如果要开展观鸟、科学研究以及科普活动，也应当保持安全距离，避免影响鸟类正常觅食和繁殖。同理，在重要水生生物产卵场、索饵场、越冬场和洄游通道等重要栖息地也应当实施保护措施。

在上面的案例中，可能在很多人眼里，村民刘某、郑某掏拾鸟蛋的行为稀松平常，但是在自然保护区，这种类似捡拾鸟蛋、破坏鸟巢的行为对于鸟类的伤害是歼灭性的，因为鸟蛋一旦离开鸟巢，哪怕没有破损，也不可能再孵化出幼鸟。刘某、郑某的行为不仅违反了我国《湿地保护法》的规定，还有可能触犯刑法，构成犯罪，被司法机关依法追诉。

条文依据

《中华人民共和国湿地保护法》

第三十条 县级以上人民政府应当加强对国家重点保护野生动植物集中分布湿地的保护。任何单位和个人不得破坏鸟类和水生生物的生存环境。

禁止在以水鸟为保护对象的自然保护地及其他重要栖息地从事捕鱼、挖捕底栖生物、捡拾鸟蛋、破坏鸟巢等危及水鸟生存、繁衍的活动。开展观鸟、科学研究以及科普活动等应当保持安全距离，避免影响鸟类正常觅食和繁殖。

……

《中华人民共和国刑法》

第三百四十一条 非法猎捕、杀害国家重点保护的珍贵、濒危野生动物的，或者非法收购、运输、出售国家重点保护的珍贵、濒危野生动物及其制品的，处五年以下有期徒刑或者拘役，并处罚金；情节严重的，处五年以上十年以下有期徒刑，并处罚金；情节特别严重的，处十年以上有期徒刑，并处罚金或者没收财产。

违反狩猎法规，在禁猎区、禁猎期或者使用禁用的工具、方法进行狩猎，破坏野生动物资源，情节严重的，处三年以下有期徒刑、拘役、管制或者罚金。

违反野生动物保护管理法规，以食用为目的非法猎捕、收购、运输、出售第一款规定以外的在野外环境自然生长繁殖的陆生野生动物，情节严重的，依照前款的规定处罚。

五、食品药品安全

115. 地方特色食品如果没有国家标准规范，就意味着想怎么做就怎么做吗？

典型案例

某市有一种特色扒鸡做法传承已久，老百姓们也都是在平日里自己做着吃。现在，该市在“旅游兴市项目”中提出，要成立专门的企业生产该特色扒鸡，将其作为旅游特色内容之一进行推广，通过让游客购买、品尝的方式，使全国人民都能熟知这特色的美味。张某借机成立了一家特色扒鸡的生产企业，打算进行批量生产。但由于这种特色扒鸡是当地特有的一种美食，没有相关的国家食品安全标准，张某觉得直接按照自己家祖传的做法生产应该就没问题。那么，地方特色食品如果没有国家标准规范，就意味着想怎么做就怎么做吗？

依法解析

我国幅员辽阔，历史文化悠久，不同的水土孕育着不同的饮食文化，因此，国家不可能细致地对每一种地方特色食品都制定专门的国家食品安全标准规范。在这种情况下，就要按照我国《食品安全法》第二十九条的规定，由省、自治区、直辖市人民政府相关部门制定地方特色食品安全标准。因此，案例中特色扒鸡的生产虽然没有国家标准规范可循，但张某的企业也不能想怎么做就怎么做。该企业生产的特色扒鸡还应该对标本地政府部门制定的食品安全标准，生产出既美味又安全的地方特色食品。

另外，《食品安全法》第三十条还规定，国家鼓励企业制定更加严格的企业标准，用于规范本企业的各个生产环节。张某的企业可以到本省人民政府卫生行政部门的网站上查询、下载相关的食品安全国家标准、地方标准、其他企业标准，制定更加严格的企业规范，以食品安全保障企业的行稳致远。此外，需要格外注意的是，保健食品、婴幼儿配方食品等特殊食品，是不属于地方特色食品的，不得对其制定食品安全地方标准，如生产特殊食品的企业，必须按照国家标准组织生产。

条文依据

《中华人民共和国食品安全法》

第二十九条 对地方特色食品，没有食品安全国家标准的，省、自治区、直辖市人民政府卫生行政部门可以制定并公布食品安全地方标准，报国务院卫生行政部门备案。食品安全国家标准制定后，该地方标准即行废止。

第三十条 国家鼓励食品生产企业制定严于食品安全国家标准或者地方标准的企业标准，在本企业适用，并报省、自治区、直辖市人民政府卫生行政部门备案。

《中华人民共和国食品安全法实施条例》

第十二条 保健食品、特殊医学用途配方食品、婴幼儿配方食品等特殊食品不属于地方特色食品，不得对其制定食品安全地方标准。

116. 水果蔬菜中使用农药残留超标，会受到怎样的处罚？

典型案例

赵某从事大棚种植好多年了。因政府宣传推广“去农药”种植，赵某也积极响应了政策，半个大棚里种的豆角没怎么打药。可惜的是，由于缺乏绿色蔬菜种植经验，豆角长得又弯又短，还布满了黄色的斑点，卖不上价，除了烂在地里，只能自己家里留着吃。为了挽回经济损失，第二年，赵某又开始使用农药，再加上病虫害的抗药性越来越强，还加大了农药的用量。后来，县农业农村部门抽样检验，发现由赵某家提供给某市场的豆角中有机磷类农药残留超过了法律规定的最大残留量，属于不合格食品。那么，水果蔬菜中农药残留超标，会受到怎样的处罚？

依法解析

食品安全关乎亿万人民的身体健康，国家对农药的使用实行严格的管理制度，农药残留含量超过食品安全标准限量的食品是严禁生产经营的。赵某生产农药超标的蔬菜，已经构成了违法行为。对此类违法行为，我国《食品安全法》第一百二十四条作出了明确规定：首先由主管部门没收违法所得和违法生产经营的食品，并可以没收用于违法生产经营的工具、原料等物品；其次，还可以视情节轻重处以一定金额的罚款，吊销许可证；最后，如果违法行为严重，构成犯罪的，会依法移送公安机关追究刑事责任。本案中，因赵某违法情节较轻，不予追究其刑事责任，且其销售的食用农产品不需要办理行政许可，赵某主要可能受到的是罚没类处罚，具体包括没收违法所得、违法生产经营的食品、违法生产工具等物品及处以一定金额的罚款。

国家正在大力开展农药替代产品的研发和应用，鼓励使用高效低毒低残留农药。赵某响应政府政策的初衷是好的，但也要根据现有的种植技术和农药研发水平来做，既不能“一刀切”地禁用任何农药，也不能超标使用农药，从而保护消费者的食品安全，也兼顾自己种植收入的合法利益。

条文依据

《中华人民共和国食品安全法》

第一百二十四条 违反本法规定，有下列情形之一，尚不构成犯罪的，由县级以上人民政府食品安全监督管理部门没收违法所得和违法生产经营的食品、食品添加剂，并可以没收用于违法生产经营的工具、设备、原料等物品；违法生产经营的食品、食品添加剂货值金额不足一万元的，并处五万元以上十万元以下罚款；货值金额一万元以上的，并处货值金额十倍以上二十倍以下罚款；情节严重的，吊销许可证：

（一）生产经营致病性微生物，农药残留、兽药残留、生物毒素、重金属等污染物质以及其他危害人体健康的物质含量超过食品安全标准限量的食品、食品添加剂；

……

117. 监测人员来蔬菜基地采集样本需要向经营者支付费用吗？

典型案例

张某承包了一家蔬菜种植基地，刚运营不久，就遇到县农产品质量安全监管站的几个监测人员来采集样本。检验时一般都只需要取一些叶片和根茎，用量不大。收集完样本后，工作人员就要向张某支付采购样品的钱。张某说自己第一年经营蔬菜种植，没遇到过这种事，而且现在当季的蔬菜都挺便宜的，就推辞不要钱了。监测人员说那可不行，采购样品也不能牺牲农户的利益，还是依法办事的好。那么，监测人员来蔬菜基地采集样本需要支付费用吗？

依法解析

食品安全风险监测是从源头对食品安全的监督把控，能够及时为样本的提供者反馈有效数据，为调整种植方案提供有力指引，对保障食品安全有着重要作用。而食品监测工作的主要载体就是所采集的实时样本，即便样本提供者也是监测工作的受益者之一，样本采集也不能是无偿的。我国《食品安全法》第十五条第二款明确规定，监测人员在食用农产品种植场所采集样品的，应当按照市场价格支付费用。因此，案例中的监测人员确实应该支付采购样品的费用，张某作为样本蔬菜的提供者，需要全力配合食品安全风险监测工作，并收取合理的价款。

条文依据

《中华人民共和国食品安全法》

第十五条 承担食品安全风险监测工作的技术机构应当根据食品安全风险监测计划和监测方案开展监测工作，保证监测数据真实、准确，并按照食品安全风险监测计划和监测方案的要求报送监测数据和分析结果。

食品安全风险监测工作人员有权进入相关食用农产品种植养殖、食品生产经营场所采集样品、收集相关数据。采集样品应当按照市场价格支付费用。

118. 将病死的猪自行屠宰后在市场上售卖，会受到怎样的处罚？

典型案例

某地早市是附近居民的主要菜肉采购集市，蒋某长期进购猪肉在此售卖。一天，蒋某自家养的一头猪精神不好，遂联系养猪能手给看了看，说是得病了。蒋某一听，心想，自己家里不敢吃这种肉，倒不如趁着猪病得不重，偷偷把它屠杀了，再把猪肉拿到集市上低价卖了。等到蒋某在摊位售卖病猪肉时，赶上了监管部门例行抽查。那么，蒋某会受到怎样的处罚？

依法解析

在我国，猪肉的供应量是各种肉类中最多的，受众也十分广泛，严格监管生猪屠宰经销，是让人民群众吃上“放心肉”的关键一环，而病死猪肉是严禁生产经营的。根据我国《生猪屠宰管理条例》第二条的规定，生猪屠宰实行国家定点屠宰、集中检疫的制度，个人屠宰只能供自己食用。同时，根据《食品安全法》第一百二十三条的规定，对于经营病死、毒死或者死因不明的禽、畜、兽、水产动物肉类，或者生产经营其制品的，会被没收违法所得和违法生产经营的食品，并可以没收用于违法生产经营的工具、设备、原料等物品；违法生产经营的食品货值金额不足一万元的，并处十万元以上十五万元以下罚款；货值金额一万元以上的，并处货值金额十五倍以上三十倍以下罚款；情节严重的，吊销许可证，并可以由公安机关对其直接负责的主管人员和其他直接责任人员处五日以上十五日以下拘留；如果构成犯罪，还将被追究刑事责任。

在上面的案例中，蒋某自己屠宰生猪用于销售，就已经违背法律规定了，更何况屠宰销售的还是病猪猪肉。这对食用者的健康构成极大威胁，是极其不负责任的表现。由于蒋某属于摊贩，政府相关主管部门可以依据本省的规定对蒋某作出处罚。

保证生猪产品质量安全是每一个生猪养殖经营者的义务，如果在经营过程中发现生猪染疫、病死，应当立即停止屠宰，并报告主管部门，对生猪产品进行无害化处理，防止其流入市场。

条文依据

《中华人民共和国食品安全法》

第一百二十三条 违反本法规定，有下列情形之一，尚不构成犯罪的，由县级以上人民政府食品安全监督管理部门没收违法所得和违法生产经营的食品，并可以没收用于违法生产经营的工具、设备、原料等物品；违法生产经营的食品货值金额不足一万元的，并处十万元以上十五万元以下罚款；货值金额一万元以上的，并处货值金额十五倍以上三十倍以下罚款；情节严重的，吊销许可证，并可以由公安机关对其直接负责的主管人员和其他直接责任人员处五日以上十五日以下拘留：

……

（三）经营病死、毒死或者死因不明的禽、畜、兽、水产动物肉类，或者生产经营其制品；

……

第一百二十七条 对食品生产加工小作坊、食品摊贩等的违法行为的处罚，依照省、自治区、直辖市制定的具体管理办法执行。

《生猪屠宰管理条例》

第二条 国家实行生猪定点屠宰、集中检疫制度。

除农村地区个人自宰自食的不实行定点屠宰外，任何单位和个人未经定点不得从事生猪屠宰活动。

在边远和交通不便的农村地区，可以设置仅限于向本地市场供应生猪产品的小型生猪屠宰场点，具体管理办法由省、自治区、直辖市制定。

119. 可以将自家制作的山楂糕在网上售卖吗？

典型案例

秋天一到，小孙家的后山就结满了红山楂，以前还发愁果子多了卖不出去，现在小孙看准了互联网售卖方式，也注册了某直播平台的账号，就站在山楂树下推广这土生土长的山楂。山楂本就有降血脂、促消化的作用，不用过多宣传小孙家就收到了不少订单。小孙的父亲看到订单这么多，就提出可以制作山楂糕，利润要比直接卖山楂高很多。这个办法可谓锦上添花，主打自制山楂糕的直播间里观众越来越多，销量非常可观。几个月下来，小孙家的山楂和山楂糕就小有名气了，同时，他们的产品也受到了监管部门的关注。最终，因为没有食品安全许可证他们的直播被平台禁播了。那么，将自家制作的山楂糕在网上售卖，需要食品安全许可证吗？如果售卖山楂，是否也要经过许可呢？

依法解析

我国对食品的生产经营实行许可制度。一般情况下，食品的生产和销售都需要申请行政许可，但食用农产品比较特殊。食用农产品的范围很广，树上采摘的苹果、地里种的茄子、江里打捞上来的鱼都属于食用农产品，由于这些食品都是种植、养殖等原始的农业作业模式产出的植物、动物产品，没有经过其他工序改变其自然的性状、化学性质构成，因此可以特殊对待。我国《食品安全法》第三十五条规定，从事食品生产、食品销售，应当依法取得许可，但销售食用农产品的不需要取得许可。所以，在上面的案例中，小孙一开始售卖山楂是不需要取得许可的，但后来他家制作的山楂糕已经改变了山楂的天然属性，也会有添加剂等化学成分，依法应当取得许可才能生产、销售。

小孙一家未取得食品生产经营许可的售卖行为，依据《食品安全法》第一百二十二条的规定，会被政府食品安全监督管理部门处以罚款，没收违法收入、全部山楂糕产品及制作山楂糕的相关物品的行政处罚。当然，如果小孙家属于加工小作坊式的生产模式，对其处罚可依据省内规定处理。

小孙接受处罚后，可以通过申领许可正规经营或以制作工艺作价入股等多种合法方式，将其自制的美食继续经营、改善升级，逐步推向全国消费者。

条文依据

《中华人民共和国食品安全法》

第三十五条 国家对食品生产经营实行许可制度。从事食品生产、食品销售、餐饮服务，应当依法取得许可。但是，销售食用农产品和仅销售预包装食品的，不需要取得许可。仅销售预包装食品的，应当报所在地县级以上地方人民政府食品安全监督管理部门备案。

……

第一百二十二条 违反本法规定，未取得食品生产经营许可从事食品生产经营活动，或者未取得食品添加剂生产许可从事食品添加剂生产活动的，由县级以上人民政府食品安全监督管理部门没收违法所得和违法生产经营的食品、食品添加剂以及用于违法生产经营的工具、设备、原料等物品；违法生产经营的食品、食品添加剂货值金额不足一万元的，并处五万元以上十万元以下罚款；货值金额一万元以上的，并处货值金额十倍以上二十倍以下罚款。

……

第一百二十七条 对食品生产加工小作坊、食品摊贩等的违法行为的处罚，依照省、自治区、直辖市制定的具体管理办法执行。

120. 广告词中称售卖的杂粮速食粥可以“预防糖尿病”，这合法吗？

典型案例

安某特别喜欢吃一些高油高热量的食物，久而久之，他感到身体不适，于是前往医院检查。医生告诉安某，他的血压、血糖和血脂都已经超标了，需要改变饮食习惯，多吃粗粮和蔬菜。回家以后，安某想在网上购买一些杂粮速食粥当早餐。在浏览网页时，安某看到一则广告词中宣称售卖的杂粮速食粥可以降低血糖，预防糖尿病，便购买了该款速食粥。食用一段时间后，安某并没有感受到广告宣称的效果，便找商家要说法。但商家表示，这只是一种宣传手段，实际效果因人而异。请问，该杂粮速食粥的广告词是否合法？

依法解析

根据我国《食品安全法》第七十三条第一款的规定，商家在给所销售的食品打广告时，要秉持谨慎的态度，保证广告内容的真实性、合法性。同时，商家不能在广告中夸大所出售食品的功能，不能宣称所出售的食品可以预防和治疗疾病。商家如果违反此项规定，根据《广告法》第十七条和第五十八条的规定，应当由市场监督管理部门依法对其进行处罚。

在上面的案例中，杂粮速食粥的广告中有“可以降低血糖，预防糖尿病”等表述，此内容涉及预防和治疗疾病，依法不能出现在食品广告中。对于此类广告，安某作为消费者，可以拨打消费者服务热线进行反映。此外，还可以向市场监督管理部门举报，让该商家承担法律责任。

条文依据

《中华人民共和国食品安全法》

第七十三条　食品广告的内容应当真实合法，不得含有虚假内容，不得涉及疾病预防、治疗功能。食品生产经营者对食品广告内容的真实性、合法性负责。

……

《中华人民共和国广告法》

第十七条 除医疗、药品、医疗器械广告外，禁止其他任何广告涉及疾病治疗功能，并不得使用医疗用语或者易使推销的商品与药品、医疗器械相混淆的用语。

第五十八条 有下列行为之一的，由市场监督管理部门责令停止发布广告，责令广告主在相应范围内消除影响，处广告费用一倍以上三倍以下的罚款，广告费用无法计算或者明显偏低的，处十万元以上二十万元以下的罚款；情节严重的，处广告费用三倍以上五倍以下的罚款，广告费用无法计算或者明显偏低的，处二十万元以上一百万元以下的罚款，可以吊销营业执照，并由广告审查机关撤销广告审查批准文件、一年内不受理其广告审查申请：

……

（二）违反本法第十七条规定，在广告中涉及疾病治疗功能，以及使用医疗用语或者易使推销的商品与药品、医疗器械相混淆的用语的；

……

121. 商家开网店出售食品，平台有义务对食品安全进行审核吗？

典型案例

一天，姜某看到一网页在给一款网红零食打广告，看了之后很感兴趣，便按照广告提供的链接到某网络购物平台上的一家网店购买了该款零食。收到零食以后，姜某第一时间与家人分享。没想到，当天晚上，姜某一家人都出现了或轻或重的肠胃炎症状。此时，姜某才发现购买的零食是“三无产品”。气愤的姜某找到网店要说法，却发现网店已经关闭了。于是，姜某又联系该网络购物平台，但平台表示出售不合格食品是商家个人行为，与平台无关。请问，网络购物平台是否有义务对出售的食品安全问题进行审核？

依法解析

根据我国《食品安全法》第六十二条的规定，提供网络食品交易的平台方应当承担食品安全管理义务。此义务主要体现在以下三个方面：第一，应当对入网食品经营者进行实名登记；第二，审查依法应当取得许可证的经营者是否具有许可证以及许可证是否符合标准；第三，及时制止并报告经营者的违法行为，如果违法行为严重，还应当停止对其提供服务。如果平台方没有尽到这些管理义务的，就需要根据《食品安全法》第一百三十一条的规定，接受县级以上人民政府食品安全监督管理部门的处罚。

在上面的案例中，姜某在网络购物平台买到了“三无”零食。该零食能够成功出售，说明平台并没有对食品安全问题进行审核，没有尽到应尽的安全管理义务。此时，姜某在能够证明家人出现肠胃炎症状与食用该食品有关系的情况下，除直接要求商家承担责任外，还可以要求网络购物平台进行赔偿。此外，姜某还可以举报该平台以及商家，由市场监督管理部门对其进行处罚。

条文依据

《中华人民共和国食品安全法》

第六十二条 网络食品交易第三方平台提供者应当对入网食品经营者进行实名登记，明确其食品安全管理责任；依法应当取得许可证的，还应当审查其许可证。

网络食品交易第三方平台提供者发现入网食品经营者有违反本

法规定行为的，应当及时制止并立即报告所在地县级人民政府食品安全监督管理部门；发现严重违法行为的，应当立即停止提供网络交易平台服务。

第一百三十一条 违反本法规定，网络食品交易第三方平台提供者未对入网食品经营者进行实名登记、审查许可证，或者未履行报告、停止提供网络交易平台服务等义务的，由县级以上人民政府食品安全监督管理部门责令改正，没收违法所得，并处五万元以上二十万元以下罚款；造成严重后果的，责令停业，直至由原发证部门吊销许可证；使消费者的合法权益受到损害的，应当与食品经营者承担连带责任。

消费者通过网络食品交易第三方平台购买食品，其合法权益受到损害的，可以向入网食品经营者或者食品生产者要求赔偿。网络食品交易第三方平台提供者不能提供入网食品经营者的真实名称、地址和有效联系方式的，由网络食品交易第三方平台提供者赔偿。网络食品交易第三方平台提供者赔偿后，有权向入网食品经营者或者食品生产者追偿。网络食品交易第三方平台提供者作出更有利于消费者承诺的，应当履行其承诺。

122. 食用农产品销售者未建立进货查验记录制度，会受到怎样的处罚?

典型案例

刘某夫妇原本是在村里搞大棚蔬菜种植的，由于种植劳作中多为下蹲和弯腰的动作，年深日久，二人的腰疼得越来越厉害，于是他们就把大棚流转了出去，开了个小型超市。超市里除了经营日用品外，也会卖些蔬菜、鸡蛋、水果。一次，在市场监督管理部门的例行检查中，刘某被要求提供进货记录以备查看，刘某说因为供应蔬菜的基本都是附近的菜农，大家都比较熟了，也就没登记。那么，食用农产品销售者未建立进货查验记录制度，会受到怎样的处罚？

依法解析

进货查验记录便于监管机关倒查食品来源，保障食品安全。我国《食品安全法》第六十五条规定，食用农产品销售者应当建立食用农产品进货查验记录制度，如实记录食用农产品的名称、数量、进货日期以及供货者名称、地址、联系方式等内容。在上面的案例中，刘某经营的超市没有对蔬菜的进货情况进行记录，根据《食品安全法》第一百二十六条第四款的规定，县级以上人民政府食品安全监督管理部门会责令其改正，给予警告；如果刘某拒不改正，将会被处五千元以上五万元以下罚款；情节严重的，会被责令停产停业，直至吊销超市的经营许可证。所以，从事与食品相关的行业，一定要谨慎，尤其是服务人群很广的超市，售卖经营的行为一定要符合法律规定。

条文依据

《中华人民共和国食品安全法》

第六十五条 食用农产品销售者应当建立食用农产品进货查验记录制度，如实记录食用农产品的名称、数量、进货日期以及供货者名称、地址、联系方式等内容，并保存相关凭证。记录和凭证保存期限不得少于六个月。

第一百二十六条 违反本法规定，有下列情形之一的，由县级以上人民政府食品安全监督管理部门责令改正，给予警告；拒不改正的，处五千元以上五万元以下罚款；情节严重的，责令停产停业，直至吊销许可证：

……

食用农产品销售者违反本法第六十五条规定的，由县级以上人民政府食品安全监督管理部门依照第一款规定给予处罚。

123. 销售各类食用农产品，包装都应符合怎样的标准？

典型案例

小李是一家大型超市的部门经理，在一次旅游时，发现了一家有机蔬菜种植中心。经过深入了解，小李觉得这是个不错的商机，于是决定采购这个种植中心的有机蔬菜在自己的超市中进行销售。为了凸显有机菜的珍贵，并且加强有机菜的识别度，小李还让大家给货架上的有机蔬菜包上了保鲜膜，让顾客一到蔬菜采购区就能立刻看到。上架几天后，超市内部的监察部门就对有机蔬菜的包装问题提出了质疑，要求小李先下架产品，待包装合格后再上架销售。那么，食用农产品在包装方面应符合怎样的标准？

依法解析

食用农产品是天然形成的初级农产品，但由于其涵盖范围太广，对于不同类型的食用农产品包装要求也不尽相同。食用农产品中很多都不要求必须包装，只有《食用农产品市场销售质量安全监督管理办法》第三十三条中规定的无公害农产品、绿色食品、有机农产品等认证的食用农产品以及省级以上农业行政部门规定必须包装的食用农产品，才必须进行包装。在上面的案例中，小李销售的是有机农产品，属于必须包装的范围，小李就应当依法包装，并在包装上标注相应标志和发证机构。

同时，小李销售的有机蔬菜作为包装类食用农产品，还应当遵守《食用农产品市场销售质量安全监督管理办法》第三十二条的规定，标注农产品名称、产地、生产者、生产日期等基本内容；另外，小李的新鲜蔬菜包装中没有添加剂等成分，且蔬菜的质量可以通过消费者的观感去判断，那么，保质期、贮藏条件和添加剂等不属于必须载明的内容。

条文依据

《食用农产品市场销售质量安全监督管理办法》

第三十二条 销售按照规定应当包装或者附加标签的食用农产品，在包装或者附加标签后方可销售。包装或者标签上应当按照规定标注食用农产品名称、产地、生产者、生产日期等内容；对保质期有要求的，应当标注保质期；保质期与贮藏条件有关的，应当予以标明；有分级标准或者使用食品添加剂的，应当标明产品质量等级或者食品添加剂名称。

食用农产品标签所用文字应当使用规范的中文，标注的内容应当清楚、明显，不得含有虚假、错误或者其他误导性内容。

第三十三条 销售获得无公害农产品、绿色食品、有机农产品等认证的食用农产品以及省级以上农业行政部门规定的其他需要包装销售的食用农产品应当包装，并标注相应标志和发证机构，鲜活畜、禽、水产品等除外。

124. 消费者因食品安全受到人身损害而起诉，哪些法院有管辖权？

典型案例

谭某一家人开车经过高速服务区时，从超市购买了某品牌的烧鸡。全家吃完后，均出现不同程度的上吐下泻，经入院诊疗，确定为轻微食物中毒。谭某立即联系了超市的负责人，要求其赔偿全部的医疗费。超市负责人表示他们只是售卖，真正引起谭某等人食物中毒的责任人是烧鸡供应商，让谭某找烧鸡供应商索要赔偿。经多次推诿后，谭某决定拿起法律武器保护自己和家人，他写好了起诉书，但是不知道这个事该让哪家法院解决。那么，消费者因食品安全受到人身损害而起诉，哪些法院有管辖权？

依法解析

食品安全大于天，谁敢在食品安全上越红线，就要受到法律的严厉制裁。我国《食品安全法》第一百四十七条明确规定，因食品安全问题造成消费者人身损害的，生产者、经营者均应依法承担赔偿责任。为了避免多个赔偿主体互相推诿，该法第一百四十八条还规定，接到消费者赔偿要求的责任主体，应当实行首负责任制，案例中谭某最先向超市提出了索赔，超市就应该先承担赔偿责任，然后再向供应商行使追偿权挽回自己的损失。

此类案件属于侵权责任纠纷，依据《民事诉讼法》第二十九条的规定，由侵权行为地或者被告住所地人民法院管辖。具体到本案中，以下几地人民法院均有管辖权：一是侵权行为地人民法院，即超市所在的县区人民法院有管辖权；二是侵权结果的发生地人民法院，即如果谭某一家到家后出现食物中毒症状，则谭某家所在地县区人民法院有管辖权；三是被告住所地，如果以超市为被告，则管辖法院为超市注册地县区人民法院，如果以烧鸡供应商为被告，那么烧鸡供应商的注册地所属的县区法院也有管辖权。谭某如果起诉的话，可以选择一个被告，也可以选择两个被告。

条文依据

《中华人民共和国食品安全法》

第一百四十七条 违反本法规定，造成人身、财产或者其他损害的，依法承担赔偿责任。生产经营者财产不足以同时承担民事赔偿责任和缴纳罚款、罚金时，先承担民事赔偿责任。

第一百四十八条 消费者因不符合食品安全标准的食品受到损害的，可以向经营者要求赔偿损失，也可以向生产者要求赔偿损失。接到消费者赔偿要求的生产经营者，应当实行首负责任制，先行赔付，不得推诿；属于生产者责任的，经营者赔偿后有权向生产者追偿；属于经营者责任的，生产者赔偿后有权向经营者追偿。

……

《中华人民共和国民事诉讼法》

第二十九条 因侵权行为提起的诉讼，由侵权行为地或者被告住所地人民法院管辖。

125. 因食品安全问题受到人身损害的，可以要求哪些赔偿？

典型案例

枸杞大户周某为了加快发货速度，在晾晒过程中加了二氧化硫，大大缩短了枸杞的晾晒时间，而且加入二氧化硫后枸杞的颜色格外鲜艳，可以说是卖相十足。老王是周某枸杞的忠实消费者，用枸杞泡水喝已经一年多了。不料，老王有一次抓了一大把干枸杞吃，不久就肚子疼，直冒冷汗，就医后大夫说老王的肾部有些病变。老王把自己发病前吃的枸杞交给大夫，又找了检测机构检测，最终确定老王因食用大量二氧化硫超标的枸杞而出现了肾损伤。出院后，老王将周某起诉到了法院，要求周某赔偿各种损失。那么，因食品安全问题受到人身损害的，可以要求哪些赔偿？

依法解析

周某在枸杞中加入过量二氧化硫，属于生产不符合食品安全标准食品的违法行为。对于此，我国《食品安全法》第一百四十八条第二款明确规定，消费者除要求赔偿损失外，还可以索要已支付价款十倍或者损失三倍的赔偿金，具体可以选择赔偿金额较高的方式索赔。也就是说，老王不仅可以索要损失赔偿，还可以索要“已支付价款十倍或者损失三倍的”惩罚性赔偿金。

那么，赔偿损失具体指的是哪些损失呢？根据《民法典》第一千一百七十九条、第一千一百八十三条的规定，遭受人身损害的受害者，可以索赔医疗费、误工费、护理费、交通费、营养费、住院伙食补助费、康复费，达到伤残等级的还可以索要残疾赔偿金，如造成受害者精神受损严重的，还可以索要精神损害赔偿。就案例中的情况而言，老王没有出现精神损害赔偿的侵权事实，在参加伤残评定后，可以依法索要医疗费、护理费、交通费、康复费、残疾赔偿金等损失，如果老王有工作，存在误工的，还可以要求赔偿误工费。

条文依据

《中华人民共和国食品安全法》

第一百四十八条 ……

生产不符合食品安全标准的食品或者经营明知是不符合食品安全标准的食品，消费者除要求赔偿损失外，还可以向生产者或者经营者要求支付价款十倍或者损失三倍的赔偿金；增加赔偿的金额不足一千元的，为一千元。但是，食品的标签、说明书存在不影响食品安全且不会对消费者造成误导的瑕疵的除外。

《中华人民共和国民法典》

第一千一百七十九条 侵害他人造成人身损害的，应当赔偿医疗费、护理费、交通费、营养费、住院伙食补助费等为治疗和康复支出的合理费用，以及因误工减少的收入。造成残疾的，还应当赔偿辅助器具费和残疾赔偿金；造成死亡的，还应当赔偿丧葬费和死亡赔偿金。

第一千一百八十三条 侵害自然人人身权益造成严重精神损害的，被侵权人有权请求精神损害赔偿。

因故意或者重大过失侵害自然人具有人身意义的特定物造成严重精神损害的，被侵权人有权请求精神损害赔偿。

126. 编造、散布虚假药品安全信息会受到怎样的处罚?

典型案例

张某年龄大了以后患上高血压疾病，血压高时头晕得只能在床上躺着，后来服用了一种新型降压药，药效很好，就是比一般的降压药物要贵很多。张某就想如果跟别人说新型降压药不好，这样大家都不买了，药卖不出去，肯定要降价的。于是她就在村里到处跟别人说新型降压药吃死了人，还把这些话发到了几个微信大群里。有的村民特意从网上查了药品的安全信息，根本就没有任何部门公布过有人服用新型降压药致死的事。张某说自己不懂什么是药品安全信息，反正这药就是副作用大，有人吃了这药就死了。那么，什么是药品安全信息？如果编造、散布虚假药品安全信息会受到怎样的处罚？

依法解析

药品安全信息包括产品资料和公共评估报告中的法定信息等内容。其中，产品资料就是药品的生产缺陷、错误用药、副作用和其余不确定风险对人体健康造成危害的相关信息；公共评估报告中的法定信息包括药物的质量评估内容、因服用药物产生的风险警示内容及因服用药物造成的重大安全事件等内容。根据《药品管理法》第一百零七条的规定，我国实行药品安全信息统一公布制度，即对于药品安全情况、风险警示信息、安全事件及调查处理信息由相关部门统一公布，上述信息是国家对药品安全的总体监督、把控，任何单位和个人不得编造、散布虚假药品安全信息。如果违反上述法律规定，编造、散布虚假药品安全信息，那么根据《药品管理法》第一百四十三条的规定，编造、散布虚假药品安全信息如果造成危害社会秩序后果，违反治安管理规定，将由公安机关依法给予治安管理处罚。

本案中，张某编造服用新型降压药致人死亡的虚假药物安全事件，还四处散播，企图达到让药品降价的目的，该行为已经违反了法律规定，如果张某的行为扰乱了社会秩序，如造成新型降压药的使用者大范围的恐慌或是影响了该药物在当地销售的市场秩序，将面临公安机关的治安管理处罚。

条文依据

《中华人民共和国药品管理法》

第一百零七条 国家实行药品安全信息统一公布制度。国家药品安全总体情况、药品安全风险警示信息、重大药品安全事件及其调查处理信息和国务院确定需要统一公布的其他信息由国务院药品监督管理部门统一公布。药品安全风险警示信息和重大药品安全事件及其调查处理信息的影响限于特定区域的，也可以由有关省、自治区、直辖市人民政府药品监督管理部门公布。未经授权不得发布上述信息。

公布药品安全信息，应当及时、准确、全面，并进行必要的说明，避免误导。

任何单位和个人不得编造、散布虚假药品安全信息。

第一百四十三条 违反本法规定，编造、散布虚假药品安全信息，构成违反治安管理行为的，由公安机关依法给予治安管理处罚。

127. 在村里开药店应具备怎样的条件?

典型案例

朱某居住的村庄比较偏远，买东西都要去20公里以外的镇上。这天朱某的孩子发烧近40度，家里的储备药物已经用完了，要是去镇上买药，来回需要两个小时。朱某非常着急，就想着跟别人找点退烧药，先让孩子退烧了再去镇上看病。朱某在村里好不容易才找到孩子用的退烧药，赶紧给孩子用上。这事之后，朱某就琢磨着在村里开个药店，这样既解决了本村和附近村民购药难的问题，还能赚钱。那么，想在村里开药店需要具备怎样的条件呢?

依法解析

随着国家对医疗健康行业的日益重视，以及普通群众健康意识的加强，零售型药店持续发展，创造了前所未有的广阔市场，很多人都想投资经营零售型药店。但是开药店并不是随随便便的，需要具备很多条件。我国《药品管理法》第五十一条第一款规定了从事药品零售行业需要具备的具体条件：从事药品零售活动必须到县级以上的食品药品监管局进行审批，取得药品经营许可证。该条第三款还规定，一定要遵循方便群众购药的原则，比如开店的位置对于附近群众来说是方便到达、容易找到的。《药品管理法》第五十二条规定了一些硬件设施及人员配备情况，首先，要有依法经过资格认定的药师或者其他药学技术人员。药品零售与小超市的零售是不一样的，需要一定的专业知识，在村民购药时可以帮助其选择、推荐合适的药品。其次，要有营业场所、设备、仓储设施和卫生环境，营业场所的经营面积也有一定要求，有的市县规定的是 20 平方米；设备、仓储设施包括柜台、冰箱（用于放置对温度有要求的药品）、收银台、电脑等。再次，要有与所经营药品相适应的质量管理机构或者人员。质量管理工作人员包括药品购销业务人员和质量管理及相关人员，如药品采购员、营业员；质量管理员、药品验收员、养护员、保管员等，质量管理工作人员要有一定的从业资格，包括文化程度、技术职称、继续教育情况和从业经历等。最后，要有保证药品质量的规章制度，并符合国务院药品监督管理部门依据药品管理法制定的药品经营质量管理规范要求。除上述要求之外，还必须到当地市场监督管理部门办理营业执照。

本案中，朱某要想在村里开一个小药店，要经县食品药品监管局进行审批合格后取得药品经营许可证，要有相关的工作人员以及硬件设施等，还要办理营业执照等相关手续。

条文依据

《中华人民共和国药品管理法》

第五十一条 从事药品批发活动，应当经所在地省、自治区、直辖市人民政府药品监督管理部门批准，取得药品经营许可证。从事药品零售活动，应当经所在地县级以上地方人民政府药品监督管理部门批准，取得药品经营许可证。无药品经营许可证的，不得经营药品。

药品经营许可证应当标明有效期和经营范围，到期重新审查发证。

药品监督管理部门实施药品经营许可，除依据本法第五十二条规定的条件外，还应当遵循方便群众购药的原则。

第五十二条 从事药品经营活动应当具备以下条件：

（一）有依法经过资格认定的药师或者其他药学技术人员；

（二）有与所经营药品相适应的营业场所、设备、仓储设施和卫生环境；

（三）有与所经营药品相适应的质量管理机构或者人员；

（四）有保证药品质量的规章制度，并符合国务院药品监督管理部门依据本法制定的药品经营质量管理规范要求。

128. 出售假劣药会受到怎样的处罚？

典型案例

某村药店低价进购了一批临期药物，想以促销活动形式销售出去，既为药店增加客流，自己也能盈利，但药物还未销完部分药物就已经过了有效期。药店的经营者顾某统计了过期药物数量、金额，如果销毁肯定损失不少钱，就想着村民来买药从来不看生产日期，这药过了期，顶多就是药效小一些，肯定不会出大问题。于是将药物放到货架上，摆到同类产品的最前边。但是，顾某的妻子却不同意他的做法，说他是卖假药、劣药。顾某觉得药仅仅是过了期，也是正规厂家出厂的药品，不能算假药、劣药。那么，什么是假药、劣药呢？出售假劣药会受到怎样的处罚呢？

依法解析

我国《药品管理法》第九十八条第二款规定了假药的范围，包括四种：（1）药品所含成份与国家药品标准规定的成份不符。药品成分直接决定该种药品本身的有效性、安全性，国家药品标准中载明的药品成份，是经过药理、毒理等临床和非临床的反复试验后确定下来的，如果药品所含成份与国家药品标准规定的成份不符，那么势必不能保证药物的安全性和有效性。（2）以非药品冒充药品或者以他种药品冒充此种药品。非药品本身就不是药品，自然属于假药行列；不同药品的功能、用量、疗效、禁忌都不相同，针对的病症也不同，那么此药冒充彼药必然也是假药。（3）变质的药品已经失去了原有的作用，甚至还会对人体有害，因此是假药。（4）药品所标明的适应症或者功能主治超出规定范围。药品对应的病症是固定的，如果夸大药物治疗的适应症，被夸大的部分是没有任何治疗作用的，这种必然称为假药。

我国《药品管理法》第九十八条第三款规定了七种药物属于劣药：（1）药品成份的含量不符合国家药品标准。劣药的成份符合国家药品标准，只是成份的含量不符合标准，这是劣药与假药的区别所在。（2）被污染的药品。（3）未标明或者更改有效期的药品。（4）未注明或者更改产品批号的药品。（5）超过有效期的药品。（6）擅自添加防腐剂、辅料的药品。（7）其他不符合药品标准的药品。这些药品可能会改变药品理化性质和药效，影响药品质量，故被认定为劣药。

如果生产、销售假劣药造成的危害非常大，惩罚也是很严厉的，根据《药品管理法》第一百一十六条、第一百一十七条、第一百一十八条规定，生产、销售假劣药会受到行政处罚，轻则责令整顿、吊销药品批准证明文件、罚款，重则责令停产停业整顿直至吊销药品批准证明文件、药品生产许可证、药品经营许可证或者医疗机构制剂许可证，甚至终身禁止从事药品生产经营活动等处罚。更有甚者，根据《刑法》第一百四十一条、第一百四十二条规定构成生产、销售、提供假药罪和生产、销售、提供劣药罪，会被依法追究刑事责任。

根据上述法律规定，过期药品属于劣药。本案中，如果顾某进行销售，一经发现必然会受到责令整顿、罚款等处罚，如果销售数量多、造成不良后果，有可能被吊销相关证照，甚至构成生产、销售、提供劣药罪被刑事处罚。

条文依据

《中华人民共和国药品管理法》

第九十八条 禁止生产（包括配制，下同）、销售、使用假药、劣药。

有下列情形之一的，为假药：

（一）药品所含成份与国家药品标准规定的成份不符；

（二）以非药品冒充药品或者以他种药品冒充此种药品；

（三）变质的药品；

（四）药品所标明的适应症或者功能主治超出规定范围。

有下列情形之一的，为劣药：

（一）药品成份的含量不符合国家药品标准；

（二）被污染的药品；

（三）未标明或者更改有效期的药品；

（四）未注明或者更改产品批号的药品；

（五）超过有效期的药品；

（六）擅自添加防腐剂、辅料的药品；

（七）其他不符合药品标准的药品。

禁止未取得药品批准证明文件生产、进口药品；禁止使用未按照规定审评、审批的原料药、包装材料和容器生产药品。

第一百一十六条 生产、销售假药的，没收违法生产、销售的药品和违法所得，责令停产停业整顿，吊销药品批准证明文件，并处违法生产、销售的药品货值金额十五倍以上三十倍以下的罚款；货值金额不足十万元的，按十万元计算；情节严重的，吊销药品生产许可证、药品经营许可证或者医疗机构制剂许可证，十年内不受理其相应申请；药品上市许可持有人为境外企业的，十年内禁止其药品进口。

第一百一十七条 生产、销售劣药的，没收违法生产、销售的药品和违法所得，并处违法生产、销售的药品货值金额十倍以上二十倍以下的罚款；违法生产、批发的药品货值金额不足十万元的，按十万元计算，违法零售的药品货值金额不足一万元的，按一万元计算；情节严重的，责令停产停业整顿直至吊销药品批准证明文件、药品生产许可证、药品经营许可证或者医疗机构制剂许可证。

生产、销售的中药饮片不符合药品标准，尚不影响安全性、有效性的，责令限期改正，给予警告；可以处十万元以上五十万元以下的罚款。

第一百一十八条 生产、销售假药，或者生产、销售劣药且情节严重的，对法定代表人、主要负责人、直接负责的主管人员和其他责任人员，没收违法行为发生期间自本单位所获收入，并处所获收入百分之三十以上三倍以下的罚款，终身禁止从事药品生产经营活动，并可以由公安机关处五日以上十五日以下的拘留。

对生产者专门用于生产假药、劣药的原料、辅料、包装材料、生产设备予以没收。

《中华人民共和国刑法》

第一百四十一条 生产、销售假药的，处三年以下有期徒刑或者拘役，并处罚金；对人体健康造成严重危害或者有其他严重情节的，处三年以上十年以下有期徒刑，并处罚金；致人死亡或者有其他特别严重情节的，处十年以上有期徒刑、无期徒刑或者死刑，并处罚金或者没收财产。

药品使用单位的人员明知是假药而提供给他人使用的，依照前款的规定处罚。

第一百四十二条 生产、销售劣药，对人体健康造成严重危害的，处三年以上十年以下有期徒刑，并处罚金；后果特别严重的，处十年以上有期徒刑或者无期徒刑，并处罚金或者没收财产。

药品使用单位的人员明知是劣药而提供给他人使用的，依照前款的规定处罚。

六、安全生产

129. 使用淘汰的设备作业，可能要承担怎样的法律后果？

典型案例

甲煤矿某矿井内的变压器损坏了，煤矿领导张某安排人员进行抢修，但想尽办法也无济于事，技术人员反馈的意见是需要更换新设备。张某眼看生产任务紧急，更换新的干式变压器不但耽误时间，还是一笔不小的开支。这时，他突然想到库房还有一套淘汰下来的油浸变压器等相关设备，于是决定先用淘汰的油浸变压器。那么，使用淘汰的设备作业，可能要承担怎样的法律后果呢？

依法解析

我国《安全生产法》第三十八条第三款规定，生产经营单位不得使用应当淘汰的危及生产安全的工艺、设备。工艺、设备与安全生产息息相关，凡是淘汰下来的落后的、不符合安全生产要求的工艺、设备，都极有可能导致生产安全事故发生，也严重威胁作业工人人身及财产安全。为加快淘汰落后的安全技术装备，提升企业安全生产保障水平，增强防范和遏制重特大事故能力，国家安全监管总局公布了淘汰落后安全技术装备目录，凡是在该名录中的设备都不允许再使用。

我国《安全生产法》第九十九条第七项规定了使用淘汰设备的

法律责任，即责令限期改正，处五万元以下的罚款；逾期未改正的，处五万元以上二十万元以下的罚款，对其直接负责的主管人员和其他直接责任人员处一万元以上二万元以下的罚款；情节严重的，责令停产停业整顿；构成犯罪的，依照刑法有关规定追究刑事责任。也就是说，使用淘汰的设备作业，不但违反法律规定，还需要承担一定的法律责任，既可能影响企业发展，也可能使自己遭受牢狱之灾。

本案中，甲煤矿打算使用煤矿井下油浸变压器等油浸电气设备，该设备在淘汰落后安全技术装备目录中，不能再用于生产。如果张某执意将该设备用于煤矿井下作业，就会面临责令改正、罚款、停业整顿的惩罚，如果造成安全事故还会按重大责任事故罪、重大劳动安全事故罪等罪名追究刑事责任。

条文依据

《中华人民共和国安全生产法》

第三十八条　国家对严重危及生产安全的工艺、设备实行淘汰制度，具体目录由国务院应急管理部门会同国务院有关部门制定并公布。法律、行政法规对目录的制定另有规定的，适用其规定。

省、自治区、直辖市人民政府可以根据本地区实际情况制定并公布具体目录，对前款规定以外的危及生产安全的工艺、设备予以淘汰。

生产经营单位不得使用应当淘汰的危及生产安全的工艺、设备。

第九十九条　生产经营单位有下列行为之一的，责令限期改正，处五万元以下的罚款；逾期未改正的，处五万元以上二十万元以下的罚款，对其直接负责的主管人员和其他直接责任人员处一万元以上二万元以下的罚款；情节严重的，责令停产停业整顿；构成犯罪的，依照刑法有关规定追究刑事责任：

……

（七）使用应当淘汰的危及生产安全的工艺、设备的；

……

130. 遇到危及人身安全情况撤离作业场所，企业能扣发工人工资吗？

典型案例

某面粉厂车间内机器设备正在运转，张某等七名员工也在有条不紊地工作。突然，面粉设备发生异常，造成面粉喷撒，张某连忙用对讲机呼叫机器设备故障，对讲机中回复立即关闭机器设备，但不到两分钟的时间面粉已经充满了整个车间，张某等人根本看不清设备位置，只能向车间门口方向撤离。当所有员工都从车间跑出来时，面粉厂器械技师也赶到了现场，大家迅速排险，万幸的是处理得当，车间并未发生爆炸，但机器设备严重损坏，维修花费了不少钱。面粉厂负责人因为张某等人私自撤离厂房，决定扣除他们当月工资用于赔偿损失。那么，作业时发生危险，工人擅自撤离，企业能否扣除工资用作赔偿？

依法解析

我国《安全生产法》第五十五条规定，从业人员发现直接危及人身安全的紧急情况时，有权停止作业或者在采取可能的应急措施后撤离作业场所。生产经营单位不得因从业人员在前款紧急情况下停止作业或者采取紧急撤离措施而降低其工资、福利等待遇或者解除与其订立的劳动合同。在生产作业过程中，存在各种各样的突发状况，有的甚至危及作业人员的人身安全，我国以立法形式赋予了作业人员的紧急撤离权，目的是保护从业人员的人身安全。

该权利行使的前提条件必须是发现直接危及人身安全的紧急情况，也就是说，作业人员如果不撤离会对其生命安全和健康造成直接的威胁，只有在这种情况下，作业人员才有权行使紧急撤离权，生产经营单位不得因此对员工进行处分。

本案中，张某等人在车间工作时遇到面粉喷撒至整个车间的情况，这种情况极容易造成爆炸的，为了规避爆炸造成的生命危险，紧急逃离车间是最好的选择，符合上述法律规定的行使紧急撤离权的情形，因此，面粉厂扣发张某等人的工资违反法律规定，张某等人可以向当地劳动监察大队或者人力资源和社会保障局举报。

条文依据

《中华人民共和国安全生产法》

第五十五条 从业人员发现直接危及人身安全的紧急情况时，有权停止作业或者在采取可能的应急措施后撤离作业场所。

生产经营单位不得因从业人员在前款紧急情况下停止作业或者采取紧急撤离措施而降低其工资、福利等待遇或者解除与其订立的劳动合同。

131. 劳动防护用品应该由谁来提供？

典型案例

程某在外地的金矿工作，听说离自己老家不远的山上也发现了金矿，甲公司中标进行金矿开采，正对外招聘员工。为了离家近一些，程某到甲公司应聘井下工作人员，因为有工作经验，甲公司很快为程某办理了入职手续。入职培训、体检后，甲公司工作人员通知程某下井工作，并要求其自带口罩、安全帽等劳动防护用品。程某很是不解，自己以前工作的金矿都为员工提供劳动防护用品，甲公司怎么还让员工自己准备呢？那么，劳动防护用品到底应该由谁来提供呢？

依法解析

劳动防护用品主要是指劳动者在生产过程中为免遭或者减轻事故伤害和职业危害所配备的防护装备，是保护职工安全所采取的必不可少的辅助措施。在劳动条件差、危害程度高的工作环境下，劳动防护用品更是保护劳动者的主要措施。我国《安全生产法》第四十五条规定，生产经营单位必须为从业人员提供符合国家标准或者行业标准的劳动防护用品。现实中，有很多企业让员工自己准备劳动防护用品，或者为员工提供的劳动防护用品质量不合格，无法起到防护作用，这都是违反法律规定的行为。

本案中，程某作为金矿井下工作人员，在工作过程中面临很大的风险，最主要的是粉尘危害，极易造成矽肺，因此需要自吸过滤式防尘口罩等劳动防护用品，甲公司作为生产经营单位，应依法为程某等员工提供相应劳动防护用品，而不能让员工自行准备。

条文依据

《中华人民共和国安全生产法》

第四十五条 生产经营单位必须为从业人员提供符合国家标准或者行业标准的劳动防护用品，并监督、教育从业人员按照使用规则佩戴、使用。

132. 合作社引进新设备，员工可以不经培训就操作吗?

典型案例

某村成立了一家农民专业合作社，主要负责水果深加工与销售。为了改进水果深加工设备，合作社引进了新的果脯烘干设备。顾某是合作社里的技术人员，一直盼着赶紧把新机器设备组装上，好看看新设备的优势。这天，设备厂家的技术人员将新设备安装调试完毕，合作社负责人准备安排厂家技术人员为顾某等人培训如何操作机器设备、设备存在危险的地方及安全防范知识。顾某却觉得没必要进行培训，自己是老技术员了，什么机器设备到他手里，看看说明书也就明白了。那么，顾某可以不经培训就直接操作设备吗?

依法解析

我国《安全生产法》第四十四条规定，生产经营单位应当教育和督促从业人员严格执行本单位的安全生产规章制度和安全操作规程。为了对员工进行安全培训，该法第四十七条还要求生产经营单位安排必要的安全生产培训经费。以上规定充分说明，生产经营单位有义务对从业人员进行安全培训。安全操作规程是保证生产经营活动安全进行的重要制度保障，如不对从业人员进行培训、教育，纵容其盲目操作，不仅机器设备面临损坏的风险，员工的人身安全也得不到保障，更有可能造成安全生产事故。

《安全生产法》第五十八条还规定了从业人员应当接受安全生产教育和培训，从业人员上岗前应当掌握本职工作所需的安全生产知识，提高安全生产技能，增强事故预防和应急处理能力。安全教育培训包括安全意识教育、安全知识教育和安全技能教育，其中安全技能教育的主要内容为设备的性能、作用和一般的结构原理；事故的预防和处理及设备的使用、维护和修理。上面的案例中，合作社已经按照法律规定安排设备厂家的技术人员为顾某等人进行安全技能培训，顾某亦有义务积极参与、学习培训的内容，不能不进行培训直接操作机器设备，这既是对自身安全、合作社的财产安全不负责任的体现，也违法了法律的禁止性规定。

条文依据

《中华人民共和国安全生产法》

第四十四条 生产经营单位应当教育和督促从业人员严格执行本单位的安全生产规章制度和安全操作规程；并向从业人员如实告知作业场所和工作岗位存在的危险因素、防范措施以及事故应急措施。

生产经营单位应当关注从业人员的身体、心理状况和行为习惯，加强对从业人员的心理疏导、精神慰藉，严格落实岗位安全生产责任，防范从业人员行为异常导致事故发生。

第四十七条 生产经营单位应当安排用于配备劳动防护用品、进行安全生产培训的经费。

第五十八条 从业人员应当接受安全生产教育和培训，掌握本职工作所需的安全生产知识，提高安全生产技能，增强事故预防和应急处理能力。

133. 矿山发生事故，瞒报、谎报、迟报要负什么责任?

典型案例

甲煤矿企业一号矿坑在作业时发生塌陷，矿井内工作的5名工人被困井下。事故发生后，甲煤矿法定代表人朱某立即安排人员、设备解救，但并没有向当地政府监管部门及当地煤矿安全监察分局报告，也没有通知被困人员家属。朱某组织人员进行了20多个小时的救援，也没有将被困人员解救出来，受困人员家属得到他人告知的消息后赶到现场，并立即向当地政府监管部门反映了问题，监管部门及煤矿安全监察分局迅速派员到达现场组织救援。但因朱某瞒报的行为错过了最佳抢救时机，造成三人重伤的后果。那么，朱某对自己瞒报的行为要承担什么责任?

依法解析

我国《安全生产法》第八十三条规定，生产经营单位在发生事故后要迅速采取有效措施，组织抢救，防止事故扩大，减少人员伤亡和财产损失，并按照国家有关规定立即如实报告当地负有安全生产监督管理职责的部门，不得隐瞒不报、谎报或者迟报，不得故意破坏事故现场、毁灭有关证据。如生产经营单位在事故发生后未按照上述规定及时报告，按照该法第一百一十条的规定，直接负责的主管人员和其他直接责任人员轻则受到处分，重则被追究刑事责任。《刑法》第一百三十九条之一就规定了不报、谎报安全事故罪及其刑罚，如果涉嫌该罪，需要承担相应的刑事责任。

本案中，朱某作为甲煤矿的法定代表人，是事故发生单位的主要负责人，其在事故发生后并未按照法律规定及时向相关部门汇报，而是瞒报自行组织救援，最终并未解救出被困人员，还耽误了救援的最佳时机，导致三人重伤。根据《最高人民法院、最高人民检察院关于办理危害生产安全刑事案件适用法律若干问题的解释》第八条第一项、第二项的规定，朱某的行为已经构成不报、谎报安全事故罪，会被处三年以下有期徒刑或者拘役的刑罚。

条文依据

《中华人民共和国安全生产法》

第八十三条 生产经营单位发生生产安全事故后，事故现场有关人员应当立即报告本单位负责人。

单位负责人接到事故报告后，应当迅速采取有效措施，组织抢救，防止事故扩大，减少人员伤亡和财产损失，并按照国家有关规定立即如实报告当地负有安全生产监督管理职责的部门，不得隐瞒不报、谎报或者迟报，不得故意破坏事故现场、毁灭有关证据。

第一百一十一条 有关地方人民政府、负有安全生产监督管理职责的部门，对生产安全事故隐瞒不报、谎报或者迟报的，对直接负责的主管人员和其他直接责任人员依法给予处分；构成犯罪的，依照刑法有关规定追究刑事责任。

《中华人民共和国刑法》

第一百三十九条之一 在安全事故发生后，负有报告职责的人员不报或者谎报事故情况，贻误事故抢救，情节严重的，处三年以下有期徒刑或者拘役；情节特别严重的，处三年以上七年以下有期徒刑。

《最高人民法院、最高人民检察院关于办理危害生产安全刑事案件适用法律若干问题的解释》

第八条 在安全事故发生后，负有报告职责的人员不报或者谎报事故情况，贻误事故抢救，具有下列情形之一的，应当认定为刑法第一百三十九条之一规定的“情节严重”：

（一）导致事故后果扩大，增加死亡一人以上，或者增加重伤三人以上，或者增加直接经济损失一百万元以上的；

（二）实施下列行为之一，致使不能及时有效开展事故抢救的：

1. 决定不报、迟报、谎报事故情况或者指使、串通有关人员不报、迟报、谎报事故情况的；

2. 在事故抢救期间擅离职守或者逃匿的；

3. 伪造、破坏事故现场，或者转移、藏匿、毁灭遇难人员尸体，或者转移、藏匿受伤人员的；

4. 毁灭、伪造、隐匿与事故有关的图纸、记录、计算机数据等资料以及其他证据的；

（三）其他情节严重的情形。

具有下列情形之一的，应当认定为刑法第一百三十九条之一规定的“情节特别严重”：

（一）导致事故后果扩大，增加死亡三人以上，或者增加重伤十人以上，或者增加直接经济损失五百万元以上的；

（二）采用暴力、胁迫、命令等方式阻止他人报告事故情况，导致事故后果扩大的；

（三）其他情节特别严重的情形。

134. 农家乐如果不安装可燃气体报警装置会受到处罚吗？

典型案例

金某在某景区经营农家乐，规模比较大，可以同时接待上百名游客。最近，当地政府相关部门组织对景区所有饭店、农家乐安装可燃气体报警装置，以提升燃气安全保障能力，避免事故发生。金某与附近几家农家乐业主讨论起此事，表示自己干了这么多年农家乐，从来没出过燃气事故，只要注意燃气的使用，每天做完饭关闭阀门，肯定不会出任何问题，根本没必要安装报警装置。但其他农家乐业主则表示政府组织安装，那肯定是对燃气安全使用有帮助，还是安装上比较放心。那么，金某是否应该安装可燃气体报警装置呢？如果不安装，是否会受到处罚？

依法解析

可燃气体报警装置是指用来检测可燃气体泄漏的设备设施，安装后，在发生燃气等可燃气体泄漏时，报警装置会第一时间发出报警信号并自行切断燃气，从而防止燃气泄漏造成的爆炸、火灾等重大事故的发生，最大限度地保障家庭住户、餐饮经营场所的安全，也保障住户、顾客等的人身安全。

我国《安全生产法》第三十六条第四款明确规定，餐饮等行业的生产经营单位使用燃气的，应当安装可燃气体报警装置，并保障其正常使用。如果生产经营单位不进行安装，该法第九十九条规定了其需承担的法律责任，即限期改正，处五万元以下的罚款；逾期未改正的，处五万元以上二十万元以下的罚款，对其直接负责的主管人员和其他直接责任人员处一万元以上二万元以下的罚款；情节严重的，停产停业整顿；构成犯罪的，依照刑法有关规定追究刑事责任。此外，为保障普通群众家庭用气安全，各地也纷纷要求一般住户家中也应安装可燃气体报警器，这对我们是百利无一害的，所有人都应当积极配合。

本案中，金某作为农家院的经营者，经营餐饮和住宿，而且经营规模较大，承接游客较多，存在的安全隐患更大，应当按照法律规定安装可燃气体报警装置，若不安装，将受到限期责令改正、罚款、停业整顿等处罚，如果没有安装报警器而造成爆炸、火灾的，还会被依法追究刑事责任。

条文依据

《中华人民共和国安全生产法》

第三十六条 ……

餐饮等行业的生产经营单位使用燃气的，应当安装可燃气体报警装置，并保障其正常使用。

第九十九条 生产经营单位有下列行为之一的，责令限期改正，处五万元以下的罚款；逾期未改正的，处五万元以上二十万元以下的罚款，对其直接负责的主管人员和其他直接责任人员处一万元以上二万元以下的罚款；情节严重的，责令停产停业整顿；构成犯罪的，依照刑法有关规定追究刑事责任：

……

（八）餐饮等行业的生产经营单位使用燃气未安装可燃气体报警装置的。

135. 担任安全生产管理人员需要符合什么条件？

典型案例

某村矿产资源丰富，村民朱某非常有远见，承包了一处矿山。矿上的安全生产管理人员李某是朱某高薪聘请回来的专业人才。朱某的儿子小朱大学毕业后进入自家矿山工作，小朱学的是金融管理，对矿山专业业务一窍不通，朱某就安排他跟随李某学习，并嘱咐小朱要尽快熟悉李某的业务。小朱学习了几个月，刚对简单的业务有些了解，对安全生产的具体管理内容还不甚了解，朱某就想解聘李某，让小朱担任安全生产管理人员，顶替李某的职务。那么，担任安全生产管理人员需要符合什么条件呢？小朱可以担任吗？

依法解析

安全生产管理人员是直接、具体承担生产经营单位日常安全生产管理工作的人员，主要负责组织或者参与拟订本单位安全生产规章制度、操作规程和生产安全事故应急救援预案；组织或者参与本单位安全生产教育和培训；督促落实本单位重大危险源的安全管理措施等与生产安全息息相关的工作，鉴于其工作的专业性，法律对于安全生产管理人员有严格的要求。我国《安全生产法》第二十七条规定，安全生产管理人员必须具备与本单位所从事的生产经营活动相应的安全生产知识和管理能力，矿山等特殊行业的安全生产管理人员需要负有安全生产监督管理职责的主管部门对其进行安全生产知识和管理能力考核合格；而且矿山等特殊行业从事安全生产管理工作的人员必须是注册的安全工程师。

本案中，小朱是金融管理专业毕业，没有矿山生产经营的基础，虽然跟随安全生产管理人员李某学习了几个月，但他并不具有矿山安全生产的专业知识和管理知识，也没有经过相关部门考核合格，更没有注册安全工程师证书。因此，小朱并不能担任该矿山安全生产管理人员。

条文依据

《中华人民共和国安全生产法》

第二十七条 生产经营单位的主要负责人和安全生产管理人员必须具备与本单位所从事的生产经营活动相应的安全生产知识和管理能力。

危险物品的生产、经营、储存、装卸单位以及矿山、金属冶炼、建筑施工、运输单位的主要负责人和安全生产管理人员，应当由主管的负有安全生产监督管理职责的部门对其安全生产知识和管理能力考核合格。考核不得收费。

危险物品的生产、储存、装卸单位以及矿山、金属冶炼单位应当有注册安全工程师从事安全生产管理工作。鼓励其他生产经营单位聘用注册安全工程师从事安全生产管理工作。注册安全工程师按专业分类管理，具体办法由国务院人力资源和社会保障部门、国务院应急管理部门会同国务院有关部门制定。

136. 发生安全生产事故后，任何人都有配合抢险的义务吗?

典型案例

甲煤矿的采空区发生坍塌事件，有几名员工被掩埋在地下。甲煤矿、当地政府等相关部门立即组织了救援活动。张某是某村村民，在煤矿上负责开挖掘机，事故发生后，他跑到现场观看救援过程。在救援时，现场急需挖掘机设备，由于张某的挖掘机就在塌陷位置不远的地方，他看到现场指挥人员指着他的挖掘机，并大喊将挖掘机开过去。张某赶紧跑过去，现场指挥人员要他马上驾驶挖掘机配合救援。张某想，自己并不是矿上的员工，只是承揽合同关系，矿上出了安全事故与自己也没有关系，自己没有义务去救援。那么，张某有配合抢险的义务吗?

依法解析

我国《安全生产法》第八十五条第四款规定，任何单位和个人都应当支持、配合事故抢救，并提供一切便利条件。安全事故直接威胁到被困人员的生命安全，需要争分夺秒地实施救援。事故发生后，生产经营单位会自行组织展开救援，政府和安全生产监管部门在接到生产经营单位的上报后也会立即组织抢救，但并不是只有他们才有义务进行救援，有关单位和个人也应该积极支持和配合救援工作。

人的生命高于一切，每个人都应当从保护人民生命财产安全角度来认识安全生产事故救援的重要性，应该对事故抢救积极支持、配合，提供一切可能的便利条件。本案中，张某虽然不是甲煤矿的员工，塌陷与他也没关系，但是根据法律规定，应该积极配合救援工作，为抢救被困人员尽一份力量。

条文依据

《中华人民共和国安全生产法》

第八十五条 有关地方人民政府和负有安全生产监督管理职责的部门的负责人接到生产安全事故报告后，应当按照生产安全事故应急救援预案的要求立即赶到事故现场，组织事故抢救。

参与事故抢救的部门和单位应当服从统一指挥，加强协同联动，采取有效的应急救援措施，并根据事故救援的需要采取警戒、疏散等措施，防止事故扩大和次生灾害的发生，减少人员伤亡和财产损失。

事故抢救过程中应当采取必要措施，避免或者减少对环境造成的危害。

任何单位和个人都应当支持、配合事故抢救，并提供一切便利条件。

七、社会应急治理

137. 基层组织制定应急预案应依据什么原则?

典型案例

针对洪水、泥石流灾害频发的情况，某县组建了常态化的突发事件应急管理小组，由各单位抽调精干人员，在灾害多发季节负责全县的突发事件应急管理工作。小吴是某村村委会的办事员，负责向县应急管理小组上报本村各种情况。近期，上级下发通知要求各村制定管理制度与应急化预案。要求写明具体的应急原则。那么，突发事件应对工作应依据怎样的原则才能有针对性地开展预防工作，减少事件发生的可能性?

依法解析

根据《突发事件应对法》的规定，突发事件是指突然发生，造成或者可能造成严重社会危害，需要采取应急处置措施予以应对的自然灾害、事故灾难、公共卫生事件和社会安全事件。这一类突发事件的发生往往不可预料，在极短的时间内就有可能引发重大的破坏或者是灾害损失，必须坚持预防为主、预防与应急相结合的原则。确立这一原则的目的在于通过建立风险评估体系，形成有效的风险评估，从而有针对性地开展预防工作，减少事件发生的可能性。同时也应当建立常态化的应急体系，明确各级各部门职责与工作范围，当突发事件来临的时候，能够迅速以最有效的措施进行应对，将危害后果降至最低。

案例中的小吴对于管理制度与应急预案的拟定，应当遵循《突发事件应对法》所确立的基本原则，可以在基本原则的指导下进行细化、优化，尤其可以针对当地管理、事件发生等特点有针对性地突出重点，从而形成高效预防、高效应急的预案，以便更加有效地开展工作。

条文依据

《中华人民共和国突发事件应对法》

第五条 突发事件应对工作实行预防为主、预防与应急相结合的原则。国家建立重大突发事件风险评估体系，对可能发生的突发事件进行综合性评估，减少重大突发事件的发生，最大限度地减轻重大突发事件的影响。

138. 不同区域应对突发事件的职责是如何划分的？

典型案例

某市是全国重要的经济林木产出基地，尤其是该市东北部的三个县，连接分布着数个规模不等的林场，赵某及几个村民在林场负责日常看护。夏末秋初是森林火灾的高发时节，再加上降雨较往年明显不足，某日因雷击引发的山火一直得不到有效控制，甚至几处小的山火已经汇聚到一起，并蔓延到邻县。鉴于这种情况，赵某几人便向林场负责人汇报，负责人随即与县应急管理局联系，县应急管理局迅速采取措施，并向上级部门报告。那么，面对共同的突发事件，各区域的应对工作是如何划分的？

依法解析

突发事件尤其是自然灾害、重大灾难的发生往往是不可预料的，在前期也难以控制。在这样的情况下，灾害随时可能蔓延到其他区域，为了有效地开展事前预防与应急控制，国家法律对于突发事件应对工作依据行政规划进行了区域职责划分。我国《突发事件应对法》第七条规定，县级人民政府对本行政区域内突发事件的应对工作负责；涉及两个以上行政区域的，由有关行政区域共同的上一级人民政府负责，或者由各有关行政区域的上一级人民政府共同负责。

本案中，赵某所在地的县级人民政府负责本县内火灾的控制，但是因为山火已经蔓延到不同的县，所以应当由共同的上一级也就是市级人民政府负责，统一安排部署赵某所在县会同邻县共同扑灭山火。当然，在事件发生后，赵某所在地县级政府应当第一时间采取措施控制事态发展，组织开展应急救援和处置工作，并立即向上一级人民政府报告。

条文依据

《中华人民共和国突发事件应对法》

第七条　县级人民政府对本行政区域内突发事件的应对工作负责；涉及两个以上行政区域的，由有关行政区域共同的上一级人民政府负责，或者由各有关行政区域的上一级人民政府共同负责。

突发事件发生后，发生地县级人民政府应当立即采取措施控制事态发展，组织开展应急救援和处置工作，并立即向上一级人民政府报告，必要时可以越级上报。

突发事件发生地县级人民政府不能消除或者不能有效控制突发事件引起的严重社会危害的，应当及时向上级人民政府报告。上级人民政府应当及时采取措施，统一领导应急处置工作。

法律、行政法规规定由国务院有关部门对突发事件的应对工作负责的，从其规定；地方人民政府应当积极配合并提供必要的支持。

139. 村委会（居委会）在突发事件应急处置方面有怎样的义务？

典型案例

陈某所在的村位于河道下游，虽然每年政府都会组织对河道两侧堤坝进行加固，但是突然而至的暴雨，致使降水突增，随时有决堤的可能。政府应急管理部门进行风险分析后，果断下达了沿岸居民撤往安全区的命令，其中就包含陈某所在的村子。陈某作为村委会的一名工作人员，立即随同村委会其他人员在村支书的指挥下开展撤离工作。那么，突发事件发生地的村委会在应急处置方面有怎样的义务？

依法解析

村委会（居委会）是群众自治性组织，一方面是最贴近人民群众实际生活的组织，另一方面也是政府部门开展工作的基层力量，不但担负着群众日常自主管理的工作，在发生突发事件的情况下，更是需要承担起传达上级精神，组织救助群众的重任。依据我国《突发事件应对法》第五十五条的规定，陈某所在村的村委会面临突发自然灾害时，在接到人民政府发布的命令后，应当按照要求进行宣传动员，组织群众撤离。在事件发生过程中，也应当组织群众开展自救和互救，同时协助有关工作人员维护社会秩序，保障人民群众的生命财产安全。

值得提出的是，《突发事件应对法》第二十九条第二款明确规定，村委会或者居委会在日常生活中，还应当根据所在地人民政府的要求，结合各自的实际情况，积极开展有关突发事件应急知识的宣传普及活动和必要的应急演练，提高人民群众的防范意识与自救能力。

条文依据

《中华人民共和国突发事件应对法》

第二十九条 ……

居民委员会、村民委员会、企业事业单位应当根据所在地人民政府的要求，结合各自的实际情况，开展有关突发事件应急知识的宣传普及活动和必要的应急演练。

……

第五十五条 突发事件发生地的居民委员会、村民委员会和其他组织应当按照当地人民政府的决定、命令，进行宣传动员，组织群众开展自救和互救，协助维护社会秩序。

八、未成年人保护

140. 监护人应当履行的义务有哪些？

典型案例

司法所的工作人员小张负责组织法治宣传工作。小张想到法治宣传一般都比较枯燥，参与的人比较少，于是他打算在某社区开展有奖法律问答的活动，以此来增加宣传活动的趣味性。活动当天，有位老大爷抽中了一道关于监护人对未成年人应履行哪些监护义务的题目，老大爷说让娃娃吃饱喝足就算父母尽到义务了，引得大家哈哈大笑。那么，监护人应当履行的义务有哪些呢？

依法解析

未成年人的监护人一般就是未成年人的父母，在父母死亡或者没有监护能力的情况下才会确定其他主体为监护人，因此，我国法律对监护人应当履行的义务多以规定父母对子女的义务的方式出现。《民法典》第二十六条就规定了父母对未成年子女负有抚养、教育和保护的义务，这也是监护人要对未成年人承担的主要义务，是在保护未成年人成长过程中非常关键的三项义务，其他义务基本都是此三项义务的衍生关联义务，比如《民法典》第三十五条规定的尊重被监护人的真实意愿、保障并协助被监护人实施相应民事法律行为、不干涉被监护人有能力独立处理的事务，这些都是监护人应当对被监护人履行的义务。除此以外，《未成年人保护法》第十六条对父母或者其他监护人应当履行的监护义务进行了更为详细的列举，其中将教育义务细化为安全教育、品德教育等多个方面，可以说监护人的义务非常广泛，涉及被监护人生活、学习的方方面面。案例中的老大爷所说的让孩子吃饱喝足，仅是生活保障方面，是抚养义务的一部分。监护人的义务只有按照上述法律条款全面履行，才能更好地培养出祖国的栋梁之材。

条文依据

《中华人民共和国民法典》

第二十六条 父母对未成年子女负有抚养、教育和保护的义务。

成年子女对父母负有赡养、扶助和保护的义务。

第三十四条 监护人的职责是代理被监护人实施民事法律行为，保护被监护人的人身权利、财产权利以及其他合法权益等。

……

第三十五条 监护人应当按照最有利于被监护人的原则履行监护职责。监护人除为维护被监护人利益外，不得处分被监护人的财产。

未成年人的监护人履行监护职责，在作出与被监护人利益有关的决定时，应当根据被监护人的年龄和智力状况，尊重被监护人的真实意愿。

成年人的监护人履行监护职责，应当最大程度地尊重被监护人的真实意愿，保障并协助被监护人实施与其智力、精神健康状况相适应的民事法律行为。对被监护人有能力独立处理的事务，监护人不得干涉。

《中华人民共和国未成年人保护法》

第十六条 未成年人的父母或者其他监护人应当履行下列监护职责：

（一）为未成年人提供生活、健康、安全等方面的保障；

（二）关注未成年人的生理、心理状况和情感需求；

（三）教育和引导未成年人遵纪守法、勤俭节约，养成良好的思想品德和行为习惯；

（四）对未成年人进行安全教育，提高未成年人的自我保护意识和能力；

（五）尊重未成年人受教育的权利，保障适龄未成年人依法接受并完成义务教育；

（六）保障未成年人休息、娱乐和体育锻炼的时间，引导未成年人进行有益身心健康的活动；

（七）妥善管理和保护未成年人的财产；

（八）依法代理未成年人实施民事法律行为；

（九）预防和制止未成年人的不良行为和违法犯罪行为，并进行合理管教；

（十）其他应当履行的监护职责。

141. 哪些情形会导致监护人的资格被撤销？

典型案例

张某妻子与张某离婚时，选择“净身出户”，将房产和孩子的抚养权都给了张某。张某一开始还能积极接送孩子上学、放学，给孩子做饭。时间久了，张某就没了耐心，尤其是工作遇到不顺心的时候，张某还会酗酒，不但让孩子饿肚子，还撒酒疯，对孩子又打又骂。张某前妻知道后，把孩子接走同自己居住，并打算起诉张某，撤销张某的监护人资格。那么，在什么情况下，监护人的资格应被撤销？

依法解析

确定孩子监护权要按照最有利于被监护人的原则，综合考虑监护人的道德品质、家庭状况、身心健康状况以及与未成年人生活情感上的联系等多方面的情况。同时，监护人的情况又处于不断变化中，如果监护人在取得监护权的时候具备相应条件，但是在履行监护职责时有所改变，致使其达不到最有利于被监护人的标准，就可以进行撤销。我国《民法典》第三十六条明确规定了可以撤销监护人的情形，包括：（一）实施严重损害被监护人身心健康的行为；（二）怠于履行监护职责，或者无法履行监护职责且没有委托给他人，导致被监护人处于危困状态；（三）实施严重侵害被监护人合法权益的其他行为。案例中的张某酗酒打人的行为就属于第一种情况，依法可以撤销其监护资格。

条文依据

《中华人民共和国民法典》

第三十六条 监护人有下列情形之一的，人民法院根据有关个人或者组织的申请，撤销其监护人资格，安排必要的临时监护措施，并按照最有利于被监护人的原则依法指定监护人：

（一）实施严重损害被监护人身心健康的行为；

（二）怠于履行监护职责，或者无法履行监护职责且拒绝将监护职责部分或者全部委托给他人，导致被监护人处于危困状态；

（三）实施严重侵害被监护人合法权益的其他行为。

本条规定的有关个人、组织包括：其他依法具有监护资格的人，居民委员会、村民委员会、学校、医疗机构、妇女联合会、残疾人联合会、未成年人保护组织、依法设立的老年人组织、民政部门等。

前款规定的个人和民政部门以外的组织未及时向人民法院申请撤销监护人资格的，民政部门应当向人民法院申请。

142. 父母留14岁的哥哥带着不满8岁的妹妹在家，合法吗？

典型案例

杨某和妻子开了一个家装店，以帮住户改水电为主营业务，靠着努力在本地赢得了良好的口碑。邻县一家人听说后，提出委托他们帮忙改一下水电。由于这次的价格比平时高，杨某夫妇算了一下如果快的话两三天就能完成，便决定接下这一单。虽然女儿还有几个月才满8周岁，但正值暑假，14周岁大的儿子可以照顾妹妹，于是杨某夫妇在给兄妹两人留下足够的钱后便出发了。那么，父母偶尔外出打工两三天，让14周岁的哥哥带着不满8周岁的妹妹在家，这合法吗？

依法解析

考虑身心、认知等各方面因素，法律将不满8周岁的未成年人规定为无民事行为能力人，也即该种情况下的未成年人是需要完全照护的。考虑到相较于限制行为能力的未成年人（年满8周岁），在照护8周岁以下的未成年人时需要更高要求的能力，所以我国《未成年人保护法》第二十一条第一款规定，未成年人的父母或者其他监护人不得使未满8周岁或者由于身体、心理原因需要特别照顾的未成年人处于无人看护状态，或者将其交由无民事行为能力、限制民事行为能力、患有严重传染性疾病或者其他不适宜的人员临时照护。本案中，杨某夫妇的小女儿未满8周岁，因此不能将其交由刚14周岁、还属于限制民事行为能力人的儿子照护。如果确实需要外出，杨某夫妇可以请值得信赖的亲戚或者朋友临时进行照护。另外，需要注意的是，在判定法律规定的情形时，对于未成年人的年龄应当依据出生证明上所载明的出生日期进行计算。

条文依据

《中华人民共和国未成年人保护法》

第二十一条 未成年人的父母或者其他监护人不得使未满八周岁或者由于身体、心理原因需要特别照顾的未成年人处于无人看护状态，或者将其交由无民事行为能力、限制民事行为能力、患有严重传染性疾病或者其他不适宜的人员临时照护。

未成年人的父母或者其他监护人不得使未满十六周岁的未成年人脱离监护单独生活。

143. 父母可以让13岁的孩子独自在家生活吗？

典型案例

小赵13岁了，是一名刚上初一的学生。为了增加收入、改善生活，小赵的父母决定去市里的工厂投奔亲戚。考虑到如果吃住都在厂里可以节省一大笔开销，而且孩子已经上初中，完全可以独自照顾自己了，所以一家人经过商量后决定留小赵在家独自生活，父母每个星期给小赵微信转一些生活费。在安排妥当后，小赵的父母便启程了。后来村委会工作人员在了解了相关情况后，立即联系赵某夫妇并安排人员暂时对小赵进行照顾。那么，父母可以留13岁的孩子独自在家生活吗？

依法解析

孩子的成长离不开父母的照护，未成年人在生理与心理上都不够成熟，再加上社会生活经验的缺乏，如果离开了父母单独生活，很容易受到伤害或者误入歧途，因此，我国法律对于上述案例中的情形作出了明确的规定。依据《未成年人保护法》第二十一条第二款的规定，未成年人的父母或者其他监护人不得使未满16周岁的未成年人脱离监护单独生活。这是因为考虑到目前社会生活的实际，未满16周岁的孩子在心智与身体上还不够成熟，不能脱离监护单独生活。案例中的小赵才13周岁，不符合法律规定的能够独自生活的年龄，因此赵某夫妇外出务工将小赵独自留在家生活的做法显然是违反法律规定的。赵某夫妇应当将小赵带在身边进行照护，或者可以委托有资格的看护人代为照护，从而更好地保障小赵健康成长。

条文依据

《中华人民共和国未成年人保护法》

第二十一条 未成年人的父母或者其他监护人不得使未满八周岁或者由于身体、心理原因需要特别照顾的未成年人处于无人看护状态，或者将其交由无民事行为能力、限制民事行为能力、患有严重传染性疾病或者其他不适宜的人员临时照护。

未成年人的父母或者其他监护人不得使未满十六周岁的未成年人脱离监护单独生活。

144. 父母因外出务工而为孩子挑选照护人时应关注哪些法律问题？

典型案例

张某夫妇生活在较为落后贫困的地区，仅依靠几亩山地的收入根本无法维持一家日常生活的开销。看到村里很多人通过外出打工挣钱把家迁出了大山，给下一代创造了良好的生活和教育环境，张某夫妇十分羡慕，于是便决定跟着同村的村民前往深圳打工。但是，考虑到去到陌生的城市打工根本无暇顾及其他，最终张某夫妇决定将孩子留在村里，委托同村的亲戚长辈照顾。那么，父母因外出务工而为孩子挑选照护人时应注意哪些事项呢？

依法解析

因为工作、生活等原因，有的时候父母被迫与孩子分开，但考虑到孩子的生理与心理都处于不稳定的成长时期，所以不管从国家法律规定还是从父母情感意愿上，都要求委托值得信赖的人代为照护，从而保护孩子的健康成长。依据我国《未成年人保护法》第二十二条对于照护人委托的规定，张某夫妇应当委托具有照护能力的完全民事行为能力人代为照顾，在委托时应当综合考虑其道德品质、家庭状况、身心健康状况、与未成年人生活情感上的联系等情况，必要时候，还应当听取孩子的意愿。此外，该条也对照护人资格作出了禁止性规定，即曾实施性侵害、虐待、遗弃、拐卖、暴力伤害等违法犯罪行为；有吸毒、酗酒、赌博等恶习或者曾拒不履行或者长期怠于履行监护、照护职责等情形的人员不得作为照护人。因此，张某夫妇应当考虑一下亲戚长辈中谁更符合上述法律规定的条件，不能随意委托照护，避免给孩子造成不可逆的伤害。

条文依据

《中华人民共和国未成年人保护法》

第二十二条 未成年人的父母或者其他监护人因外出务工等原因在一定期限内不能完全履行监护职责的，应当委托具有照护能力的完全民事行为能力人代为照护；无正当理由的，不得委托他人代为照护。

未成年人的父母或者其他监护人在确定被委托人时，应当综合考虑其道德品质、家庭状况、身心健康状况、与未成年人生活情感上的联系等情况，并听取有表达意愿能力未成年人的意见。

具有下列情形之一的，不得作为被委托人：

（一）曾实施性侵害、虐待、遗弃、拐卖、暴力伤害等违法犯罪行为；

（二）有吸毒、酗酒、赌博等恶习；

（三）曾拒不履行或者长期怠于履行监护、照护职责；

（四）其他不适宜担任被委托人的情形。

145. 外出务工的父母应与孩子做好沟通是法律规定吗?

典型案例

王某所在的地方土地比较贫瘠，很少有人靠种地为生。趁着孩子上了小学，王某夫妇就决定外出去打工，并将孩子委托给了爷爷奶奶照护。王某夫妇虽然每个月都给他们生活费，但很少打电话问问他们的生活情况。爷爷奶奶怕耽误王某夫妇上班，也不敢主动打电话联系他们。“六一”儿童节的时候，老师进行家访，得知孩子的父母都外出务工，就联系王某夫妇，说最好是每周都和孩子沟通一下学习情况，有什么问题及时与学校交流。这也是法律规定父母应尽的义务吗?

依法解析

随着外出务工的人越来越多，留守儿童的生活教育问题也越来越受到重视。我国《未成年人保护法》第二十二条第一款规定，未成年人的父母外出务工的，可以委托他人照护未成年人，但并不意味着父母就可以对孩子不管不问，忽略与孩子的沟通。根据该法第二十三条的规定，监护人应当及时将委托照护情况书面告知未成年人所在学校和村（居）委会，并且保证至少每周与留守的孩子联系和交流一次，了解他们的生活、学习、心理等情况，并给予必要的亲情关爱。案例中的王某夫妇一走了之的做法是不符合法律规定的，他们应该在将孩子委托给爷爷奶奶照护后，及时告知学校和村委会，并经常与家里进行沟通，了解孩子的生活、学习、心理等情况。

条文依据

《中华人民共和国未成年人保护法》

第二十二条 未成年人的父母或者其他监护人因外出务工等原因在一定期限内不能完全履行监护职责的，应当委托具有照护能力的完全民事行为能力人代为照护；无正当理由的，不得委托他人代为照护。

……

第二十三条 未成年人的父母或者其他监护人应当及时将委托照护情况书面告知未成年人所在学校、幼儿园和实际居住地的居民委员会、村民委员会，加强和未成年人所在学校、幼儿园的沟通；与未成年人、被委托人至少每周联系和交流一次，了解未成年人的生活、学习、心理等情况，并给予未成年人亲情关爱。

未成年人的父母或者其他监护人接到被委托人、居民委员会、村民委员会、学校、幼儿园等关于未成年人心理、行为异常的通知后，应当及时采取干预措施。

146. 学校要开除正在上初中的学生，合法吗？

典型案例

小周是一名初中二年级的学生，学习成绩一般。为了能帮助家里多做些农活，小周放学后都是先把作业胡乱做完，然后就急急忙忙地跑去蔬菜大棚，同父母一起拔草、收菜、打捆。时间长了，小周渐渐产生了厌学情绪，并且出现了旷课、迟到的情况。到了期末测试的时候，小周的成绩在全校排名倒数。第二学期开学后，教导处主任找到小周，告知他如果这学期再这样下去，就不能继续上学了。其他几位成绩倒数的同学，同样收到了教导处主任的“警告”。那么，学校开除正在上初中的学生，合法吗？

依法解析

小学、中学都是我国九年义务教育阶段，学生接受义务教育既是权利，也是义务。根据我国《义务教育法》第二十七条、《未成年人保护法》第二十八条第一款、《未成年人学校保护规定》第十二条第一款的规定，无论学生是否有违反校规的行为，义务教育学校都不得开除学生，也不得实施停课、劝退等变相开除行为。因此，在上面的案例中，学校不能采取开除小周的方式来保证学校的教学水平。在小周出现成绩下滑、旷课、迟到等情况时，学校可以进行批评教育，必要的时候还可以与小周的父母取得联系，双方共同努力，帮助小周矫正学习观念，提高学习成绩。

条文依据

《中华人民共和国义务教育法》

第二十七条 对违反学校管理制度的学生，学校应当予以批评教育，不得开除。

《中华人民共和国未成年人保护法》

第二十八条 学校应当保障未成年学生受教育的权利，不得违反国家规定开除、变相开除未成年学生。

学校应当对尚未完成义务教育的辍学未成年学生进行登记并劝返复学；劝返无效的，应当及时向教育行政部门书面报告。

《未成年人学校保护规定》

第十二条 义务教育学校不得开除或者变相开除学生，不得以长期停课、劝退等方式，剥夺学生在校接受并完成义务教育的权利；对转入专门学校的学生，应当保留学籍，原决定机关决定转回的学生，不得拒绝接收。

义务教育学校应当落实学籍管理制度，健全辍学或者休学、长期请假学生的报告备案制度，对辍学学生应当及时进行劝返，劝返无效的，应当报告有关主管部门。

147. 学校在避免学生遭受性侵害、性骚扰方面应当怎样做?

典型案例

小丽是一名刚上初一的学生，因为长得漂亮，学校里总有几个男同学给她送小纸条，并且还时不时地在放学路上骚扰她。小丽父亲得知后很生气，就决定每天接送小丽。农忙时，小丽的父亲实在脱不开身，就请老师帮忙多照看小丽一小时。老师了解缘由后，立即对送纸条的几个学生进行了批评教育。不料，其中一位同学小孙火冒三丈，等到第二天小丽单独走路时，突然强行抱住小丽，还扬言要报复她。所幸，周围的同学帮小丽解了围，小孙也被带到了教导处。那么，在预防和保护学生免遭性侵害、性骚扰方面，学校应该怎么做?

依法解析

学生的主要活动范围就是家庭和学校，所以学校对学生的保护至关重要。根据我国《未成年人保护法》第四十条的规定，学校应当建立预防性侵害、性骚扰未成年人工作制度。制度中既应当包括禁止校内人员对学生实施性侵害、性骚扰的行为，也应当包括校外人员入校对学生实施此类行为；同时，学校应当开展适合其年龄的性教育，提高学生的自我保护意识和能力；此外，一旦校园内发生性侵害、性骚扰事件，学校还应当第一时间对受害人采取保护措施，向公安机关和教育行政部门报告，配合相关部门依法处理。

在上面的案例中，学校教导处除了要对小孙等人进行批评教育外，还应当着重加强对小丽的人身安全保护措施，逐步在学校开展相关的学习教育活动，矫正部分学生的错误认识，避免性侵害、性骚扰恶性事件的发生。

条文依据

《中华人民共和国未成年人保护法》

第四十条 学校、幼儿园应当建立预防性侵害、性骚扰未成年人工作制度。对性侵害、性骚扰未成年人等违法犯罪行为，学校、幼儿园不得隐瞒，应当及时向公安机关、教育行政部门报告，并配合相关部门依法处理。

学校、幼儿园应当对未成年人开展适合其年龄的性教育，提高未成年人防范性侵害、性骚扰的自我保护意识和能力。对遭受性侵害、性骚扰的未成年人，学校、幼儿园应当及时采取相关的保护措施。

148. 中学生能否将手机带入校园？

典型案例

小红9月就该上初中了，由于校区在距离七八公里的镇上，超出了校车的覆盖范围，小红就只能选择住校。为了方便联系，小红的母亲给她买了一部智能手机，并且叮嘱她，如果遇到头疼脑热的情况或者缺生活费了，就及时联系家人。到了去学校报到时，老师却告知小红母亲，学校明确规定不允许学生带手机，要求她把手机拿回家。小红母亲很是不解，就对老师说，有个远房亲戚孩子的学校就允许住校的学生带手机，为啥不同的学校规定不一样？那么，中学生能将手机带入校园吗？

依法解析

根据我国《未成年人保护法》第七十条第一款、《未成年人学校保护规定》第三十三条、《教育部办公厅关于加强中小学生手机管理工作的通知》的规定，原则上，学校是禁止学生带手机入校园的。具体的管理制度由各个学校制定，对于允许学生带手机入校园的，也不能任由学生自己保管使用手机，而是需要由学校统一保管。在上面的案例中，镇里的学校制定了规章制度，不允许学生带手机入校园，小红作为该校的学生，就应该遵守学校的规定。如果家长有不同的看法，可以向学校提出建议。此外，学校也要通过设立校内公共电话等方式，尽量解决学生与家长通话的需求，让家长没有后顾之忧。

条文依据

《中华人民共和国未成年人保护法》

第七十条 学校应当合理使用网络开展教学活动。未经学校允许，未成年学生不得将手机等智能终端产品带入课堂，带入学校的应当统一管理。

……

《未成年人学校保护规定》

第三十三条 学校可以禁止学生携带手机等智能终端产品进入

学校或者在校园内使用；对经允许带入的，应当统一管理，除教学需要外，禁止带入课堂。

《教育部办公厅关于加强中小学生手机管理工作的通知》

各省、自治区、直辖市教育厅（教委），新疆生产建设兵团教育局：

随着手机的日益普及，学生使用手机对学校管理和学生发展带来诸多不利影响。为保护学生视力，让学生在学校专心学习，防止沉迷网络和游戏，促进学生身心健康发展，现就进一步加强中小学生手机管理工作通知如下。

一、有限带入校园。学校应当告知学生和家长，原则上不得将个人手机带入校园。学生确有将手机带入校园需求的，须经学生家长同意、书面提出申请，进校后应将手机交由学校统一保管，禁止带入课堂。

二、细化管理措施。学校应将手机管理纳入学校日常管理，制定具体办法，明确统一保管的场所、方式、责任人，提供必要保管装置。应通过设立校内公共电话、建立班主任沟通热线、探索使用具备通话功能的电子学生证或提供其他家长便捷联系学生的途径等措施，解决学生与家长通话需求。加强课堂教学和作业管理，不得用手机布置作业或要求学生利用手机完成作业。

三、加强教育引导。学校要通过国旗下讲话、班团队会、心理辅导、校规校纪等多种形式加强教育引导，让学生科学理性对待并合理使用手机，提高学生信息素养和自我管理能力，避免简单粗暴管理行为。

四、做好家校沟通。学校要将手机管理的有关要求告知学生家长，讲清过度使用手机的危害性和加强管理的必要性。家长应履行教育职责，加强对孩子使用手机的督促管理，形成家校协同育人合力。

五、强化督导检查。县级教育行政部门要指导学校细化手机管理规定，广泛听取意见建议，及时解决学校手机管理中存在的问题。教育督导部门要将学校手机管理情况纳入日常监督范围，确保有关要求全面落实到位，促进学生健康成长。

149. 面对网络欺凌，应该如何应对？

典型案例

小苏是个初中生，体态有些肥胖，同学们给他起了个外号叫“苏胖子”。一个周末的下午，小苏在村里一边走一边吃火腿肠，引来一条小狗追赶，小苏落荒而逃的样子被同学小刘拍了下来。小刘还用修图软件把小苏的身体修得更胖了，并配上侮辱文字发到某网络平台。这张图片很快就在小苏的同学群里传扬开，很多人在网上嘲笑小苏，让他郁闷极了。小苏父母发现后，将孩子受到欺凌的事情反馈给学校，希望校方予以严肃处理。那么，面对网络欺凌，各方应该如何应对？

依法解析

网络欺凌是信息网络迅速发展的产物，是指通过网络以文字、图片、音视频等形式，对他人实施侮辱、诽谤、威胁或者恶意损害形象的行为。根据我国《未成年人保护法》第七十七条的规定，遭受网络欺凌的未成年人及其父母有权通知网络服务提供者采取删除、屏蔽、断开链接等措施；网络服务提供者接到通知后，应当及时采取必要的措施制止网络欺凌行为，防止信息扩散。对于在学校发生的网络欺凌、线下欺凌行为，《未成年人学校保护规定》第二十三条规定，学校接到关于学生欺凌报告的，应当及时处理，并通知相关学生的家长参与处理，情节严重的还需要及时报告给公安机关、教育行政部门。

在上面的案例中，小苏遭受了网络欺凌，小苏父母除了请求学校处理以外，还可以联系网络平台，要求平台删除这则网络消息。学校也会及时联系小刘的家长，共同参与本次欺凌事件的处理，情节严重的，小苏父母也可以进行报警维权。

条文依据

《中华人民共和国未成年人保护法》

第七十七条 任何组织或者个人不得通过网络以文字、图片、音视频等形式，对未成年人实施侮辱、诽谤、威胁或者恶意损害形象等网络欺凌行为。

遭受网络欺凌的未成年人及其父母或者其他监护人有权通知网络服务提供者采取删除、屏蔽、断开链接等措施。网络服务提供者接到通知后，应当及时采取必要的措施制止网络欺凌行为，防止信息扩散。

《未成年人学校保护规定》

第二十三条 学校接到关于学生欺凌报告的，应当立即开展调查，认为可能构成欺凌的，应当及时提交学生欺凌治理组织认定和处置，并通知相关学生的家长参与欺凌行为的认定和处理。认定构成欺凌的，应当对实施或者参与欺凌行为的学生作出教育惩戒或者纪律处分，并对其家长提出加强管教的要求，必要时，可以由法治副校长、辅导员对学生及其家长进行训导、教育。

对违反治安管理或者涉嫌犯罪等严重欺凌行为，学校不得隐瞒，应当及时向公安机关、教育行政部门报告，并配合相关部门依法处理。

不同学校学生之间发生的学生欺凌事件，应当在主管教育行政部门的指导下建立联合调查机制，进行认定和处理。

150. 媒体过度报道涉及未成年人事件，家长有权要求赔偿吗？

典型案例

2021 年 8 月的一天中午，某初中住宿区发生了一起校园欺凌事件。一名姓沈的男生在洗漱间被多名男同学扒光衣服，其中还有一个高个子同学对其多次施以拳脚。后学校及时制止，态势没有进一步扩大。小沈的父母得知消息后，急忙赶来参与处理此次欺凌事件，并要求校方必须报警。事件持续发酵，引得周围村民都围在校门口看热闹。该地某媒体也闻讯前来对此事进行追踪和深度报道。很多路人看到小沈都会问，他是不是前几天新闻里那个受欺负的学生。这些话让小沈越来越自卑、自闭，使他逐渐患上了抑郁症。小沈的父母将该媒体告上了法庭。那么，对于未成年人受伤害事件，媒体深度报道反而给其带来困扰和二次伤害的，家长可以要求媒体赔偿吗？

依法解析

未成年人作为一个特殊的群体，媒体在报道有关事件时，不宜过分清晰、全面，根据我国《未成年人保护法》第四十九条的规定，新闻媒体采访报道涉及未成年人事件应当客观、审慎和适度，不得侵犯未成年人的名誉、隐私和其他合法权益。这就要求新闻媒体自觉加强未成年人保护方面的工作，比如采取声音作变声处理、面部打马赛克、隐去真实姓名等措施，保护未成年人的隐私。

对于新闻媒体突破尺度和界限，过度披露未成年人信息的，根据《未成年人保护法》第一百二十九条的规定，侵犯未成年人合法权益，造成人身、财产或者其他损害的，依法承担民事责任。因此，在上面的案例中，如果媒体报道不符合审慎、适度的要求，侵犯了小沈的合法权益，小沈的家长可以追究媒体的民事赔偿责任。

条文依据

《中华人民共和国未成年人保护法》

第四十九条 新闻媒体应当加强未成年人保护方面的宣传，对侵犯未成年人合法权益的行为进行舆论监督。新闻媒体采访报道涉及未成年人事件应当客观、审慎和适度，不得侵犯未成年人的名誉、隐私和其他合法权益。

第一百二十九条 违反本法规定，侵犯未成年人合法权益，造成人身、财产或者其他损害的，依法承担民事责任。

违反本法规定，构成违反治安管理行为的，依法给予治安管理处罚；构成犯罪的，依法追究刑事责任。

151. 灾害或者其他突发事件发生时，“先救孩子”有没有法律依据？

典型案例

某地发生了4.7级地震，某小学刚好就在震中地带。该校三年级的班主任吕老师在察觉到地震后，立即组织学生往教学楼外面跑，自己最后离开。而四年级的班主任曹老师却在地震发生时，丢下学生不管，自己径直跑出教室。所幸，这次地震震级较低，只有部分教室墙体出现了轻微裂缝，没有造成人员伤亡。事后，教育局对曹老师不负责任的行为给予了处分。曹老师不服，认为自己虽然有违爱护学生的职业道德，但是地震逃生是人的本性所致，不应该对本能反应进行处分。对此，教育局主管领导指出，地震等灾害发生时，先救孩子，既是道德要求，又是法律规定的责任，吕老师的做法值得表扬，曹老师应当深刻反思。那么，灾害或者其他突发事件发生时，“先救孩子”有没有法律依据？

依法解析

未成年人是祖国的未来，是每个家庭的希望，但由于他们的自我保护能力还存在不足，遇到灾难时的自我逃生经验匮乏，这就需要社会各界给予特殊保护。根据我国《未成年人保护法》第五十六条的规定，未成年人集中活动的公共场所应当符合国家或者行业安全标准，并采取相应安全保护措施。公共场所发生突发事件时，应当优先救护未成年人。据此可知，在小学校园这类未成年人集中活动的公共场所，发生地震等突发事件时，法律已明确规定了要先救未成年人。具体到上面的案例中，曹老师作为在地震发生时与学生共处教室的教职人员，有义务先组织学生们撤离教室，对学生实施救护措施，其应当对自己地震中独自逃跑的表现进行深刻反思。

条文依据

《中华人民共和国未成年人保护法》

第五十六条 未成年人集中活动的公共场所应当符合国家或者行业安全标准，并采取相应安全保护措施。对可能存在安全风险的设施，应当定期进行维护，在显著位置设置安全警示标志并标明适龄范围和注意事项；必要时应当安排专门人员看管。

大型的商场、超市、医院、图书馆、博物馆、科技馆、游乐场、车站、码头、机场、旅游景区景点等场所运营单位应当设置搜寻走失未成年人的安全警报系统。场所运营单位接到求助后，应当立即启动安全警报系统，组织人员进行搜寻并向公安机关报告。

公共场所发生突发事件时，应当优先救护未成年人。

152. 孩子几岁才可以骑自行车、电动车上路?

典型案例

小丁和同村的几个伙伴经常一起玩，这个暑假已经有好几个伙伴学会了骑自行车，小丁就和父母撒娇，要求他们也赶快给自己买辆自行车。小丁的父亲虽然觉得小孩子骑自行车不安全，但是禁不住小丁的软磨硬泡，还是给他买了。小丁 10 周岁了，长得很高，学骑车学得也很快。渐渐地，伙伴们都觉得自己的车技越来越娴熟了，就相约骑车到镇上的游乐场去玩。不料，大家刚骑到镇上，就被交警拦了下来，所有家长也被通知到场参与违规处理。那么，孩子几岁才可以骑自行车、电动车上路呢?

依法解析

根据我国《道路交通安全法实施条例》第七十二条的规定，在道路上驾驶自行车、三轮车必须年满 12 周岁，驾驶电动自行车必须年满 16 周岁。也就是说，并不是车技娴熟就可以上路骑行了，还需要达到法定的年龄。《未成年人保护法》第十八条规定，未成年人的父母应当教育未成年人遵守交通规则。在上面的案例中，孩子们的家长都有义务劝导孩子们遵守交通规则，等年龄满 12 周岁后，才能到道路上骑自行车，避免发生危险。

此外，需要注意的是，因电动车的便捷性，其使用量不亚于自行车，甚至超过了自行车，一些孩子出于好奇，会自己驾驶电动车，而家长往往持放任的态度，这是不对的，只有年满16周岁才可以骑电动车上路。

条文依据

《中华人民共和国道路交通安全法实施条例》

第七十二条 在道路上驾驶自行车、三轮车、电动自行车、残疾人机动轮椅车应当遵守下列规定：

（一）驾驶自行车、三轮车必须年满12周岁；

（二）驾驶电动自行车和残疾人机动轮椅车必须年满16周岁；

……

《中华人民共和国未成年人保护法》

第十八条 未成年人的父母或者其他监护人应当为未成年人提供安全的家庭生活环境，及时排除引发触电、烫伤、跌落等伤害的安全隐患；采取配备儿童安全座椅、教育未成年人遵守交通规则等措施，防止未成年人受到交通事故的伤害；提高户外安全保护意识，避免未成年人发生溺水、动物伤害等事故。

153. 少年在村里的马路上滑滑板引发交通事故，需要承担法律责任吗？

典型案例

韩某给他的儿子小韩买了一辆滑板车，小韩格外喜欢，仅用了半天的时间就在院子里学会了骑滑板车。一天下午，小韩说想要吃雪糕，韩某就带着小韩来到了村口的小卖部，趁着父亲挑选雪糕的时候，小韩就骑着滑板车上了马路。小韩一不留神，就和一辆电动车撞在了一起，小韩和电动车驾驶人都摔倒在地。电动车驾驶人为了躲闪小韩，车被摔得比较严重，小韩只有轻微皮擦伤。电动车驾驶人表示愿意赔偿小韩部分门诊医疗费，但前提是韩某家需要先赔偿电动车的损失。韩某对此协商意见不满，说小孩子骑行滑板车根本不会承担责任，而且孩子也没有钱，拒绝赔偿对方的车辆损失。交警介入调查后，作出了事故责任认定，电动车驾驶人承担本次事故的同等责任。那么，少年在村里的马路上滑滑板引发交通事故，需要承担法律责任吗？

依法解析

根据《未成年人保护法》第十八条的规定，未成年人的父母或者其他监护人应当教育未成年人遵守交通规则，防止未成年人受到交通事故的伤害。同时，我国《道路交通安全法实施条例》第七十四条规定，行人不得在道路上使用滑板、旱冰鞋等滑行工具。因此，韩某应当教导小韩不要在马路上骑行滑板车，遵守交通规则，一旦违反交通规则并发生事故的，就涉及承担法律责任的问题。由于未成年人属于无民事行为能力人或限制民事行为能力人，他们给第三方造成损害的，依据《民法典》第一千一百八十八条的规定，由监护人承担侵权责任，监护人尽到监护职责的，可以减轻其侵权责任。在上面的案例中，电动车驾驶人承担同等责任，而非全部责任，就是因为小韩骑行滑板车上路也是一种违反法律规定的表现，应当由其监护人韩某对电动车损失承担一定的民事赔偿责任。

条文依据

《中华人民共和国道路交通安全法实施条例》

第七十四条 行人不得有下列行为：

（一）在道路上使用滑板、旱冰鞋等滑行工具；

（二）在车行道内坐卧、停留、嬉闹；

（三）追车、抛物击车等妨碍道路交通安全的行为。

《中华人民共和国未成年人保护法》

第十八条 未成年人的父母或者其他监护人应当为未成年人提供安全的家庭生活环境，及时排除引发触电、烫伤、跌落等伤害的安全隐患；采取配备儿童安全座椅、教育未成年人遵守交通规则等措施，防止未成年人受到交通事故的伤害；提高户外安全保护意识，避免未成年人发生溺水、动物伤害等事故。

《中华人民共和国民法典》

第一千一百八十八条 无民事行为能力人、限制民事行为能力人造成他人损害的，由监护人承担侵权责任。监护人尽到监护职责的，可以减轻其侵权责任。

有财产的无民事行为能力人、限制民事行为能力人造成他人损害的，从本人财产中支付赔偿费用；不足部分，由监护人赔偿。

154. 孩子受到监护人侵害，哪些机关有义务帮其维权？

典型案例

小范今年7岁了，父母离婚时，小范的抚养权被判给了父亲，母亲按月支付300元的生活费，小范和父亲生活得还算和谐。到了秋季，小范开始上一年级，由于学习成绩一般，经常惹得父亲生气，尤其是父亲喝醉酒的时候，都会以小范不好好学习为由对他拳打脚踢。小范母亲得知此事后，决定起诉到法院，争取小范的抚养权。庭审时，小范母亲哭诉孩子的遭遇，法官核实后对小范父亲进行了训诫，小范父亲却认为法官无权干预此事。那么，孩子受到监护人侵害，哪些机关有义务帮其维权？

依法解析

对于未成年人遭受监护人侵害的情形，根据《未成年人保护法》第一百一十八条的规定，由其居住地的居民委员会、村民委员会予以劝诫、制止；情节严重的，可以向公安机关报告，由公安机关依法处理；公安机关、人民检察院、人民法院在办理案件过程中发现未成年人的父母有侵害行为的，办案机关可以直接对其进行训诫，并可以责令其接受家庭教育指导。在上面的案例中，人民法院在办案过程中发现小范的父亲存在打骂小范的行为，就对小范父亲进行了训诫，这是符合法律规定的，受诉法院有权利，也有义务帮小范维权。

条文依据

《中华人民共和国未成年人保护法》

第一百一十八条 未成年人的父母或者其他监护人不依法履行监护职责或者侵犯未成年人合法权益的，由其居住地的居民委员会、村民委员会予以劝诫、制止；情节严重的，居民委员会、村民委员会应当及时向公安机关报告。

公安机关接到报告或者公安机关、人民检察院、人民法院在办理案件过程中发现未成年人的父母或者其他监护人存在上述情形的，应当予以训诫，并可以责令其接受家庭教育指导。

155. 证人是未成年人，可以不出庭作证吗?

典型案例

16岁的高中生小何在晚上夜跑时，目睹了一起交通事故，一辆白色轿车将横过马路的行人撞倒后飞快地逃离了现场。两天后，小何在事发路口看到了警方张贴的事故公告，被害人目前仍然在医院抢救，因为事发路段地处偏僻，没有安装监控摄像头，所以面向社会征集线索以及寻找目击证人。在经过反复的思考后，小何还是鼓起勇气在家人的陪伴下走进公安局，向负责民警陈述了他目睹的过程和记下的肇事车牌号。但是基于减少麻烦和怕被报复的顾虑，小何的父母向警察提出小何只能配合做调查笔录，不能出庭作证。那么，证人是未成年人的，可以不出庭作证吗?

依法解析

未成年人也是社会主体的重要组成部分，所以不可避免地会在学习、生活中被卷入各式各样的纠纷中，甚至是刑事案件。但是考虑到未成年人生理、心理上还不成熟，不能如成年人般有效地调节心理和保护自身安全，所以国家法律法规从保护未成年人安全成长的角度出发，对于涉及未成年人作为证人或者是被害人案件的出庭制度作出了特别规定。依据我国《未成年人保护法》第一百一十条第二款及《人民检察院办理未成年人刑事案件的规定》第五十七条第二款的规定，无论是作为公诉方的检察机关还是作为审判方的人民法院，涉及未成年被害人、证人的，一般不出庭作证，必须出庭的，也应当采取保护其隐私的技术手段和心理干预等保护措施。

本案中，作为目击证人的小何是未成年人，在公诉阶段，应当由人民检察院和人民法院评估出庭的必要性，如果不是必须出庭，则可以不出庭；如果经过评估小何确有必要出庭的，也应当对其采取相应的保护措施，防止小何因出庭作证而受到心理或者是身体上的伤害。

条文依据

《中华人民共和国未成年人保护法》

第一百一十条 ……

人民法院开庭审理涉及未成年人案件，未成年被害人、证人一般不出庭作证；必须出庭的，应当采取保护其隐私的技术手段和心理干预等保护措施。

《人民检察院办理未成年人刑事案件的规定》

第五十七条 ……

公诉人一般不提请未成年证人、被害人出庭作证。确有必要出庭作证的，应当建议人民法院采取相应的保护措施。

九、消费者权益保护

156.“特价商品，离柜概不负责”，商家这样的规定有法律效力吗？

典型案例

武某到一家正在打折的鞋店购物，看到一双很漂亮的高跟皮鞋，试了试大小很合适。服务人员向她介绍，鞋子是牛皮材质，才199元，因为断码所以特价处理。武某觉得这双鞋真是物美价廉，当即付款。服务员在收据上注明了“特价商品，离柜概不负责”。次日，武某就穿上新鞋去赶集，走了一会儿就发现鞋跟有一个小凸起，表面上看不出来，但是走起路就会感觉不舒服。下午，武某赶到鞋店协商，但服务员以收据已注明“特价商品，离柜概不负责”为由拒绝为武某提供“三包”服务。那么，商家这样的规定有法律效力吗?

依法解析

“特价销售”是商家常用的一种价格促销手段，很多商家也会明确告知消费者，特价商品与正价商品不同，不能享受“三包”服务。但我国《消费者权益保护法》第二十三条第一款规定，经营者应当保证在正常使用商品或者接受服务的情况下其提供的商品或者服务应当具有的质量、性能、用途和有效期限；但消费者在购买该商品或者接受该服务前已经知道其存在瑕疵，且存在该瑕疵不违反法律强制性规定的除外。也就是说，不仅是正价商品，对于特价、打折等促销活动售出的商品，销售者也应该依法承担“三包”责任，除非经营者在出售不存在违反法律规定的瑕疵商品前，就已明确告知消费者商品存在瑕疵的具体情况，只有这种情况商家才不承担责任。

商品打折是一种促销手段，商家不能以打折商品不退不换等条件损害消费者权益，这是一种典型的排除或者限制消费者权利、对消费者不公平的告示。《消费者权益保护法》第二十六条第二款规定，经营者不得以格式条款、通知、声明、店堂告示等方式，作出排除或者限制消费者权利、减轻或者免除经营者责任、加重消费者责任等对消费者不公平、不合理的规定，不得利用格式条款并借助技术手段强制交易。经营者的这种“特价商品，离柜概不负责”的声明就是免除自己“三包”责任的规定，是没有法律效力的。

本案中，武某在鞋店购买的虽然是特价鞋，商家告知了“特价商品，离柜概不负责”，但是这种条款是无效的，因此商家不得以此为由拒绝为武某提供“三包”服务。

条文依据

《中华人民共和国消费者权益保护法》

第二十三条 经营者应当保证在正常使用商品或者接受服务的情况下其提供的商品或者服务应当具有的质量、性能、用途和有效期限；但消费者在购买该商品或者接受该服务前已经知道其存在瑕疵，且存在该瑕疵不违反法律强制性规定的除外。

……

第二十六条 经营者在经营活动中使用格式条款的，应当以显著方式提请消费者注意商品或者服务的数量和质量、价款或者费用、履行期限和方式、安全注意事项和风险警示、售后服务、民事责任等与消费者有重大利害关系的内容，并按照消费者的要求予以说明。

经营者不得以格式条款、通知、声明、店堂告示等方式，作出排除或者限制消费者权利、减轻或者免除经营者责任、加重消费者责任等对消费者不公平、不合理的规定，不得利用格式条款并借助技术手段强制交易。

格式条款、通知、声明、店堂告示等含有前款所列内容的，其内容无效。

157. “买一赠一”赠送的商品有问题，商家也需要负责吗？

典型案例

陈某想换一台洗衣机，就趁着周日到镇上的商场逛逛。正巧，他去的时候商场在进行店庆活动，家电买一赠一，凡2000元以上的家电可以赠送电烤箱。陈某觉得这个活动挺实惠的，花一件的钱得两台家电。他兴冲冲地订购了一台滚筒洗衣机，并得到了一台电烤箱。等了几天，陈某使用电烤箱，结果刚用了半个小时就坏了。陈某犯了愁，这个电烤箱本来就是赠品，又没花钱，如果找商家更换，商家能负责吗？

依法解析

经营者为了吸引更多的消费者前来购买商品，经常会举行“买一赠一”的活动。商场“买一赠一”的“赠”是有前提的，即是以消费者付款购买商品为前提的，是一种附义务的赠与。根据《民法典》第六百六十二条的规定，附义务的赠与，赠与的财产有瑕疵的，赠与人在附义务的限度内承担与出卖人相同的责任。而且《零售商促销行为管理办法》第十二条亦规定，零售商开展促销活动，不得降低促销商品（包括有奖销售的奖品、赠品）的质量和售后服务水平，不得将质量不合格的物品作为奖品、赠品。因此，对于赠与的商品，经营者应当提供质量合格的产品，也应当承担卖家销售责任，即《消费者权益保护法》第二十四条的退货、更换、修理的义务。本案中，商场应赠给陈某质量合格的电烤箱，亦应对电烤箱提供“三包”服务，陈某可以找商家要求提供退换货或是维修服务。

条文依据

《中华人民共和国民法典》

第六百六十二条 赠与的财产有瑕疵的，赠与人不承担责任。附义务的赠与，赠与的财产有瑕疵的，赠与人在附义务的限度内承担与出卖人相同的责任。

赠与人故意不告知瑕疵或者保证无瑕疵，造成受赠人损失的，应当承担赔偿责任。

《中华人民共和国消费者权益保护法》

第二十四条 经营者提供的商品或者服务不符合质量要求的，消费者可以依照国家规定、当事人约定退货，或者要求经营者履行更换、修理等义务。没有国家规定和当事人约定的，消费者可以自收到商品之日起七日内退货；七日后符合法定解除合同条件的，消费者可以及时退货，不符合法定解除合同条件的，可以要求经营者履行更换、修理等义务。

依照前款规定进行退货、更换、修理的，经营者应当承担运输等必要费用。

《零售商促销行为管理办法》

第十二条 零售商开展促销活动，不得降低促销商品（包括有奖销售的奖品、赠品）的质量和售后服务水平，不得将质量不合格的物品作为奖品、赠品。

158. 商家的“最终解释权”能任由商家来随便解释吗?

典型案例

王某到镇上逛街，看到路边有家电动车专卖店正在举行开业活动，门口围了不少顾客。王某走到前面看到门口的展板上写着“超值五重送活动”，包含五项赠品服务，在展板最下方还写着“本次活动的最终解释权归专卖店所有”。王某看到不少顾客在咨询电动车和赠送的活动，还有好多顾客议论说，这活动看着很优惠，但是也写了“本次活动的最终解释权归专卖店所有”，最后还不是人家专卖店想怎么说就怎么说。那么，商家的“最终解释权”是可以随意解释的吗?

依法解析

“保留最终解释权”或是“解释权归本店所有”是在商家推出的商品广告、店堂告示、优惠券、赠券中经常看到的内容。若发生了争议，商家就以此为理由要求消费者遵循商家的解释。“最终解释权”是商家“霸王条款”最生动的体现，也反映了商家与消费者之间地位上不平等。“最终解释权”是经营者为自己加的一个保底的条款，就是想在日后发生争议时，作出对己方有利的解释。我国《消费者权益保护法》第二十六条第二款规定，经营者不得以格式条款、通知、声明、店堂告示等方式，作出排除或者限制消费者权利、减轻或者免除经营者责任、加重消费者责任等对消费者不公平、不合理的规定；《零售商促销行为管理办法》第六条规定，不得以保留最终解释权为由，损害消费者的合法权益。“保留最终解释权”属于减轻或免除经营者责任的“霸王条款”，严格来讲，此条款是无效的。

在本案中，电动车专卖店应将所有的活动向消费者进行明示，而对于宣传展板上的“本次活动的最终解释权归专卖店所有”的声明本身不具有法律效力，并不能起到经营者想如何解释就如何解释的效果。

条文依据

《中华人民共和国消费者权益保护法》

第二十六条 经营者在经营活动中使用格式条款的，应当以显著方式提请消费者注意商品或者服务的数量和质量、价款或者费用、履行期限和方式、安全注意事项和风险警示、售后服务、民事责任等与消费者有重大利害关系的内容，并按照消费者的要求予以说明。

经营者不得以格式条款、通知、声明、店堂告示等方式，作出排除或者限制消费者权利、减轻或者免除经营者责任、加重消费者责任等对消费者不公平、不合理的规定，不得利用格式条款并借助技术手段强制交易。

格式条款、通知、声明、店堂告示等含有前款所列内容的，其内容无效。

《零售商促销行为管理办法》

第六条 零售商促销活动的广告和其他宣传，其内容应当真实、合法、清晰、易懂，不得使用含糊、易引起误解的语言、文字、图片或影像。不得以保留最终解释权为由，损害消费者的合法权益。

159. 在酒店预订的婚宴酒席因疫情被迫取消，所交的定金该如何处理？

典型案例

何某和吕某马上就要步入婚姻殿堂，经过两家人商量，决定在5月1日举办结婚庆典。何某作为男方，马上开始着手安排婚礼的各项事宜。由于“五一”办结婚庆典的人很多，何某向当地村镇最大的甲饭店提出预订婚宴，并交了2000元定金。3月底，正当何某兴冲冲准备婚礼事宜时，新冠肺炎疫情在当地暴发，政府决定采取封控措施。何吕两家决定延期举办婚礼，先让新人领证，等疫情稳定后再办酒席。于是，何某立即给甲饭店打电话取消预订的婚宴。那么，何某交的2000元定金应该怎样处理呢？

依法解析

我国《民法典》第五百八十七条规定了定金的一般处理方式，即交付定金后，双方均按照约定履行义务的，定金可以抵作价款也可以收回。如果给付定金的一方不履行约定的义务或是履行的不符合约定的，致使不能实现合同目的的，无权请求返还定金；如果收受定金的一方不履行约定的义务或是履行不符合约定的，致使不能实现合同目的的，应当双倍返还定金。

本案中，暴发新冠肺炎疫情是当事人难以预见的，政府采取了“封村”“封城”等多种封控措施，这也是当事人事先无法预见、不能避免和不能克服的，从法律来讲属于不可抗力。我国《民法典》第一百八十条规定，因不可抗力不能履行民事义务的，不承担民事责任。不可抗力是指不能预见、不能避免并不能克服的客观情况。不可抗力的来源很多，包括地震、泥石流等自然灾害，也包括战争、军事行动和政府行为等。在合同履行过程中发生不可抗力的，就不再按照《民法典》第五百八十七条规定处理定金。何某虽是主动取消婚宴预订的一方，但解除的原因是疫情暴发这一不可抗力的事由，而且何某提前一个月通知了甲饭店，也避免了甲饭店订购食材等损失的扩大，因此何某可以要求甲饭店全额退还2000元定金。

条文依据

《中华人民共和国民法典》

第一百八十条 因不可抗力不能履行民事义务的，不承担民事责任。法律另有规定的，依照其规定。

不可抗力是不能预见、不能避免且不能克服的客观情况。

第五百八十六条 当事人可以约定一方向对方给付定金作为债权的担保。定金合同自实际交付定金时成立。

定金的数额由当事人约定；但是，不得超过主合同标的额的百分之二十，超过部分不产生定金的效力。实际交付的定金数额多于或者少于约定数额的，视为变更约定的定金数额。

第五百八十七条 债务人履行债务的，定金应当抵作价款或者收回。给付定金的一方不履行债务或者履行债务不符合约定，致使不能实现合同目的的，无权请求返还定金；收受定金的一方不履行债务或者履行债务不符合约定，致使不能实现合同目的的，应当双倍返还定金。

160. 在饭店吃饭时财物被盗，可以要求饭店老板赔偿吗?

典型案例

邹某和丈夫带着女儿到饭店庆祝生日。三人到饭店后，选择了离门不远的餐桌就餐。邹某坐在过道边，将随身背的包挂在座椅外侧，然后就和家人一起点菜了。就餐时，邹某感觉有人从自己旁边挤过去了，抬头正看见附近一个漂亮的女服务员看着她这边欲言又止，邹某看了周围没有异样就没在意。等邹某吃完饭结账时，发现自己的包不见了。这时那个漂亮女服务员过来说她的包被一个年轻小伙子偷走了，但这时小偷早已逃之夭夭了。那么，邹某在饭店就餐时财物被盗，能要求饭店老板赔偿吗?

依法解析

我国《消费者权益保护法》第七条第一款规定，消费者在购买、使用商品和接受服务时享有人身、财产安全不受损害的权利。第十八条第一款规定，经营者对可能危及人身、财产安全的商品和服务，应当向消费者作出真实的说明和明确的警示，并说明和标明正确使用商品或者接受服务的方法以及防止危害发生的方法。第四十八条第二款规定，经营者对消费者未尽到安全保障义务，造成消费者损害的，应当承担侵权责任。很多经营者都认为饭店属于公共场所，没有防盗的责任。但根据上述法律规定，饭店经营者应对消费者尽到安全保障义务，对于消费者有可能遭受到的盗窃等危及财产安全的行为进行明确警示，而且采取预防的方法，比如有的饭店会有背椅套，在顾客将包、衣服放到椅背上后，用背椅套将所有物品套住，有的饭店则将椅子作为储物盒，掀开椅子盖就可以放包、衣服等物品。

在本案中，邹某就餐的饭店没有为防止盗窃采取任何措施，特别是该店的服务员在看到邹某财物被盗后也没有采取挽救措施，因此，饭店应对邹某财物被盗承担一定的赔偿责任。而邹某在就餐时，明知饭店人员多、杂，也应该对自己的财物尽到照看、保管的义务，她却随意地将包挂在椅子外侧，增加了被盗的风险。因此邹某自身也应承担一定的责任。

条文依据

《中华人民共和国消费者权益保护法》

第七条 消费者在购买、使用商品和接受服务时享有人身、财产安全不受损害的权利。

消费者有权要求经营者提供的商品和服务，符合保障人身、财产安全的要求。

第十八条 经营者应当保证其提供的商品或者服务符合保障人身、财产安全的要求。对可能危及人身、财产安全的商品和服务，应当向消费者作出真实的说明和明确的警示，并说明和标明正确使用商品或者接受服务的方法以及防止危害发生的方法。

宾馆、商场、餐馆、银行、机场、车站、港口、影剧院等经营场所的经营者，应当对消费者尽到安全保障义务。

第四十八条 ……

经营者对消费者未尽到安全保障义务，造成消费者损害的，应当承担侵权责任。

161. 在网上购物没有收到货，卖家因显示“快递已签收”不予退款或补发，合法吗？

典型案例

刘女士从某网上购物平台购买了一件女装，下单后就在等快递员送货上门。但等了三四天还是没有消息通知到货，刘女士查看了物流信息，显示第二天可送达。刘女士兴冲冲地等着试新衣服，哪知直到第二天晚上，既没有收到快递电话也未收到快递代收点的信息提示。此时，刘女士再查看物流信息发现货物已经签收，但她并未收到任何衣服。刘女士立即联系卖家，并将物流信息的截图发送过去。但卖家却回复因物流信息显示“快递已签收”，所以不能退款，也不能补发。那么，卖家这样的答复合法吗？

依法解析

我国《民法典》第六百零四条规定，标的物毁损、灭失的风险，在标的物交付之前由出卖人承担，交付之后由买受人承担。交付是指由出卖人将标的物交给买受人占有，也就是说，在商品或货物交给买家前损毁、灭失的，由卖家承担责任。消费者通过网络交易平台购买商品，按照交易习惯以消费者收到商品视为卖家将商品交付给消费者，那么在交付给消费者之前商品丢失的责任由卖家承担。在网购后，消费者未收到物品但是物流信息却显示签收的，卖家一般都会推卸责任，要求消费者去与物流公司协商赔偿，但是消费者是没有权利直接要求物流公司承担责任的。因为根据《民法典》第四百六十五条第二款的规定，依法成立的合同，仅对当事人具有法律约束力，即合同是存在相对性的，只对合同双方产生约束力。也就是说，消费者与卖家为买卖合同关系，而物流公司并非买卖合同的任何一方，因此消费者无权直接要求物流公司赔偿。而卖家与物流公司属于运输合同关系，运输出现问题，卖家可以追究物流公司的责任。

本案中，刘女士通过某网络交易平台购买了女装，与卖家形成买卖合同关系，在未收到商品的情况下显示已被签收，也就意味着商品并未完成交付就遗失了，这个责任应由卖家承担。因此，卖家向刘女士的答复是不合法的，刘女士可以选择平台退款或可以申请客服进行介入解决。

条文依据

《中华人民共和国民法典》

第四百六十五条 依法成立的合同，受法律保护。

依法成立的合同，仅对当事人具有法律约束力，但是法律另有规定的除外。

第六百零四条 标的物毁损、灭失的风险，在标的物交付之前由出卖人承担，交付之后由买受人承担，但是法律另有规定或者当事人另有约定的除外。

162. 没有开封验货就在收货单上签字，商品有质量问题的，卖家还应该负责吗？

典型案例

吴某从镇上商场定了一个空气炸锅，当时商场没有现货了，服务人员说过两天到货后送货上门。过了两天，商场的工作人员给吴某送来了空气炸锅，并让她验一下货，吴某表示不用验了，商场里的货质量肯定差不了，于是直接在收货单上签了字。等工作人员走后，吴某拆开包装，想给儿子炸薯条吃，谁知插上电后，空气炸锅的电源根本就不亮。那么，吴某收到空气炸锅没有验货就在收货单上签了字，现在有了质量问题，卖家还能负责吗？

依法解析

我国《消费者权益保护法》第二十四条规定，经营者提供的商品不符合质量要求的，消费者可以自收到商品之日起七日内要求经营者退货，超过七日但属于法定解除合同情形的，可以退货，不符合解除合同条件的可以要求经营者更换、修理。《部分商品修理更换退货责任规定》第五条第四项规定，产品出售时，销售者应当开箱检验，正确调试，介绍使用维护事项、三包方式及修理单位，提供有效发票和三包凭证。也就是说销售者负有验货义务，应该对售出的商品进行开箱检验，调试商品功能，检查配件是否齐全。在本案中，商场在为吴某配送空气炸锅时没有尽到检验的责任，致使存在质量问题，因此，即便吴某没有验货，也可以依据《消费者权益保护法》第二十四条的规定要求商场承担三包责任。

在此提醒，对于送货到门的商品，务必进行验货，一些商品在运输途中可能会产生碰撞，导致外部受损，比如掉漆、磕碰痕迹等，如不验货，对于外观的损坏、瑕疵就无法证实是送货途中导致的，还是收到货物后因消费者自身原因造成的。虽然法律规定了销售者有义务为消费者验货、检验，但一般送货单上都会有“已对外观进行检查不存在问题”等文字提示，如果不验货直接签字，就会导致销售方主张已验货、已签字，而消费者没有证据证实销售者未主动进行验货、检验、试用等义务，就无法就外观损坏进行维权了。

条文依据

《中华人民共和国消费者权益保护法》

第二十四条 经营者提供的商品或者服务不符合质量要求的，消费者可以依照国家规定、当事人约定退货，或者要求经营者履行更换、修理等义务。没有国家规定和当事人约定的，消费者可以自收到商品之日起七日内退货；七日后符合法定解除合同条件的，消费者可以及时退货，不符合法定解除合同条件的，可以要求经营者履行更换、修理等义务。

依照前款规定进行退货、更换、修理的，经营者应当承担运输等必要费用。

《部分商品修理更换退货责任规定》

第五条 销售者应当履行下列义务：

……

（四）产品出售时，应当开箱检验，正确调试，介绍使用维护事项、三包方式及修理单位，提供有效发票和三包凭证。

……

163. 商家事先说明了"假一赔十"，真买到假货，消费者可以据此主张十倍赔偿吗？

典型案例

赵某去镇上逛街购物，看到一家服装店在搞活动，门口人头攒动非常热闹。赵某走上前去，见服装店门口摆放了很多运动品牌服装，旁边还有一个宣传展板广告，上边写着“出厂价销售，假一赔十”。赵某看到很多人在挑服装，服务人员也在喊“数量有限，售完为止”。赵某怕自己的号码被挑完了买不到合适的衣服，也马上上前买了三件衣服。第二天，赵某带着衣服去运动品牌专卖店确认是否是正品，结果其中一件T恤衫被认定是假的。那么，赵某能就此主张十倍的赔偿吗？

依法解析

我国《消费者权益保护法》第五十五条第一款规定，经营者提供商品或者服务有欺诈行为的，应当按照消费者的要求增加赔偿其受到的损失，增加赔偿的金额为消费者购买商品的价款或者接受服务的费用的三倍；增加赔偿的金额不足五百元的，为五百元。法律另有规定的，依照其规定。同时，《国家工商行政管理总局关于印发〈关于处理侵害消费者权益行为的若干规定〉的通知》第一条规定，经营者为消费者提供服务的，应当按照法律法规的规定、与消费者的约定或者向消费者作出的承诺履行义务。并且，如果经营者与消费者有约定或者经营者向消费者作出的承诺有利于维护消费者合法权益并严于法律法规强制性规定的，按照约定或者承诺履行。也就是说，根据法律规定经营者存在欺诈的法定赔偿是假一赔三，但是经营者在销售过程中向销售者承诺了高于此规定的赔偿，那么就按照经营者的承诺执行。需要注意的是，上述惩罚性赔偿适用的前提必须是经营者有欺诈行为，即经营者在提供商品或者服务过程中，采取虚假或者不正当手段欺骗、误导消费者，使消费者的合法权益受到损害。

本案中，赵某购买的运动品牌服装中有一件T恤衫为假冒伪劣产品。服装店在对外销售时通过展板已经明确告知，所有商品均为正品，没有假货，如有“假一赔十”。而实际上服装店将假冒伪劣产品掺杂在正品中，已经欺诈了赵某，服装店就应该按照承诺向赵某进行十倍的赔偿。

条文依据

《中华人民共和国消费者权益保护法》

第五十五条 经营者提供商品或者服务有欺诈行为的，应当按照消费者的要求增加赔偿其受到的损失，增加赔偿的金额为消费者购买商品的价款或者接受服务的费用的三倍；增加赔偿的金额不足五百元的，为五百元。法律另有规定的，依照其规定。

……

《国家工商行政管理总局关于印发〈关于处理侵害消费者权益行为的若干规定〉的通知》

第一条 经营者提供商品或者服务，应当按照法律法规的规定、与消费者的约定或者向消费者作出的承诺履行义务。

经营者与消费者有约定或者经营者向消费者作出承诺的，约定或者承诺的内容有利于维护消费者合法权益并严于法律法规强制性规定的，按照约定或者承诺履行；约定或者承诺的内容不利于维护消费者合法权益并且不符合法律法规强制性规定的，按照法律法规的规定履行。

164. 受到网约车司机威胁后跳车受伤，能否要求网约车平台承担责任？

典型案例

林某是一名大学生，放假后通过某平台叫了一辆网约车去火车站。上车以后，司机见林某长得漂亮，一直言语轻佻地向她索要微信，还说一些具有性暗示的话骚扰她。林某对此感到很厌恶，大声喝止了司机的行为，让其放尊重一点。没想到，司机反而被林某的举动激怒，气急败坏地威胁林某要将她带到没有人的地方先奸后杀。林某见司机偏离了原来的路线，越走越偏僻，心里非常害怕，便趁等红灯的时间跳下了车，不慎摔伤了腿。事后，林某报了警，警察将该司机抓获。请问，林某能否要求网约车平台承担赔偿责任？

依法解析

根据《网络预约出租汽车经营服务管理暂行办法》第十六条的规定，网约车平台在网约车运营过程中，虽然没有直接驾驶车辆，但是应当履行承运人的义务，对乘客尽到安全保障责任。根据《民法典》第八百一十九条的规定，网约车平台应当在乘客乘车时将安全事项及时告知乘客，并采取措施保证乘客的安全。例如，网约车平台可以在车中配备录音系统和报警系统，一旦发生意外，保证能够及时将情况反馈给警方。如果乘客在运营过程中出现意外或者伤亡，除非该结果是由乘客的故意或者重大过失造成的，否则网约车平台应当对乘客进行赔偿。

在上面的案例中，林某在乘坐网约车时因跳车逃生导致摔伤。虽然林某是主动跳车的，但她是因为受到了司机的言语威胁以及偏离行驶路线的双重危险，这是一个正常人可能会作出的正常反应。因此，不能认定林某对自身的受伤存在故意或者重大过失，网约车平台应当对林某承担赔偿责任。

条文依据

《网络预约出租汽车经营服务管理暂行办法》

第十六条 网约车平台公司承担承运人责任，应当保证运营安全，保障乘客合法权益。

《中华人民共和国民法典》

第八百一十九条 承运人应当严格履行安全运输义务，及时告知旅客安全运输应当注意的事项。旅客对承运人为安全运输所作的合理安排应当积极协助和配合。

第八百二十三条 承运人应当对运输过程中旅客的伤亡承担赔偿责任；但是，伤亡是旅客自身健康原因造成的或者承运人证明伤亡是旅客故意、重大过失造成的除外。

前款规定适用于按照规定免票、持优待票或者经承运人许可搭乘的无票旅客。

165. 商场以“打折不能开发票”为由拒开发票，合法吗？

典型案例

十一期间，席某听说镇上的商场有打折活动，便来到该商场购物。进入商场后，席某发现打折力度果然很大，便以四折的价格购买了两件羽绒服和两件羊毛衫。结账时，席某向收银员提出想要发票。但是收银员却表示，在商场打折促销期间，是不向顾客提供发票的，这已经做成标语张贴在了商场里，席某既然选择在商场购物，就代表其接受了这一点。请问，该商场以“打折不能开发票”为由拒开发票，是否合法？

依法解析

根据我国《消费者权益保护法》第二十二条以及《发票管理办法》第十九条的规定，在出售商品以后向消费者出具发票是商家的法定义务。即使商品因打折并未以原价出售，也应当出具发票。消费者主动索取发票的，商家必须出具，不得以各种借口搪塞推诿。如果商家没有按照法律规定履行出具发票的义务，按照《发票管理办法》第三十五条第一项的规定，将由税务机关根据实际情况依法对其进行处罚。

在上面的案例中，席某到商场以优惠价格购买了几件衣服并索要发票，该商场应当向其开具发票。该商场以打折促销为由拒绝开具发票，违反了法律规定，应当承担法律责任。席某可以向当地税务机关举报，以维护自己的合法权利。

条文依据

《中华人民共和国消费者权益保护法》

第二十二条 经营者提供商品或者服务，应当按照国家有关规定或者商业惯例向消费者出具发票等购货凭证或者服务单据；消费者索要发票等购货凭证或者服务单据的，经营者必须出具。

《中华人民共和国发票管理办法》

第十九条 销售商品、提供服务以及从事其他经营活动的单位和个人，对外发生经营业务收取款项，收款方应当向付款方开具发票；特殊情况下，由付款方向收款方开具发票。

第三十五条 违反本办法的规定，有下列情形之一的，由税务机关责令改正，可以处1万元以下的罚款；有违法所得的予以没收：

（一）应当开具而未开具发票，或者未按照规定的时限、顺序、栏目，全部联次一次性开具发票，或者未加盖发票专用章的；

……

十、农机、农药及种子安全与保护

166. 村委会能强制农户进行机械化生产吗?

典型案例

麦收前，村里的广播就开始宣传推广农业机械生产。村里好多农户都想使用机械收小麦，这样不仅能节省不少人工，还能减少打场、割小麦、晾晒、脱壳等多道工序，可以实现小麦从地头直接到家里。而村民张某却认为使用机械收割还要支付机械使用费，自己家人口多，有的是劳动力，所以不打算使用机械收割。这天，张某带领家人到自家承包地割麦子打场，村委会的工作人员过来说不能人工割麦子，必须统一机械收割。张某就有了疑问，自己的承包地收割小麦还不能自己做主吗？那么，村委会有权强制农户使用机械生产吗？

依法解析

根据我国《农业机械化促进法》第十九条的规定，国家鼓励和支持农民合作使用农业机械，但是，任何单位和个人不得以区域化、标准化种植为借口，侵犯农民的土地承包经营权。也就是说，国家鼓励和支持农民使用机械生产，但并不强制，而是完全尊重农民的自主承包经营权。

农民自主经营权极大地调动了农民的生产积极性，促进了农业、农村经济和国民经济的发展，是有中国特色社会主义的农业经营制度，《土地管理法》《农村土地承包法》等都明确规定了对农民土地承包经营权的保护。而自主承包经营权主要包括自主安排生产经营活动、购置生产资料、销售农产品的权利等。也就是说，如何种、如何收都由农民自行决定，其他单位和个人包括村民委员会，都无权强制干涉。

本案中，张某在承包地中收割小麦，完全由其自己决定农作物的收割方式，村委会工作人员无权干涉、强制其使用机械生产。

在此需要说明的是，农业机械化生产代替了人畜力在耕、播、收、排灌等各个农业生产环节中的繁重劳作，极大减轻了农民的劳动强度，提高了劳动生产效率，可以将农村大量的剩余劳动力投入到其他产业中，拓宽农民经济收入来源，因此，建议农户在适合进行农业机械化生产的区域使用机械生产。

条文依据

《中华人民共和国农业机械化促进法》

第十九条 国家鼓励和支持农民合作使用农业机械，提高农业机械利用率和作业效率，降低作业成本。

国家支持和保护农民在坚持家庭承包经营的基础上，自愿组织区域化、标准化种植，提高农业机械的作业水平。任何单位和个人不得以区域化、标准化种植为借口，侵犯农民的土地承包经营权。

167. 开展农业机械维修，应具备怎样的条件？

典型案例

这几年，吕某家附近的村镇都采用了农业机械化生产，也有不少人买了各种机械设备，但是附近只有一家农机维修店，设备坏了想找人尽快上门维修特别困难，尤其是在农忙的时候，机器坏在地头，眼瞅着农户排队等着用机器，就是没人来修。吕某觉得自己要是开展农业机械维修业务，既能解决四里八乡农机维修困难，又能多一个挣钱的途径。但吕某没有农业机械维修的经验，对于如何开展农机维修也是一头雾水。那么，开展农业机械维修，应该具备怎样的条件呢？

依法解析

农机维修是农业机械化顺利、稳定、健康发展的重要保障，也是推进农业现代化建设和发展的必要前提和基础。我国《农业机械化促进法》第二十四条和《农业机械安全监督管理条例》第十八条规定，从事农业机械维修，应当具备与维修业务相适应的仪器、设备，有相关农业机械维修职业技能的技术人员，还要有必要的维修场地。

另外，农业机械一般都是大型设备，维修时一定要保障质量，一旦在维修中出现不规范的操作，就有可能使设备发生更大的损坏，也使驾驶人的人身安全面临风险，因此《农业机械安全监督管理条例》第十九条第二款规定了从事农业机械维修不得出现的行为，包括：使用不符合农业机械安全技术标准的零配件；拼装、改装农业机械整机；承揽维修已经达到报废条件的农业机械等，这些行为直接决定了机械维修的质量，农机维修人员和开展农机维修业务必须坚决杜绝此类不法行为。

本案中，吕某如果要开展农业机械维修业务，应有技术人员、设备、场地等硬件，在开展业务时保证维修质量，不得从事法律禁止的行为。

条文依据

《中华人民共和国农业机械化促进法》

第二十四条 从事农业机械维修，应当具备与维修业务相适应的仪器、设备和具有农业机械维修职业技能的技术人员，保证维修质量。维修质量不合格的，维修者应当免费重新修理；造成人身伤害或者财产损失的，维修者应当依法承担赔偿责任。

《农业机械安全监督管理条例》

第十八条 从事农业机械维修经营，应当有必要的维修场地，有必要的维修设施、设备和检测仪器，有相应的维修技术人员，有安全防护和环境保护措施。

第十九条 农业机械维修经营者应当遵守国家有关维修质量安全技术规范和维修质量保证期的规定，确保维修质量。

从事农业机械维修不得有下列行为：

（一）使用不符合农业机械安全技术标准的零配件；

（二）拼装、改装农业机械整机；

（三）承揽维修已经达到报废条件的农业机械；

（四）法律、法规和国务院农业机械化主管部门规定的其他禁止性行为。

第四十九条 农业机械维修经营者使用不符合农业机械安全技术标准的配件维修农业机械，或者拼装、改装农业机械整机，或者承揽维修已经达到报废条件的农业机械的，由县级以上地方人民政府农业机械化主管部门责令改正，没收违法所得，并处违法经营额1倍以上2倍以下罚款；拒不改正的，处违法经营额2倍以上5倍以下罚款。

168. 给农机维修规定“特定维修处”，农户一定要照办吗？

典型案例

蒋某购买了一台玉米收割机，秋收前，本村近30家农户跟蒋某预约了收割玉米，其他村子也有不少人找蒋某预订玉米收割机收割。收割开始后，蒋某的收割机刚工作两天就出现了问题，无法正常工作。由于收割机从来没有维修过，蒋某也不认识维修站，经过四处打听，听说有好几家维修站都可以进行养护，但是维修就只能到其中一家主管部门指定的特定维修站。那么，农机维修指定“特定维修处”的，农户一定要去此处维修吗？

依法解析

我国《农业机械化促进法》第二十二条规定，各级人民政府应当采取措施完善农业机械化服务体系。农业机械服务组织是农业社会化服务体系中的重要组成部分，依法促进农业机械化服务体系建设，必将对提供农业机械示范推广、实用技术培训、维修、信息、中介等社会化服务起到推进作用。该规定说明，政府对于农业机械化服务体系是有完善义务的，要鼓励和扶持发展多种形式的农业机械服务组织，政府及农业机械服务组织都没有权力强制农户到某一农机维修地点进行维修。而且《农业机械安全监督管理条例》第四十三条明确规定，农业机械化主管部门不得为农业机械指定维修经营者。

本案中，蒋某的玉米收割机出现故障无法使用，其可以自行选择维修站。需要提醒的是，现在农业机械维修站的专业水平良莠不齐，建议农户务必选择正规、合法、技术水平高的维修站，不要贪图价格便宜，选择个人维修点进行维修。

条文依据

《中华人民共和国农业机械化促进法》

第二十二条 各级人民政府应当采取措施，鼓励和扶持发展多种形式的农业机械服务组织，推进农业机械化信息网络建设，完善农业机械化服务体系。农业机械服务组织应当根据农民、农业生产经营组织的需求，提供农业机械示范推广、实用技术培训、维修、信息、中介等社会化服务。

《农业机械安全监督管理条例》

第四十三条 农业机械化主管部门不得为农业机械指定维修经营者。

169. 农户购买先进农机，可以享受哪些优惠待遇？

典型案例

朱某家住在产粮大县辖区的甲村，村里各家的承包地基本都在同一水平线上，而且全村的农田都是成片的，非常适合农业机械化生产作业。村里也有小型播种、耕地设备，但都是比较简便的，没有大型、先进的设备。朱某看到电视中、网上、村里都在宣传农业机械化生产，就动了购买先进农业机械的心思，这样既能带动当地农业机械化作业，自己也能利用农业机械发家致富。朱某把自己的想法和家人说了，家人非常支持，而且还有人说购买先进机械设备可以享受优惠。那么，如果朱某购买了先进机械，可以享受哪些优惠？

依法解析

农业机械化道路是实现农业现代化的必由之路，政府制定了一系列促进农业机械化发展的扶持措施，极大地调动了农民使用农业机械的积极性，有力地促进了农业机械化的发展。具体而言，按照我国《农业机械化促进法》第二十七条、第二十八条的规定，政府对农民和农业生产经营组织购买国家支持推广的先进适用的农业机械给予补贴；从事农业机械生产作业服务获得的收入，按照国家规定给予税收优惠；对农业机械的农业生产作业用燃油安排财政补贴。国家把这些优惠的扶持措施通过法律的形式加以确定，足以显示国家对于农业现代化建设的重视及决心。国家部委、地方各级政府对于农业机械化也都制定了相应的帮扶政策。

本案中，朱某如果购买国家支持推广的先进适用的农业机械的话，就会享有一系列优惠政策，包括购机补贴、贷款优惠、税后优惠、燃油补贴等。

条文依据

《中华人民共和国农业机械化促进法》

第二十七条 中央财政、省级财政应当分别安排专项资金，对农民和农业生产经营组织购买国家支持推广的先进适用的农业机械给予补贴。补贴资金的使用应当遵循公开、公正、及时、有效的原则，可以向农民和农业生产经营组织发放，也可以采用贴息方式支持金融机构向农民和农业生产经营组织购买先进适用的农业机械提供贷款。具体办法由国务院规定。

第二十八条 从事农业机械生产作业服务的收入，按照国家规定给予税收优惠。

国家根据农业和农村经济发展的需要，对农业机械的农业生产作业用燃油安排财政补贴。燃油补贴应当向直接从事农业机械作业的农民和农业生产经营组织发放。具体办法由国务院规定。

170. 法律对农药产品的包装有什么要求?

典型案例

张某到自家承包地里喷除草剂，看见朱某正在相邻地块的地头往喷雾器里兑农药，便询问他用的农药品种。二人攀谈过后发现用的都是丙草胺农药，他们将农药瓶拿出来，想看看不同厂家的农药有啥区别。两个药瓶一对比，外包装上就有明显的区别。张某的除草剂外包装很简单，只有农药名称、生产厂家、使用方法。而朱某的农药外包装上还有成分、含量、电子信息码等很多内容。那么，农药包装到底有什么样的要求?

依法解析

我国《农药管理条例》第二十二条规定，农药包装应当符合国家有关规定，并印制或者贴有标签。农药标签应当按照国务院农业主管部门的规定，以中文标注农药的名称、剂型、有效成分及其含量、毒性及其标识、使用范围、使用方法和剂量、使用技术要求和注意事项、生产日期、可追溯电子信息码等内容。剧毒、高毒农药以及使用技术要求严格的其他农药等限制使用农药的标签还应当标注“限制使用”字样，并注明使用的特别限制和特殊要求。农药产品的外包装应当将产品的信息呈现给农药使用者，让农药使用者能够直观地了解到农药的信息、使用方法、安全注意事项等。而且农药本身都具有一定的毒性，对农药毒性进行明确标识，可以防止因不当使用而造成的损害，也是对农药使用者的一种保护。

本案中，朱某的农药外包装上标注的信息比较全面，符合上述法律规定对农药包装的要求，但是张某使用的农药外包装上并没有将法律规定的相关信息标注全面，所以有可能是假冒伪劣产品。在此提醒，了解农药外包装的相关知识，是农民购买合格农药产品的一种鉴别方法，因此在购买时要选择符合法律规定的外包装的农药产品。

条文依据

《农药管理条例》

第二十二条 农药包装应当符合国家有关规定，并印制或者贴有标签。国家鼓励农药生产企业使用可回收的农药包装材料。

农药标签应当按照国务院农业主管部门的规定，以中文标注农药的名称、剂型、有效成分及其含量、毒性及其标识、使用范围、使用方法和剂量、使用技术要求和注意事项、生产日期、可追溯电子信息码等内容。

剧毒、高毒农药以及使用技术要求严格的其他农药等限制使用农药的标签还应当标注“限制使用”字样，并注明使用的特别限制和特殊要求。用于食用农产品的农药的标签还应当标注安全间隔期。

171. 把农药分装后销售，违法了吗？

典型案例

顾某是某农资经营部的老板，经销各种农药。这段时间，附近村庄的小麦田里发现了麦蚜虫害，治理虫害的农药很抢手。顾某加急订购了一批抗蚜威农药，到货后，发现农药都是大桶装，但因为附近村民的承包地面积都不大，买一大桶根本用不完，好多农户都不愿意要。顾某觉得重新定、换货肯定赶不上农户使用，思来想去，决定将大桶装的农药分装成小包装对外出售，这样就可以满足农户的需求了，也省得退换货了。那么，顾某这种将农药分装销售的行为违法吗？

依法解析

我国《农药管理条例》第二十八条第一款规定，农药经营者不得加工、分装农药。农药分装是指在已登记的产品大包装内，不加入任何其他成分，直接将大包装农药分装成小包装规格的产品。农药经营者只是销售者，没有生产农药的资质和条件，经营者在分装时必然会将农药暴露在空气中，这不仅对农药的质量有一定的影响，而且对经营者的人身也会造成一定危害。此外，分装后的包装难以满足农药包装条件，存在泄漏、变质等多方面的风险，也违反国家对农药外包装的要求，因此，明确规定农药经营者不得分装农药。

本案中，顾某订购的农药属于大包装，自行分装违反法律规定，如果被查处将会受到行政处罚，甚至有可能涉及非法经营罪。在此提醒农药经营者，在农药销售过程中一定要遵纪守法，农户要购买合法、合规产品，不能买分装、散装的农药产品，否则可能导致农作物受损等危害后果。

条文依据

《农药管理条例》

第二十八条 农药经营者不得加工、分装农药，不得在农药中添加任何物质，不得采购、销售包装和标签不符合规定，未附具产品质量检验合格证，未取得有关许可证明文件的农药。

……

172. 销售农药的同时，能销售兽药或饲料吗？

典型案例

金某经营了一家农资经营门店，销售预防、控制各种农作物病虫害的农药产品。由于店铺面积小，产品比较少，后来金某扩充了经营面积，农药产品种类也多了起来。但是只经营农药产品，品种仍然比较单一，扩充的店面无法充分利用。金某考虑到现在村镇的很多农户都在搞养殖业，也有不少农户来打听有没有兽药或者鸡饲料等产品，就琢磨着订购一些兽药或是饲料在店里经营。那么，金某在销售农药的同时，还可以销售兽药、饲料等其他产品吗？

依法解析

我国《农药管理条例》第二十八条第二款规定，经营卫生用农药的，应当将卫生用农药与其他商品分柜销售；经营其他农药的，不得在农药经营场所内经营食品、食用农产品、饲料等。卫生用农药是指用于预防、控制人生活环境和农林业中养殖业动物生活环境的蚊、蝇、蜚蠊、蚂蚁和其他有害生物的农药。而其他农药是指用于预防、控制危害农业、林业的病、虫、草、鼠和其他有害生物以及有目的地调节植物、昆虫生长的化学合成或者来源于生物、其他天然物质的一种物质或者几种物质的混合物及其制剂。相比较而言，卫生用农药毒性较小，因此可以与其他商品共同销售，但是必须分柜处置，以免造成交叉，对牲畜造成影响。而其他农药的毒性比较大，如果与饲料、食品、兽药等在同一经营场所销售，一旦混入其他商品中，后果是非常严重的，因此法律严禁在同一经营场所内经营销售。对此，《农药管理条例》第五十八条规定了违反上述法律规定的处罚，轻则要求改正，拒不改正或情节严重的直接吊销农药经营许可证。

本案中，张某销售的是普通农药产品，按照法律规定是不允许在同一场所内经营兽药、饲料等产品的。如果其坚持销售其他产品，势必面临责令改正、罚款、吊销农药经营许可证的处罚。

条文依据

《农药管理条例》

第二十八条 ……

经营卫生用农药的，应当将卫生用农药与其他商品分柜销售；经营其他农药的，不得在农药经营场所内经营食品、食用农产品、饲料等。

第五十八条 农药经营者有下列行为之一的，由县级以上地方人民政府农业主管部门责令改正；拒不改正或者情节严重的，处2000元以上2万元以下罚款，并由发证机关吊销农药经营许可证：

……

（二）在卫生用农药以外的农药经营场所内经营食品、食用农产品、饲料等；

（三）未将卫生用农药与其他商品分柜销售；

……

173. 农户用无人机喷洒农药，需要取得无人机驾驶证吗？

典型案例

张某是远近闻名的种田大户，种了1000余亩的农田，各种大型机械设备也是一应俱全，但一直缺少喷洒农药的机器设备，只能依靠人工。他从网上看到有人使用无人机喷洒农药，经了解，无人机一次可装载20升农药，一轮作业最多可以喷洒12亩地，效率比人工高五倍。张某也想订购一台喷洒农药的无人机，但听说驾驶无人机得考驾驶证，他觉得自己买无人机是喷洒农药，就在承包地上空飞行，也不会飞太高，应该不需要驾驶证。那么，喷洒农药用的无人机是否需要取得无人机驾驶证呢？

依法解析

用于喷洒农药的无人机称为植保无人机，是用于农林植物保护作业的无人驾驶飞机，通过地面遥控或导航飞控，来实现喷洒农作业，可以喷洒药剂、种子、粉剂等。应用农业航空植保技术对提高农作物病虫害防治机械化水平，实行统防统治的专业化服务，提高农业资源的利用率，增强突发性大面积病虫害防控能力，实现农业可持续发展具有十分重要的意义。但是植保无人机也具有一定的专业性，并不是所有人都可以直接操纵驾驶的。而且无人机造价很高，如果没有经过培训、学习获得驾驶执照就盲目操作，对于无人机本身或是他人的人身、财产安全都有很大风险。我国《民用无人机驾驶员管理规定》第四条第三款D项规定，担任操纵植保无人机系统并负责无人机系统运行和安全的驾驶员，应当持有按本规定颁发的具备V分类等级的驾驶员执照，或经农业农村部等部门规定的由符合资质要求的植保无人机生产企业自主负责的植保无人机操作人员培训考核。也就是说，植保无人机必须合法飞行，驾驶员持合法执照或是培训考核合格是前提。

本案中，如果张某订购无人机用于喷洒农药，必须考取V分类等级的驾驶员执照，或者经相关部门规定的由符合资质要求的植保无人机生产企业自主负责的植保无人机操作人员培训考核，获得合法资格后才能操纵驾驶无人机喷洒农药。

条文依据

《民用无人机驾驶员管理规定》

4. 执照和等级要求

……

D 植保类无人机分类等级

担任操纵植保无人机系统并负责无人机系统运行和安全的驾驶员，应当持有按本规定颁发的具备V分类等级的驾驶员执照，或经农业农村部等部门规定的由符合资质要求的植保无人机生产企业自主负责的植保无人机操作人员培训考核。

……

174. 哪些单位应该建立农药使用记录?

典型案例

甲农民专业合作社主要经营种植、养殖等业务，目前有2000余亩耕地，种植粮食和蔬菜等各种农作物。张某负责合作社农作物用药的订购、使用。往年对于农药使用并没有详细的记录，但不久前乡政府召开农药安全使用会议时强调必须设置农药使用记录。张某参加会议后就和合作社的领导商量如何进行农药使用记录的工作，合作社领导认为农药都有采购登记，没有必要再进行使用情况的登记，也没听说其他企业需要登记这些内容。那么，哪些单位应该建立农药使用记录呢？

依法解析

我国《农药管理条例》第三十六条规定，农产品生产企业、食品和食用农产品仓储企业、专业化病虫害防治服务组织和从事农产品生产的农民专业合作社等应当建立农药使用记录，如实记录使用农药的时间、地点、对象以及农药名称、用量、生产企业等。农药使用记录，简单来说，就是将农作物的品种、使用农药的名称、防治对象、用药的时间、每亩用量或使用浓度、总使用农药量，使用方法、安全间隔期、农药规格类型、农药的生产厂家、喷洒农药的人员等信息全部如实记录。上述规定从法律角度强调了农药使用记录的重要性，并明确了应当建立农药使用记录的单位，如果上述单位没有按照规定如实记录农药使用情况，会受到责令改正、罚款等相应的行政处罚。

本案中，甲农民专业合作社属于法律规定的必须建立农药使用记录的组织，应该如实记录合作社农药使用的情况，并将记录保存不少于两年的时间。农户在使用农药时进行登记，对农药的作用等情况就有一个比较清晰的了解，也方便在农作物受到农药损害后查询原因。不但《农药管理条例》规定的组织和单位应当建立农药使用记录，国家也鼓励其他农药使用者建立该使用记录。

条文依据

《农药管理条例》

第三十六条 农产品生产企业、食品和食用农产品仓储企业、专业化病虫害防治服务组织和从事农产品生产的农民专业合作社等应当建立农药使用记录，如实记录使用农药的时间、地点、对象以及农药名称、用量、生产企业等。农药使用记录应当保存2年以上。

国家鼓励其他农药使用者建立农药使用记录。

第六十一条 农产品生产企业、食品和食用农产品仓储企业、专业化病虫害防治服务组织和从事农产品生产的农民专业合作社等不执行农药使用记录制度的，由县级人民政府农业主管部门责令改正；拒不改正或者情节严重的，处2000元以上2万元以下罚款。

175. 违规使用剧毒、高毒农药，要承担怎样的法律后果？

典型案例

张某在大棚里种植了反季韭菜，这两年的销量都比较好，他对韭菜种植也很用心。这天，张某到地里随手拔了几棵韭菜看长势，看到韭菜发生了虫害，又赶紧去其他位置看了看，发现整个大棚里的韭菜都有不同程度的虫害。张某着急得一屁股坐在地上，心想韭菜长在地下，用外喷的农药无法达到地下灭虫的效果，要是消灭不了虫害一年的收成就没了。他琢磨了一天，决定使用甲拌磷农药，这种农药虽然毒性大，但是可以灌根使用，对于消灭地下虫害很有效。那么，张某使用甲拌磷农药，要承担怎样的法律后果？

依法解析

剧毒农药和高毒农药是按照农药的毒性划分的，其中，剧毒农药是指致死重量为 1 毫克/公斤至 50 毫克/公斤体重，如久效磷、磷胺、甲胺磷、苏化 203、3911 等；高毒农药致死重量为 51 毫克/公斤至 100 毫克/公斤体重，如呋喃丹、氟乙酰胺、氰化物、401、磷化锌、磷化铝、砒霜、甲拌磷等。剧毒、高毒农药不仅容易造成人畜急性中毒，而且对环境的危害也很大。因此，我国《农药管理条例》第三十四条第四款规定，剧毒、高毒农药不得用于防治卫生害虫，不得用于蔬菜、瓜果、茶叶、菌类、中草药材的生产，不得用于水生植物的病虫害防治。

高毒性的农药喷洒在土壤里会有残留，如果直接用于蔬菜瓜果等农作物上，残留程度更大。食用含有大量高毒、剧毒农药残留的食物会导致人、畜发生急性中毒事故。长期食用农药残留超标的农副产品，虽然不会导致急性中毒，但可能引起人和动物慢性中毒，导致疾病的发生，甚至影响下一代。因此，国家不但严格控制剧毒、高毒农药的使用，还对违规使用者规定了严厉的惩罚措施。《农药管理条例》第六十条第三项规定，对违规使用剧毒、高毒农药者，轻则责令改正，罚款；构成犯罪的，将按照生产、销售不符合安全标准的食品罪和生产、销售有毒、有害食品罪等罪名依法追究刑事责任。

本案中，张某想要使用的是甲拌磷，属于高毒农药，按照法律规定是不允许用于韭菜种植上的，一旦使用，韭菜就变成了“毒韭菜”。张某轻则面临责令改正、罚款，如果造成消费者中毒，将构成犯罪，面临刑事处罚。

条文依据

《农药管理条例》

第三十四条 农药使用者应当严格按照农药的标签标注的使用范围、使用方法和剂量、使用技术要求和注意事项使用农药，不得扩大使用范围、加大用药剂量或者改变使用方法。

农药使用者不得使用禁用的农药。

标签标注安全间隔期的农药，在农产品收获前应当按照安全间隔期的要求停止使用。

剧毒、高毒农药不得用于防治卫生害虫，不得用于蔬菜、瓜果、茶叶、菌类、中草药材的生产，不得用于水生植物的病虫害防治。

第六十条 农药使用者有下列行为之一的，由县级人民政府农业主管部门责令改正，农药使用者为农产品生产企业、食品和食用农产品仓储企业、专业化病虫害防治服务组织和从事农产品生产的农民专业合作社等单位的，处5万元以上10万元以下罚款，农药使用者为个人的，处1万元以下罚款；构成犯罪的，依法追究刑事责任：

……

（三）将剧毒、高毒农药用于防治卫生害虫，用于蔬菜、瓜果、茶叶、菌类、中草药材生产或者用于水生植物的病虫害防治；

……

176. 村委会有权帮农户决定如何选种吗？

典型案例

张某所住的甲村是远近闻名的黄豆产地。再过一个月左右，黄豆就要种植了，好多农户都在选购种子。张某想换换种子，经过和家人从种子植株、分枝情况、结荚时间、果实大小、抗病毒等多方面考虑，最后决定用晋豆23号品种的种子。正当张某四处联系豆种的时候，听邻居说今年由村委会统一确定黄豆品种，统一订购，统一领取。虽然村里人对此都很有意见，但又觉得只能听从村委会的安排。那么，村委会有权帮农户决定选种吗？

依法解析

种子是粮食之母，没有种子就没有粮食，而优质的种子能充分地利用自然条件和栽培条件中的有利因素，抵抗和减轻其中的不利因素，具有提高产量、改进品质、增强抗逆性等优点，在农业生产上有着十分重要的作用，因此生产时的选种至关重要。根据我国《种子法》第四十三条的规定，种子使用者有权按照自己的意愿购买种子，任何单位和个人不得非法干预。在耕种过程中，是倾向于产量高、抗病毒性强，还是果实大、颗粒饱满，每家农户考虑和选择都不尽相同，法律完全尊重农户个人选择自家播种种子的自由。而且，农民对自己的承包地也享有土地经营自主权，其中就包括种植何种农作物，任何组织和个人都不能干涉。

本案中，张某选择晋豆23号黄豆种子，是行使其自愿、自主选择种子品种的权利，村委会无权干涉。当然，因存在信息不对称，现实中很多村委会都会根据本地土壤、气候等条件，向农户推荐种子，这时候农户可以自由决定是否采纳。

条文依据

《中华人民共和国种子法》

第四十三条 种子使用者有权按照自己的意愿购买种子，任何单位和个人不得非法干预。

177. 农户将自己繁育的种子拿到集市上卖，合法吗？

典型案例

陈某见自家承包地里种植的小麦，麦秆粗壮、麦粒饱满、抗倒伏，便留了一部分用作小麦种子，并进行了筛选，个个颗粒饱满。小麦种植完，陈某自留的种子还剩下近200斤，他想着这些种子都是自己精挑细选的，当粮食卖了或是磨成面粉都挺可惜的，不如拿到村里集市上卖掉，村里人都知道自己的小麦好，种子肯定也好销售。于是，他就将剩余的小麦种子拿到集市上去卖。在集市上也有其他销售种子的商户，他们告诉陈某，卖种子需要审批，不是想卖就能随便卖的。那么，陈某将自己繁育的种子拿到集市上卖，合法吗？

依法解析

我国《种子法》第三十七条规定，农民个人自繁自用的常规种子有剩余的，可以在当地集贸市场上出售、串换，不需要办理种子生产经营许可证。我国对于种子生产、经营都有严格的管理制度，虽然上述法律规定允许农民销售自繁自用的种子，但是也有严格的限制条件。首先，必须是“自繁”，不能是接受委托从事杂交种等授权品种制种的。其次，农民自繁自用的种子应源于自己承包的责任田，对流转耕地的大户、家庭农场等不适用。再次，必须是“有剩余的”，也就是说，自己使用后剩余的部分才可以出售，且剩余的量不应超过自用的量。最后，限于“在当地”的集贸市场上出售、串换，这个“当地”仅限于本村或本乡镇的范围。上述规定简单来说，就是农民个人在承包的土地上繁育的种子，自己种植使用后有少量剩余的，可以在当地集贸市场出售、串换。

本案中，陈某将自己承包地里种植的小麦用于留种，使用后将剩余的部分拿到本村集市上销售，符合法律的规定，因此，是合法的，不需要办理经营许可证。

条文依据

《中华人民共和国种子法》

第三十七条 农民个人自繁自用的常规种子有剩余的，可以在当地集贸市场上出售、串换，不需要办理种子生产经营许可证。

178. 种子的外包装具备哪些内容才算合格合规？

典型案例

到了玉米播种的时节，因自家种的玉米棒子短小，玉米粒也不饱满，因此庄某觉得不适合留作种子，听说中科505玉米种子比较好，抗病性强，稳产高产，便也想换成这个。这天，庄某在地里干活，正巧来了一个卖种子的人，他和附近几家农户都过去看。来人自称卖的是中科505号玉米种子，而且比农资经营部便宜。庄某发现种子的包装袋上只有种子名称，其他信息都没有，觉得光看包装就不像正规厂家出产的。那么，种子的外包装应该具备哪些内容才算合格合规呢？

依法解析

种子包装，是指将种子盛装于某种容器或包装物之内，以便运输、储藏和销售。种子包装上的内容是直观反映种子种类、名称等基本情况的载体。我国《种子法》第四十条第一款、第二款规定，销售的种子应当附有标签，标签应当标注种子类别、品种名称、品种审定或者登记编号、品种适宜种植区域及季节、生产经营者及注册地、质量指标、检疫证明编号、种子生产经营许可证编号和信息代码，以及国务院农业农村、林业草原主管部门规定的其他事项。这是对一般种子包装的要求，这些信息能直观地让购买者、农户了解到种子的基本情况，也是种子合法、合规生产的一种体现。对于特殊的种子，即授权品种、进口种子、转基因种子等，该法第四十条第三款至第五款规定，除上述基本信息外，还应当标明其授权的品种权号、进口审批文号等。

在上面的案例中，卖种子的人销售的中科505号玉米种子的外包装上只有种子名称，并没有品种审定标号、生产者信息、质量指标等相关信息，不符合法律规定，有可能是假冒伪劣种子，庄某购买时谨慎一些是非常有必要的。需要提醒的是，了解种子包装的法律规定，可以作为鉴别“真”种子的一种方法，信息不全的肯定是不符合国家包装规定的，在购买时一定要慎重。

条文依据

《中华人民共和国种子法》

第四十条 销售的种子应当符合国家或者行业标准，附有标签和使用说明。标签和使用说明标注的内容应当与销售的种子相符。种子生产经营者对标注内容的真实性和种子质量负责。

标签应当标注种子类别、品种名称、品种审定或者登记编号、品种适宜种植区域及季节、生产经营者及注册地、质量指标、检疫证明编号、种子生产经营许可证编号和信息代码，以及国务院农业农村、林业草原主管部门规定的其他事项。

销售授权品种种子的，应当标注品种权号。

销售进口种子的，应当附有进口审批文号和中文标签。

销售转基因植物品种种子的，必须用明显的文字标注，并应当提示使用时的安全控制措施。

……

十一、野生动植物保护

179. 农家乐“野味上桌”，会受到哪些处罚？

典型案例

某景区附近开办了很多农家乐，43 岁的吴某就是其中一家的老板。随着景区知名度的上升，慕名而来的游客越来越多。为了提升自家餐馆的竞争力，头脑灵活的吴某就耍起了“小聪明”——将山里的野味搬上餐桌，以此招徕顾客。吴某自行购买了捕鸟工具，捕杀当地的白鹭，并将“红烧白鹭”作为招牌菜写在餐馆的菜单上。生意果然越做越红火，不少顾客慕名而来，只为这一口“新鲜”。该景区公安机关接到群众举报，执法人员前往吴某的餐馆进行调查，并表示待进一步调查之后，将会作出处罚。那么，将野味搬上农家乐的餐桌，会受到怎样的处罚呢？

依法解析

在我国，野生动物资源属于国家所有。国家对野生动物进行分级分类保护，为此还制定了保护野生动物名录，明确列举出了哪些野生动物属于国家保护范围，案例中吴某所捕杀的白鹭就在这个保护范围中。根据我国《野生动物保护法》的规定，生产、经营使用国家重点保护野生动物及其制品制作食品的，由县级以上人民政府野生动物保护主管部门或者市场监督管理部门按照职责分工责令停止违法行为，没收野生动物及其制品和违法所得，并处野生动物及其制品价值二倍以上十倍以下的罚款；构成犯罪的，依法追究刑事责任。也就是说，上面案例中吴某捕杀白鹭并用其制作食品进行售卖的行为是违法的，会受到严重处罚。一方面，吴某餐馆中的白鹭以及违法经营所得会被没收，同时还会被罚款；另一方面由于白鹭属于法律规定的珍贵、濒危野生动物，吴某的行为触犯了刑法，还要承担相应的刑事责任。

条文依据

《中华人民共和国野生动物保护法》

第四十九条 违反本法第三十条规定，生产、经营使用国家重点保护野生动物及其制品或者没有合法来源证明的非国家重点保护野生动物及其制品制作食品，或者为食用非法购买国家重点保护的野生动物及其制品的，由县级以上人民政府野生动物保护主管部门或者市场监督管理部门按照职责分工责令停止违法行为，没收野生动物及其制品和违法所得，并处野生动物及其制品价值二倍以上十倍以下的罚款；构成犯罪的，依法追究刑事责任。

《中华人民共和国刑法》

第三百四十一条 非法猎捕、杀害国家重点保护的珍贵、濒危野生动物的，或者非法收购、运输、出售国家重点保护的珍贵、濒危野生动物及其制品的，处五年以下有期徒刑或者拘役，并处罚金；情节严重的，处五年以上十年以下有期徒刑，并处罚金；情节特别严重的，处十年以上有期徒刑，并处罚金或者没收财产。

……

《最高人民法院、最高人民检察院、公安部、司法部关于依法惩治非法野生动物交易犯罪的指导意见》

……

三、依法严厉打击以食用或者其他目的非法购买野生动物的犯罪行为，坚决革除滥食野生动物的陋习。

知道或者应当知道是国家重点保护的珍贵、濒危野生动物及其制品，为食用或者其他目的而非法购买，符合刑法第三百四十一条第一款规定的，以非法收购珍贵、濒危野生动物、珍贵、濒危野生动物制品罪定罪处罚。

……

180. 出售国家重点保护野生动物及其制品，会受到哪些处罚？

典型案例

李某某生活在农村山区，长期待业在家，没有收入来源。偶然一次，听说山里常见的山鸡竟然被城里人当作宝贝，很多人不惜高价购买。这个消息可让李某某坐不住了，打起了卖山鸡的主意。于是，李某某上山捕捉了很多山鸡，剥去皮毛，冷冻在冰柜中，并私下经人介绍物色好了买家，以 500 元一只的价格出售。经查，李某某售卖的野鸡属于国家二级保护动物。那么请问，李某某的行为是违法的吗？又会受到哪些处罚呢？

依法解析

我国《野生动物保护法》规定禁止出售、购买、利用国家重点保护野生动物及其制品。特殊情况包括两方面：一是如果因科学研究、人工繁育、公众展示展演、文物保护或者其他特殊情况，需要出售、购买、利用国家重点保护野生动物及其制品的，应当经主管部门批准，并取得和使用专用标识；二是对纳入人工繁育国家重点保护野生动物名录的野生动物及其制品，可以凭人工繁育许可证取得专用标识，凭专用标识出售和利用。

相反，如果未经批准、未取得或者未按照规定使用专用标识，或者未持有、未附有人工繁育许可证、批准文件的副本或者专用标识，出售、购买、利用国家重点保护野生动物及其制品，就会受到相应处罚：由县级以上人民政府野生动物保护主管部门或者市场监督管理部门按照职责分工没收野生动物及其制品和违法所得，并处野生动物及其制品价值二倍以上十倍以下的罚款；情节严重的，吊销人工繁育许可证、撤销批准文件、收回专用标识；构成犯罪的，依法追究刑事责任。

在上面案例中，李某某在未获得人工繁育许可证的情况下，以牟利为目的，捕杀、售卖属于国家二级保护动物的野鸡，其行为当然是被法律所禁止的，除了会被没收违法所得和罚款外，情节严重的话还会被追究刑事责任。

条文依据

《中华人民共和国野生动物保护法》

第四十八条 违反本法第二十七条第一款和第二款、第二十八条第一款、第三十三条第一款规定，未经批准、未取得或者未按照规定使用专用标识，或者未持有、未附有人工繁育许可证、批准文件的副本或者专用标识出售、购买、利用、运输、携带、寄递国家重点保护野生动物及其制品或者本法第二十八条第二款规定的野生动物及其制品的，由县级以上人民政府野生动物保护主管部门或者市场监督管理部门按照职责分工没收野生动物及其制品和违法所得，并处野生动物及其制品价值二倍以上十倍以下的罚款；情节严重的，吊销人工繁育许可证、撤销批准文件、收回专用标识；构成犯罪的，依法追究刑事责任。

……

181. 为交易野生动物提供场所或平台，会受到哪些处罚？

典型案例

近日，国内某动物保护组织调查发现，某短视频平台上有一个名为“家有萌宠”的账号存在违法违规拍摄、上传、售卖国家重点保护野生动物的行为。这个账号打着“宠物”的旗号，将拍摄的野生动物视频上传到网络，寻找潜在买家。该动物保护组织立即将情况举报给当地的公安机关，侦查人员顺藤摸瓜，揪出了这个非法野生动物贸易的犯罪团伙。后经当地动物物种环境损害司法鉴定中心鉴定，视频中售卖的水獭、海龟等属于国家重点保护野生动物。与此同时，该短视频平台也被查处整顿。那么，为交易野生动物提供平台的某短视频平台会受到怎样的处罚呢？

依法解析

我国法律明确禁止网络交易平台、商品交易市场等为违法出售、购买、利用野生动物及其制品提供交易服务。违反该规定的，由县级以上人民政府市场监督管理部门责令停止违法行为，限期改正，没收违法所得，并处违法所得二倍以上五倍以下的罚款；没有违法所得的，处一万元以上五万元以下的罚款；构成犯罪的，依法追究刑事责任。

在上面案例中，该短视频平台作为中介平台，面向广大公众，具有广泛的影响力，应当积极发挥视频内容的筛选、过滤和监管作用，而不是成为不法分子违法犯罪的“温床”。而一旦为违法出售、购买、利用野生动物及其制品提供交易场所、平台等服务，轻则被责令停止违法行为、限期改正、没收违法所得、罚款，重则承担刑事责任。

条文依据

《中华人民共和国野生动物保护法》

第五十一条 违反本法第三十二条规定，为违法出售、购买、利用野生动物及其制品或者禁止使用的猎捕工具提供交易服务的，由县级以上人民政府市场监督管理部门责令停止违法行为，限期改正，没收违法所得，并处违法所得二倍以上五倍以下的罚款；没有违法所得的，处一万元以上五万元以下的罚款；构成犯罪的，依法追究刑事责任。

182. 放生动物应该注意哪些事项?

典型案例

某镇公安机关接到报警，某村水库中被人放生了一条鳄鱼，咬伤了一名在水库边玩耍的孩子。公安机关立即出警，并组织林业、水利等部门紧急开展捕捞，将这条鳄鱼搜寻、捕捞上岸。经查，这条鳄鱼出自村里小刘的人工养殖场，是小刘故意放生在水库中的。由于造成的影响较为恶劣，小刘被带回公安机关拘留。那么，小刘将人工养殖的鳄鱼放生到水库中的行为违法吗？放生动物时，应当注意哪些事项呢？

依法解析

我国《野生动物保护法》规定，任何组织和个人将野生动物放生至野外环境，应当选择适合放生地野外生存的当地物种，不得干扰当地居民的正常生活、生产，避免对生态系统造成危害。由此可见，放生野生动物不是一件随心所欲的事，而是一件需要讲科学的事。贸然放生很容易“好心办坏事”，不仅可能破坏生态环境，而且极易发生野生动物伤人等事件，给他人的人身和财产安全带来隐患。

因此，在放生野生动物时，要考虑很多因素。一方面要选择适合放生地野外生存的当地物种，避免动物因不适应当地环境而死亡；另一方面还要考虑放生地与人类生活区域的远近，是否会对他人造成安全威胁，是否经过检疫，是否会带来物种入侵和生态破坏，是否经有关部门科学评估等。在上面案例中，小刘贸然将人工养殖的鳄鱼放生至水库，咬伤了他人，应当对受害者的人身损害承担责任，同时他的行为也触犯了我国《治安管理处罚法》，应当视情况给予其罚款甚至拘留的处罚。

条文依据

《中华人民共和国野生动物保护法》

第三十八条 任何组织和个人将野生动物放生至野外环境，应当选择适合放生地野外生存的当地物种，不得干扰当地居民的正常生活、生产，避免对生态系统造成危害。随意放生野生动物，造成他人人身、财产损害或者危害生态系统的，依法承担法律责任。

《中华人民共和国治安管理处罚法》

第二十三条 有下列行为之一的，处警告或者二百元以下罚款；情节较重的，处五日以上十日以下拘留，可以并处五百元以下罚款：

……

（二）扰乱车站、港口、码头、机场、商场、公园、展览馆或者其他公共场所秩序的；

……

183. 采集受国家保护的野生植物要有什么手续？随意采集要承担怎样的法律责任？

典型案例

张某家住在太行山区，偶尔会带着孩子去山里玩。这天他带着孩子沿山间的小路磕磕绊绊爬了2个多小时，在山林里休息时看到附近的石壁上有一簇花朵，洁白的花瓣，金黄色的花蕊，叶片葱茏青翠，非常漂亮，儿子也非常喜欢。张某拍了照片到网上搜索，发现原来这是太行花，是国家二级保护植物。张某的儿子想采集一些回去做成标本，但是张某觉得这是国家保护植物，肯定不能随意采摘。那么，采集受国家保护的野生植物，有哪些手续？如果违法采集，要承担什么法律责任？

依法解析

野生植物是大自然留给人类的宝贵资源，因自然环境、生态环境等因素的改变，很多野生植物面临灭绝，我国制定了重点保护野生植物名录，确定了国家一级保护野生植物和国家二级保护野生植物。《野生植物保护条例》第十六条对于国家重点保护野生植物的采集作了明确规定，其中国家一级保护野生植物原则上是禁止采集的，因科学研究、人工培育、文化交流等特殊需要的，应当向相关部门申请采集证；国家二级保护野生植物的采集，应当经植物所在地的县级人民政府野生植物行政主管部门签署意见，然后再向相关部门申请采集证。另外，该条中对于城市园林或者风景名胜区内的国家重点保护野生植物及珍贵野生树木或者林区内、草原上的野生植物的采集也作出了相应的规定。如果未按照上述规定进行采集活动，《野生植物保护条例》第二十三条规定，由野生植物行政主管部门没收所采集的野生植物和违法所得，可以并处违法所得10倍以下的罚款；有采集证的，并可以吊销采集证。非法采伐、毁坏还有可能涉及危害国家重点保护植物罪，被追究刑事责任。

在上面的案例中，张某与儿子到山上游玩，无意中发现了国家二级保护野生植物太行花，不能随意采集。在此提醒，无论是到野外还是到景区游玩，不能随意破坏、采摘、采集野生植物，否则不仅破坏生态环境，还可能会触犯法律，面临罚款，甚至是刑事处罚的严重后果。

条文依据

《中华人民共和国野生植物保护条例》

第十六条 禁止采集国家一级保护野生植物。因科学研究、人工培育、文化交流等特殊需要，采集国家一级保护野生植物的，应当按照管理权限向国务院林业行政主管部门或者其授权的机构申请采集证；或者向采集地的省、自治区、直辖市人民政府农业行政主管部门或者其授权的机构申请采集证。

采集国家二级保护野生植物的，必须经采集地的县级人民政府野生植物行政主管部门签署意见后，向省、自治区、直辖市人民政府野生植物行政主管部门或者其授权的机构申请采集证。

采集城市园林或者风景名胜区内的国家一级或者二级保护野生植物的，须先征得城市园林或者风景名胜区管理机构同意，分别依照前两款的规定申请采集证。

采集珍贵野生树木或者林区内、草原上的野生植物的，依照森林法、草原法的规定办理。

野生植物行政主管部门发放采集证后，应当抄送环境保护部门备案。

采集证的格式由国务院野生植物行政主管部门制定。

第二十三条 未取得采集证或者未按照采集证的规定采集国家重点保护野生植物的，由野生植物行政主管部门没收所采集的野生植物和违法所得，可以并处违法所得10倍以下的罚款；有采集证的，并可以吊销采集证。

184. 私自收购、出售国家重点保护野生植物的法律后果是什么？

典型案例

顾某特别喜欢花草树木，他家附近有一个种植花草对外销售的农户李某。这天，顾某闲来无事到李某花圃看看有没有什么新品种的花草。转了一圈，顾某发现了一株从未见过的花木，花朵很大，白色的花瓣夹杂着淡紫色晕，底部还有紫红色斑点。顾某询问李某植物的名称，李某神神秘秘地说这叫独花兰，是国家二级保护野生植物，是自己从别人那偷偷收购来卖的。顾某认为国家重点保护野生植物不应该随便买卖。那么，李某这种非法收购、买卖国家重点保护野生植物的行为，会承担怎样的法律后果呢？

依法解析

我国《野生植物保护条例》第十八条规定，禁止出售、收购国家一级保护野生植物。出售、收购国家二级保护野生植物的，必须经省、自治区、直辖市人民政府野生植物行政主管部门或者其授权的机构批准。野生植物在生态系统中处于基础地位，对维护生态系统的平衡和稳定发挥着巨大的作用，为人与自然和谐发展提供了最基本的生态环境保障。我国对于野生植物尤其是国家重点保护的野生植物的收购、买卖是非常严格的，非法出售、买卖的，根据《野生植物保护条例》第二十四条的规定，由工商行政管理部门（现为市场监督管理部门）或者野生植物行政主管部门没收野生植物和违法所得，可以并处违法所得10倍以下的罚款。更有甚者可能会触犯刑法，构成危害国家重点保护植物罪，被依法追究刑事责任。

本案中，李某从他人处偷偷收购国家二级保护野生植物独花兰，然后对外出售，其收购、买卖的行为并没有经过相关部门的批准，因此其行为是违法的，会被依法追究相应责任，轻则行政处罚，重则刑事处罚。

条文依据

《中华人民共和国野生植物保护条例》

第十八条 禁止出售、收购国家一级保护野生植物。

出售、收购国家二级保护野生植物的，必须经省、自治区、直辖市人民政府野生植物行政主管部门或者其授权的机构批准。

第二十四条 违反本条例规定，出售、收购国家重点保护野生植物的，由工商行政管理部门或者野生植物行政主管部门按照职责分工没收野生植物和违法所得，可以并处违法所得10倍以下的罚款。

185. 在野外捡到的受伤的野生动物，可以带回家饲养吗？

典型案例

张先生带儿子去河边踏青、钓鱼。两人走到河边树林时忽然看见前方有一只小鸟在地上扑腾，急忙跑近一看，小鸟的翅膀受伤了。这只鸟的头是蓝灰色的，背和翅上覆羽砖红色，腰、尾上覆羽和尾羽蓝灰色。张先生从网上查询才知道这是国家二级保护动物红隼。张先生的儿子看到小鸟很可怜，就想将小鸟带回家饲养。张先生却犯了难，这是国家二级保护的野生动物，能随便带回家饲养吗？

依法解析

根据我国《野生动物保护法》第二十五条第二款、第四十七条的规定，对于野生动物的人工繁育实行许可制度，未经许可饲养野生动物的，由县级以上人民政府野生动物保护主管部门没收野生动物及其制品，并处野生动物及其制品价值一倍以上五倍以下的罚款。也就是说，饲养、培育野生动物需要国家行政部门批准，取得人工繁育许可证后才可以进行饲养。本案中张先生遇到了受伤的国家二级保护野生动物红隼，他个人并没有许可证，不能带回家饲养。而且个人没有饲养、救治野生动物的经验和能力，将红隼带回家饲养可能还会造成其死亡。如果张先生将红隼带回家，将会面临被行政机关处罚的后果。另外，如果以饲养野生动物为名进行销售的还有会涉及刑事责任。在野外遇到受伤的野生动物或是在人们居住的地方遇到野生动物可以联系当地的野生动物救助中心，也可以拨打 110 报警。

条文依据

《中华人民共和国野生动物保护法》

第二十五条 国家支持有关科学研究机构因物种保护目的人工繁育国家重点保护野生动物。

前款规定以外的人工繁育国家重点保护野生动物实行许可制度。人工繁育国家重点保护野生动物的，应当经省、自治区、直辖市人民政府野生动物保护主管部门批准，取得人工繁育许可证，但国务院对批准机关另有规定的除外。

……

第四十七条 违反本法第二十五条第二款规定，未取得人工繁育许可证繁育国家重点保护野生动物或者本法第二十八条第二款规定的野生动物的，由县级以上人民政府野生动物保护主管部门没收野生动物及其制品，并处野生动物及其制品价值一倍以上五倍以下的罚款。

十二、防范非法集资与电信诈骗

186. 非法集资的表现形式有哪些？

典型案例

某酒店针对主大楼的修缮和翻新工程向社会公开招标，某建筑公司经过多轮竞争后中标。符合开工的财务要求是流动资金不低于

120 万元，该建筑公司因支付其他工程款而导致酒店工程的流动资金不足。董事长张某通过他的微信群发布“比银行储存利息高 5 个百分点”的筹资信息，他的朋友又把该筹资信息传播给其他人，张某很快在多方搭手下筹到了 200 万元。但之后张某未能如期还款，多位债权人以非法集资为由将张某告上法庭。那么，非法集资的表现形式有哪些？

依法解析

非法集资是指未经国务院金融管理部门依法许可或者违反国家金融管理规定，以许诺还本付息或者给予其他投资回报等方式，向不特定对象吸收资金的行为。由于没有金融资质的单位和个人的非法集资行为会扰乱国家正常的金融秩序，而且一旦出现还款问题将损害被集资人的利益，对社会稳定有着较大的影响，因此国家严格防范和严厉处置非法集资。

常见的非法集资形式包括：（1）不具有房产销售的真实内容或者不以房产销售为主要目的，以返本销售、售后包租、约定回购、销售房产份额等方式非法吸收资金；（2）以转让林权并代为管护等方式非法吸收资金；（3）以代种植（养殖）、租种植（养殖）、联合种植（养殖）等方式非法吸收资金；（4）不具有销售商品、提供服务的真实内容或者不以销售商品、提供服务为主要目的，以商品回购、寄存代售等方式非法吸收资金；（5）以网络借贷、投资入股、虚拟币交易等方式非法吸收资金；（6）以委托理财、融资租赁等方式非法吸收资金；（7）以提供“养老服务”、投资“养老项目”、销售“老年产品”等方式非法吸收资金；（8）其他通过大众传播媒介、即时通信工具或者其他方式公开传播吸收资金。

对于非法集资人触犯刑法时所涉及的罪名，最高人民法院颁布了《关于审理非法集资刑事案件具体应用法律若干问题的解释》，规定相关的非法集资刑事案件可被认定为非法吸收公众存款罪和集资诈骗罪。非法吸收公众存款罪追究刑事责任的情形包括：（1）非法吸收或者变相吸收公众存款数额在100万元以上的。（2）非法吸收或者变相吸收公众存款对象150人以上的。（3）非法吸收或者变相吸收公众存款，给存款人造成直接经济损失数额在50万元以上的。（4）非法吸收或者变相吸收公众存款数额在50万元以上或者给存款人造成直接经济损失数额在25万元以上，同时具有下列情形之一的：曾因非法集资受过刑事追究的；二年内曾因非法集资受过行政处罚的；造成恶劣社会影响或者其他严重后果的。构成该罪“数额巨大”的情形包括：（1）非法吸收或者变相吸收公众存款数额在500万元以上的；（2）非法吸收或者变相吸收公众存款对象500人以上的；（3）非法吸收或者变相吸收公众存款，给存款人造成直接经济损失数额在250万元以上的。集资诈骗罪的成立要件是集资人以非法占有他人钱财为目的，使用诈骗方法非法集资，数额较大的行为，其中“数额较大”指集资诈骗10万元以上；“数额巨大”指集资诈骗100万元以上。

上面的案例中，张某通过微信群公开向不特定多数人以高于银行储存利率的承诺吸收“闲钱”，且数额高达200万元，严重扰乱了正常的金融秩序，应当被认定为非法吸收公众存款罪依法追究其刑事责任。

条文依据

《中华人民共和国刑法》

第一百七十六条 非法吸收公众存款或者变相吸收公众存款，扰乱金融秩序的，处三年以下有期徒刑或者拘役，并处或者单处罚金；数额巨大或者有其他严重情节的，处三年以上十年以下有期徒刑，并处罚金；数额特别巨大或者有其他特别严重情节的，处十年以上有期徒刑，并处罚金。

单位犯前款罪的，对单位判处罚金，并对其直接负责的主管人员和其他直接责任人员，依照前款的规定处罚。

有前两款行为，在提起公诉前积极退赃退赔，减少损害结果发生的，可以从轻或者减轻处罚。

第一百九十二条 以非法占有为目的，使用诈骗方法非法集资，数额较大的，处三年以上七年以下有期徒刑，并处罚金；数额巨大或者有其他严重情节的，处七年以上有期徒刑或者无期徒刑，并处罚金或者没收财产。

单位犯前款罪的，对单位判处罚金，并对其直接负责的主管人员和其他直接责任人员，依照前款的规定处罚。

《最高人民法院关于审理非法集资刑事案件具体应用法律若干问题的解释》

第一条 违反国家金融管理法律规定，向社会公众（包括单位和个人）吸收资金的行为，同时具备下列四个条件的，除刑法另有规定的以外，应当认定为刑法第一百七十六条规定的“非法吸收公众存款或者变相吸收公众存款”：

（一）未经有关部门依法许可或者借用合法经营的形式吸收资金；

（二）通过网络、媒体、推介会、传单、手机信息等途径向社会公开宣传；

（三）承诺在一定期限内以货币、实物、股权等方式还本付息或者给付回报；

（四）向社会公众即社会不特定对象吸收资金。

未向社会公开宣传，在亲友或者单位内部针对特定对象吸收资金的，不属于非法吸收或者变相吸收公众存款。

第七条 以非法占有为目的，使用诈骗方法实施本解释第二条规定所列行为的，应当依照刑法第一百九十二条的规定，以集资诈骗罪定罪处罚。

……

187. 电信诈骗触犯了什么罪？

典型案例

陈某高中毕业后无所事事，一直在村里闲转，后因为缺钱花便纠结了几位朋友组成诈骗团伙，群发某赛事中奖的虚假信息，诱骗收到信息的人登录“钓鱼网站”填写个人信息认领奖品。陈某等人不仅将非法收集的本村村民的信息出售给他人，还到附近几个村子里“寻找”诈骗对象，不断以兑奖需要缴纳保证金、手续费等为由，骗取他们的财物。案发前，陈某等人的诈骗团伙共获利100多万元，后该县人民检察院对陈某等人实施电信诈骗行为提起公诉。那么，电信诈骗触犯了什么罪呢？

依法解析

电信诈骗不同于传统面对面诈骗的形式，它是信息技术普及的“产物”，主要通过电话、网络、短信等方式编造虚假信息，对受害人实施远程、非接触式的诈骗。电信诈骗虽然披着科技外衣，其行为实质仍是在实施诈骗，因此，电信诈骗在刑法中主要涉及诈骗罪，即以非法占有他人财物为目的，借助网络等电信设备编造骗局，诱使他人打款或转账，致使公私财物损失的犯罪行为，应当以《刑法》第二百六十六条规定的诈骗罪论处。

上面的案例中，陈某等人结成电信诈骗犯罪团伙，以非法占有为目的，采用虚构事实的方法，通过“钓鱼网站”链接、发送诈骗信息、拨打诈骗电话等针对不特定多数人实施诈骗，其行为已构成诈骗罪。同时，由于陈某的犯罪团伙诈骗数额高达100多万元，属于法律规定的“数额特别巨大”，法院可依法判处其十年以上有期徒刑或者无期徒刑，并处罚金或者没收财产。

电信诈骗利用通信工具、互联网等技术手段实施诈骗行为，在此过程中涉及的环节众多，可能侵犯多种公私利益而产生数罪并罚的情形。因此，除了最本质的诈骗罪以外，根据最高人民法院、最高人民检察院、公安部发布的《关于办理电信网络诈骗等刑事案件适用法律若干问题的意见》，以下可能触犯的罪名也需要格外关注。第一，为进行电信诈骗活动，设立实施诈骗活动的网站、通讯组，符合《刑法》第二百八十七条之一规定的，可依法追究非法利用信息网络罪。第二，违反国家有关规定，在实施电信诈骗过程中非法获取公民个人信息，向他人出售或者提供的，可根据《刑法》第二百五十三条之一的规定，依法追究侵犯公民个人信息罪。第三，在网上注册办理手机卡、信用卡、银行账户、非银行支付账户时，为通过网上认证，使用他人身份证件信息并替换他人身份证件相片的，属于伪造身份证件行为，可根据《刑法》第二百八十条第三款的规定以伪造身份证件罪追究刑事责任。

条文依据

《中华人民共和国刑法》

第二百五十三条之一 违反国家有关规定，向他人出售或者提供公民个人信息，情节严重的，处三年以下有期徒刑或者拘役，并处或者单处罚金；情节特别严重的，处三年以上七年以下有期徒刑，并处罚金。

……

第二百六十六条 诈骗公私财物，数额较大的，处三年以下有期徒刑、拘役或者管制，并处或者单处罚金；数额巨大或者有其他严重情节的，处三年以上十年以下有期徒刑，并处罚金；数额特别巨大或者有其他特别严重情节的，处十年以上有期徒刑或者无期徒刑，并处罚金或者没收财产。本法另有规定的，依照规定。

第二百八十条 ……

伪造、变造、买卖居民身份证、护照、社会保障卡、驾驶证等依法可以用于证明身份的证件的，处三年以下有期徒刑、拘役、管制或者剥夺政治权利，并处罚金；情节严重的，处三年以上七年以下有期徒刑，并处罚金。

第二百八十七条之一 利用信息网络实施下列行为之一，情节严重的，处三年以下有期徒刑或者拘役，并处或者单处罚金：

（一）设立用于实施诈骗、传授犯罪方法、制作或者销售违禁物品、管制物品等违法犯罪活动的网站、通讯群组的；

（二）发布有关制作或者销售毒品、枪支、淫秽物品等违禁物品、管制物品或者其他违法犯罪信息的；

（三）为实施诈骗等违法犯罪活动发布信息的。

……

188. 电信诈骗的受害人应该如何救济？

典型案例

某村村民老周原本缴纳的是新农保，儿子劝说他按照自由职业者缴纳养老保险，并帮他办理了相关手续。一天，老周手机收到了一条核对社保资格的短信链接，他没有仔细看短信发送方的信息，就直接按照网站页面提示填写了重要信息。在页面提示核对完成后，他又看到领取养老保险需先核查账户金额的通知。老周本想等儿子回来再弄，但网页提示需在五分钟内完成，否则丧失资格，于是他就赶紧将养老保险账户内的金额转入了网页显示的银行账户。但几小时后，老周仍未看到资金返还的通知，才发觉自己被骗。那么，对于电信诈骗受害人而言，应如何救济呢？

依法解析

电信诈骗的传播途径众多，涉案金额巨大，严重损害了受害人的利益，同时也会导致社会信任危机、影响社会秩序。为了维护人民群众的利益、挽回诸多公私财产，国家严厉打击电信诈骗犯罪分子，也以立法的形式设定了一系列电信诈骗救济方式，主要包括自力救济和刑事法律救济。

自力救济指的是受害人在遭受电信诈骗后，应及时采取止损措施，防止损失进一步扩大。如立即修改银行密码、冻结涉嫌诈骗的银行卡号、及时拨打110报警并准确提供被骗信息、请求警察让交易银行紧急止付等。在上面的案例中，老周可以采用自力救济方式。而刑事法律救济指国家对实施电信诈骗的行为人依据国家刑事法律提起公诉，请求人民法院依法判决的司法救济。根据《刑法》第六十四条、《最高人民法院关于适用〈中华人民共和国刑事诉讼法〉的解释》第一百七十六条的规定，被告人非法占有的被害人财产应当依法予以追缴或者责令退赔，即受害人可以得到诈骗行为人涉案账户内的资金以补偿损失。若涉案账户内的金额需同时返还给社会财产和个人财产的拥有人，根据最高人民法院、最高人民检察院、公安部发布的《关于办理电信网络诈骗等刑事案件适用法律若干问题的意见(二)》第十七条的规定，应该优先返还给居民个人，剩余资金再返还给其他单位或组织。若涉案账户内的金额不足，导致不能向受害人全额返还的，应当按照被骗金额依比例返还。

条文依据

《中华人民共和国刑法》

第六十四条 犯罪分子违法所得的一切财物，应当予以追缴或者责令退赔；对被害人的合法财产，应当及时返还；违禁品和供犯罪所用的本人财物，应当予以没收。没收的财物和罚金，一律上缴国库，不得挪用和自行处理。

《最高人民法院、最高人民检察院、公安部关于办理电信网络诈骗等刑事案件适用法律若干问题的意见（二）》

……

十七、查扣的涉案账户内资金，应当优先返还被害人，如不足以全额返还的，应当按照比例返还。

《最高人民法院关于适用〈中华人民共和国刑事诉讼法〉的解释》

第一百七十六条 被告人非法占有、处置被害人财产的，应当依法予以追缴或者责令退赔。被害人提起附带民事诉讼的，人民法院不予受理。追缴、退赔的情况，可以作为量刑情节考虑。

十三、农民专业合作社、乡镇企业等

189. 设立农民专业合作社需要具备哪些条件?

典型案例

冯家庄是个发展相对落后的村，年轻人几乎都在外务工，村子的活力一天不如一天。村里新换届选举的村长是个有想法的人，他邀请全国典型成功合作社负责人到村中宣讲，介绍办合作社的好处，号召村民一起办好合作社。村民听了宣讲会觉得备受鼓舞，村长就趁热打铁，表示自己带头将自己的土地流转入股，其他人有力出力，有钱出钱。很多年轻的村民也想回到家乡一起创办合作社。那么，设立农民专业合作社需要具备哪些条件?

依法解析

农民专业合作社不同于追求盈利最大化的股份公司，该组织主要是为了服务社员的互助性经济组织，服务涵盖了农资购买、耕地播种服务、农产品的销售等整个农业作业产销链条的各个环节。设立农民专业合作社，需要满足我国《农民专业合作社法》第十二条规定的条件，要有自己的名称、住所、章程、组织机构及五名以上适格的成员。其中成员中农民的人数、企业、事业单位或者社会组织成员所占比例要符合专门的规定，具有管理公共事务职能的单位不得作为成员加入。符合这些条件，合作社就可以向主管部门提交设立登记申请了。案例中冯家庄村长的想法只要符合了上述法律规定的条件，就可以付诸实施设立农民专业合作社了。

条文依据

《中华人民共和国农民专业合作社法》

第十二条 设立农民专业合作社，应当具备下列条件：

（一）有五名以上符合本法第十九条、第二十条规定的成员；

（二）有符合本法规定的章程；

（三）有符合本法规定的组织机构；

（四）有符合法律、行政法规规定的名称和章程确定的住所；

（五）有符合章程规定的成员出资。

第十九条 具有民事行为能力的公民，以及从事与农民专业合作社业务直接有关的生产经营活动的企业、事业单位或者社会组织，能够利用农民专业合作社提供的服务，承认并遵守农民专业合作社章程，履行章程规定的入社手续的，可以成为农民专业合作社的成员。但是，具有管理公共事务职能的单位不得加入农民专业合作社。

农民专业合作社应当置备成员名册，并报登记机关。

190. 新加入农民专业合作社的成员，需要对合作社以前的债务承担责任吗？

典型案例

王家庄的农民专业合作社向某农机公司订购了三台播种机，约定货款分两次付清。但是到了该付第二笔款的时候，合作社负责人说缓几天再付款，近期在忙着办理新社员加入的手续。农机公司非常不满意，说新社员缴纳的钱款必须先给农机公司，偿还购进播种机欠下的债，货款两清后让新社员再直接给合作社出资。合作社负责人表示这不合法，双方争执起来。那么，新加入农民专业合作社的成员，需要对合作社以前的债务承担责任吗？

依法解析

农民专业合作社属于独立的法人，我国《农民专业合作社法》第五条规定，农民专业合作社以合作社的名义和独立财产对外承担责任，独立财产包括成员的出资、政府扶持的资金和社会捐助等。

合作社对外承担的责任既包括某个新成员加入前合作社应承担的债务责任，也包括新成员加入后合作社应承担的债务责任，这些责任都应当以合作社的名义和独立财产承担，而不应归结于某些具体的社成员。因此，案例中王家庄的合作社因购置播种机所欠货款，只能由合作社来承担，新加入社员的出资款不能直接给农机公司顶账。

由于合作社已经对外承担所有债务责任了，也就不存在某个特定合作社成员对此债务承担责任，是否为新加入的成员实际上并没有区分的必要。按照《农民专业合作社法》第六条的规定，农民专业合作社的成员以出资额为限对合作社承担责任，简而言之，成员只要履行了出资义务，就不需要对合作社的债务承担责任了，合作社的债权人也不能直接追究合作社新、老成员的责任。一般新成员的加入都会让合作社的资本增加，提高了合作社承担外债的责任，但是不能由新社员直接以个人出资对外承担合作社的债务责任。

条文依据

《中华人民共和国农民专业合作社法》

第四条 农民专业合作社应当遵循下列原则：

（一）成员以农民为主体；

（二）以服务成员为宗旨，谋求全体成员的共同利益；

（三）入社自愿、退社自由；

（四）成员地位平等，实行民主管理；

（五）盈余主要按照成员与农民专业合作社的交易量（额）比例返还。

第五条 农民专业合作社依照本法登记，取得法人资格。

农民专业合作社对由成员出资、公积金、国家财政直接补助、他人捐赠以及合法取得的其他资产所形成的财产，享有占有、使用和处分的权利，并以上述财产对债务承担责任。

第六条 农民专业合作社成员以其账户内记载的出资额和公积金份额为限对农民专业合作社承担责任。

191. 农民专业合作社对成员构成有什么要求？

典型案例

李家庄想成立一个养猪合作社，经村民报名，合计人数有17人。合作社的操办者同时向镇上的企业和畜牧站等进行了专门的宣传，畜牧站表示其承担了公共管理职能，不能作为成员加入合作社，只有一家生产兽药的公司和一家生产饲料的公司想成为合作社成员。但是在向主管部门申报设立登记时，主管部门提出成员构成不符合法律规定，成员调整完毕之前不能通过审批。那么，任何人、单位都可以加入农民专业合作社吗？对成员构成有要求吗？

依法解析

农民专业合作社是为了帮助社内成员从事农业活动提供服务的，成员应当以农民为主，《农民专业合作社法》第二十条中有就明确规定，成员中需有不低于百分之八十的农民。除集体经济组织的成员外，还可以吸收一定的单位加入合作社，但并不是任何单位都能成为合作社成员，第十九条同时规定，具有管理公共事务职能的单位不得加入农民专业合作社，所以案例中畜牧站不参与合作社的设立是正确的。

按照《农民专业合作社法》第二十条第二款的规定，成员总数

20人以下的，可以有一个企业、事业单位或者社会组织成员。由于案例中李家庄成立的养猪合作社成员只有17人，那么只能再吸收一家企业、事业单位或者社会组织加入，这也就意味着兽药公司和饲料公司只有一家能够成为养猪合作社的成员。如果合作社成员超过20人，就可以有百分之五的名额给企业，因此李家庄需要继续吸引更多的农民加入，才能使两家企业都加入进来。在确保构成成员合规的情况下，才能被主管部门审批通过。

条文依据

《中华人民共和国农民专业合作社法》

第十九条 具有民事行为能力的公民，以及从事与农民专业合作社业务直接有关的生产经营活动的企业、事业单位或者社会组织，能够利用农民专业合作社提供的服务，承认并遵守农民专业合作社章程，履行章程规定的入社手续的，可以成为农民专业合作社的成员。但是，具有管理公共事务职能的单位不得加入农民专业合作社。

农民专业合作社应当置备成员名册，并报登记机关。

第二十条 农民专业合作社的成员中，农民至少应当占成员总数的百分之八十。

成员总数二十人以下的，可以有一个企业、事业单位或者社会组织成员；成员总数超过二十人的，企业、事业单位和社会组织成员不得超过成员总数的百分之五。

192. 召开农民专业合作社成员大会有何规定?

典型案例

某县合作社联合社开展了一场“请进来”宣讲活动，将本社的中药材、茶叶种植、加工和销售业绩向参会的十家合作社负责人进行了展示，并提出邀请新的合作社加入，将联合社做大做强。马家庄茶叶合作社负责人对此次入社邀请非常感兴趣，他们村的茶叶种植遇到了瓶颈，想要提高茶叶的性价比，就需要上一个台阶，他觉得这是一个壮大合作社的大好时机。马家庄每年一次召开合作社成员大会的时间就要到了，他打算在会上讨论一下加入联合社的事情。那么，农民专业合作社成员大会如何召开？会议上的表决权是按出资多少来分配吗？

依法解析

农民专业合作社的合并、解散、加入联合社等重大事宜均要在成员大会中进行表决，表决通过后才能具体执行。合作社成员大会作为合作社的权力机构、最高决策机构，我国《农民专业合作社法》第三十一条明确了其召开方式，即农民专业合作社成员大会每年至少召开一次，会议的召集由章程规定，有特殊情况还可以依法召开临时成员大会。案例中马家庄茶叶合作社召开的成员大会就是按照每年至少一次的规定进行的，如果加入联合社的事情比较紧急，无法等到年度会议的时间，也可以由执行监事、监事会或者百分之三十以上的成员提议，召开临时成员大会。

农民专业合作社成员享有选举权和表决权，实行一人一票制。

加入联合社的决议方式如果章程有更加严格的规定，则应当优先按照本社的章程进行表决，章程没有特殊规定的，则依法由本社成员表决权总数的三分之二以上通过。当然，这些成员享有的是一票基本表决权，考虑到部分成员可能出资额比较大，特别允许此类成员享有附加表决权。

条文依据

《中华人民共和国农民专业合作社法》

第二十二条 农民专业合作社成员大会选举和表决，实行一人一票制，成员各享有一票的基本表决权。

出资额或者与本社交易量（额）较大的成员按照章程规定，可以享有附加表决权。本社的附加表决权总票数，不得超过本社成员基本表决权总票数的百分之二十。享有附加表决权的成员及其享有的附加表决权数，应当在每次成员大会召开时告知出席会议的全体成员。

第三十条 农民专业合作社召开成员大会，出席人数应当达到成员总数三分之二以上。

成员大会选举或者作出决议，应当由本社成员表决权总数过半数通过；作出修改章程或者合并、分立、解散，以及设立、加入联合社的决议应当由本社成员表决权总数的三分之二以上通过。章程对表决权数有较高规定的，从其规定。

第三十一条 农民专业合作社成员大会每年至少召开一次，会议的召集由章程规定。有下列情形之一的，应当在二十日内召开临时成员大会：

（一）百分之三十以上的成员提议；

（二）执行监事或者监事会提议；

（三）章程规定的其他情形。

193. 创办“乡镇企业”应满足什么条件？

典型案例

小张近些年在城里打拼，积累了一些企业经营的经验和人脉，打算回村里开办一个有机蔬菜基地企业，就是资金方面还有些不足。刚好听说，为应对新冠肺炎疫情的影响，农业农村部针对农业乡镇企业推出了一系列贷款优惠政策，小张就开始谋划创办乡镇企业，依靠贷款的优惠政策，尽快让企业运转起来。但小张对乡镇企业并不了解，也担心它的财产权归属。那么，什么样的企业才属于乡镇企业？谁拥有乡镇企业的财产权呢？

依法解析

乡镇企业是独立的企业法人，有自己独立的名称、章程、住所、组织机构，独立承担民事责任，也有区别于普通企业的特点。我国《乡镇企业法》第二条规定，乡镇企业是以农村集体经济组织或者农民投资为主的，这就要求此类资本需超过总资产的百分之五十，或者虽不足百分之五十，但能起到控股或者实际支配作用。从资本所占比例和控制权两个方面对农村集体经济组织、农民投资进行法律强制性规定，是乡镇企业的特点之一。因此，小张创办的企业，如果没有村集体投资，需要小张与其他农民朋友投资达到一半的比例，如出资确实存在现实困难，也需要农民对有机蔬菜企业有实际控制的能力，让该乡镇企业能够履行支援农业义务，而非仅仅占有乡镇的土地，脱离农业生产。

乡镇企业的财产权归属要根据投资主体的不同而区别对待。

《乡镇企业法》第十条规定，农村集体经济组织投资设立的乡镇企业，其企业财产权属于该集体组织的全体农民集体所有；如果有其他企业、组织或者个人共同参与投资的，由投资者按份所有；如果像案例中的小张自己创立的乡镇企业，其企业财产权就属于投资者小张所有。

条文依据

《中华人民共和国乡镇企业法》

第二条 本法所称乡镇企业，是指农村集体经济组织或者农民投资为主，在乡镇（包括所辖村）举办的承担支援农业义务的各类企业。

前款所称投资为主，是指农村集体经济组织或者农民投资超过百分之五十，或者虽不足百分之五十，但能起到控股或者实际支配作用。

乡镇企业符合企业法人条件的，依法取得企业法人资格。

第十条 农村集体经济组织投资设立的乡镇企业，其企业财产权属于设立该企业的全体农民集体所有。

农村集体经济组织与其他企业、组织或者个人共同投资设立的乡镇企业，其企业财产权按照出资份额属于投资者所有。

农民合伙或者单独投资设立的乡镇企业，其企业财产权属于投资者所有。

194. 乡镇企业建厂占地应遵循哪些原则？

典型案例

孙某在县城的农机站从事农机维修工作，时间一长，就想自己创办一家乡镇企业，经营新型农机设备的出售和维修。向主管部门申请设立审批时，工作人员指出，该申请占用了耕地，这是违反乡镇企业占地原则的，只有本辖区没有其他合适土地才能占用耕地，并且需要履行耕地变为建设用地的审批手续后才可以占用。于是孙某提交的乡镇企业设立申请被驳回，要重新组织申报材料后再进行审批。那么，乡镇企业占地建厂需要遵循哪些原则？

依法解析

我国人口众多，尤其是东部发达地区，地少人多的问题始终是生产生活需要考虑的因素，耕地的保护更是土地保护的重中之重，乡镇企业建厂必须遵循《乡镇企业法》第二十八条中规定的节约用地、办理土地审批手续、闲置土地回收等原则。筹办乡镇企业要合理利用和节约使用土地，凡有荒地、劣地可以利用的，不得占用耕地、好地。案例中的孙某创立乡镇企业直接占用耕地，且未办理土地审批手续的行为是违反法律规定的。

当然，孙某想要以自己的耕地使用权作价出资入股企业是可行的，企业在不改变土地使用性质的前提下，利用耕地种植农作物、蔬菜等是比较常见的合法利用方式。孙某可以考虑更换建厂土地选址或者改变乡镇企业经营方向，通过作物耕种来实现创业创收。

条文依据

《中华人民共和国乡镇企业法》

第二十八条 举办乡镇企业，其建设用地应当符合土地利用总体规划，严格控制、合理利用和节约使用土地，凡有荒地、劣地可以利用的，不得占用耕地、好地。

举办乡镇企业使用农村集体所有的土地的，应当依照法律、法规的规定，办理有关用地批准手续和土地登记手续。

乡镇企业使用农村集体所有的土地，连续闲置两年以上或者因停办闲置一年以上的，应当由原土地所有者收回该土地使用权，重新安排使用。

195. 设立乡村集体所有制企业需要满足哪些条件？

典型案例

为了解决乡镇经济缺乏后劲的现状，某市提出了每个乡镇重点扶植一家集体所有制企业的方案，通过企业受惠的方式，真正惠及农民集体。某村创办了一家农民专业合作社，从事蜂蜜采集等作业项目。该合作社申报政府扶植企业时，主管部门告知本次政策中规定的被扶植企业范围是乡村集体所有制企业，合作社不在此范围内。那么，什么是乡村集体所有制企业？设立此类型企业需要满足哪些条件？

依法解析

根据《乡村集体所有制企业条例》第二条的规定，乡村集体所有制企业是农民群众集资开办的劳动群众集体所有的企业，是指除农业生产合作社、农村供销合作社、农村信用合作社以外，由乡村农民集体举办的企业。据此可知，案例中的蜂蜜合作社不属于乡村集体所有制企业范畴，不能享受政府对乡村集体所有制企业的优惠政策。

创立此类企业，需要满足《乡村集体所有制企业条例》第十三条规定的条件，除包括一般企业设立需要具备的名称、生产经营场所、组织机构条件外，还需要其产品和提供的服务为社会所需要，并符合国家法律、法规和政策规定；有确定的经营范围、相应的生产资料；有必要的劳动卫生、安全生产条件和环境保护措施；符合当地乡村建设规划，合理利用土地。但符合上述条件的企业不能直接报请审批，而是需要经乡级人民政府审核后，再报请县级人民政府乡镇企业主管部门等批准后，方可办理登记手续。

条文依据

《中华人民共和国乡村集体所有制企业条例》

第二条 本条例适用于由乡（含镇，下同）村（含村民小组，下同）农民集体举办的企业。

农业生产合作社、农村供销合作社、农村信用社不适用本条例。

第十三条 设立企业应当具备下列条件：

（一）产品和提供的服务为社会所需要，并符合国家法律、法规和政策规定；

（二）有自己的名称、组织机构和生产经营场所；

（三）有确定的经营范围；

（四）有与生产经营和服务规模相适应的资金、设备、从业人员和必要的原材料条件；

（五）有必要的劳动卫生、安全生产条件和环境保护措施；

（六）符合当地乡村建设规划，合理利用土地。

196. 有限责任公司倒闭了，所欠房租由谁来承担？

典型案例

江某近几年种植蔬菜大棚攒了不少钱，就投资入股了一家有限责任公司，该公司经营场所是租用的个人商铺。后来因公司经营困难，员工都离职了，江某也只好自认倒霉。一天，商铺户主联系公司财务催要本季度的房租，财务说公司要倒闭了，自己也要离职，让他联系江某。商铺户主立刻赶到商铺，见到江某就让他支付房租，说他是大股东，公司不经营了，这个钱就得他来付。江某觉得本来自己投资都已经赔本了，房租是公司欠的，不应该由自己承担。那么，有限责任公司所负债务应该由谁承担？

依法解析

有限责任公司的责任承担体现在我国《公司法》第三条的规定中，即公司以其全部财产对公司的债务承担责任，股东仅以其出资额为限对公司承担责任，并不需要对公司的债务直接负责赔偿。实际上，在公司股东全额缴纳出资后，可以说股东的义务就已经完成了，公司的债务与他就没有关系了。所以，案例中的江某虽然是公司的大股东，但他已经完成了出资义务，其个人财产是独立于公司财产的，无需用于偿还公司的租金债务。

商铺户主如果想要维权，可以选择起诉该公司，由法院审查股东的出资行为，如江某等股东存在未履行或者未全面履行出资义务、抽逃出资等情况的，可要求江某等股东对公司债务不能清偿的部分承担补充赔偿责任；如果股东出资没有瑕疵，那么法院会判令公司承担支付房租的责任。

条文依据

《中华人民共和国公司法》

第三条 公司是企业法人，有独立的法人财产，享有法人财产权。公司以其全部财产对公司的债务承担责任。

有限责任公司的股东以其认缴的出资额为限对公司承担责任；股份有限公司的股东以其认购的股份为限对公司承担责任。

197. 合伙人需要对合伙企业的债务承担什么责任？

典型案例

胡某发现近来市场上山货产品越来越受到人们的青睐，于是想凑点钱做山货生意。饭桌上，赵某等同村几个一起长大的伙伴在听了胡某的介绍后，觉得这门生意一定能够使大家赚到钱，但是又听说成立公司还得设立董事会、监事会什么的，手续比较麻烦，于是提出既然点子是胡某出的，大家就把钱都交给胡某统一打理。在这种情况下，胡某提出成立一个合伙企业，由大家一起管理，他主要负责日常业务。但是有人提出毕竟做生意有风险，最好事先说一下怎么分担债务。那么，合伙人需要对合伙企业的债务承担什么责任？

依法解析

合伙企业主要是基于人与人之间的信任，也就是人合性而聚集成立的企业。在设立、责任承担等诸多方面，合伙企业与现在一般常见的有限责任公司或者股份有限公司有着许多区别。依据合伙企业的组织形式，可以将合伙企业分为普通合伙企业和有限合伙企业，其中有限合伙企业必须由普通合伙人和有限合伙人组成。

我国《合伙企业法》第二条分别规定了两种合伙企业组织形式下，合伙人如何承担企业债务，其中普通合伙人对于企业债务承担的是无限连带责任，而有限合伙企业中有限合伙人则是以其认缴的出资额为限对合伙企业债务承担责任。具体到本案中，如果胡某等人决议成立普通合伙企业，各合伙人都应当对合伙企业债务承担无限连带责任；如果胡某等人依据实际，经有关机关批准成立的是有限合伙企业，那么其中的普通合伙人依然需要对合伙企业债务承担无限连带责任，但是其中的有限合伙人则以其认缴的出资额为限对合伙企业债务承担责任，承担的也就是通常意义的有限责任。

条文依据

《中华人民共和国合伙企业法》

第二条 本法所称合伙企业，是指自然人、法人和其他组织依照本法在中国境内设立的普通合伙企业和有限合伙企业。

普通合伙企业由普通合伙人组成，合伙人对合伙企业债务承担无限连带责任。本法对普通合伙人承担责任的形式有特别规定的，从其规定。

有限合伙企业由普通合伙人和有限合伙人组成，普通合伙人对合伙企业债务承担无限连带责任，有限合伙人以其认缴的出资额为限对合伙企业债务承担责任。

198. 退伙后还需要对之前合伙企业的债务承担责任吗？

典型案例

孙某、吴某、李某是同村人，都以跑运输为生。几年前，三人各出资50万元成立了一家“兄弟物流”普通合伙企业，主营市、县间的物流运输，并约定所得利润与负担债务三人平分。但在经营过程中，李某与孙某、吴某产生了很大分歧，多次协商未果，一气之下退出了合伙企业。后来“兄弟物流”的债权人钱某找到李某，要求其承担“兄弟物流”15万元的债务，说这笔债务是李某作为合伙人期间发生的，李某以自己已经退出合伙为由拒绝了钱某的要求。那么，李某退伙后，还需要对之前合伙企业的债务承担责任吗？

依法解析

合伙企业的人合性特征，使得合伙人对债务的承担与《公司法》规定的股东应承担的责任有很大不同。合伙人退伙后并不代表其与担任合伙人期间产生的债务就完全没有关系了。普通合伙人和有限合伙人对退伙前的债务承担也有所不同。依据我国《合伙企业法》第五十三条和第八十一条的规定，普通合伙人退伙后对其退伙前发生的合伙企业债务，承担无限连带责任；有限合伙人退伙后，对其退伙前发生的有限合伙债务，以其退伙时从有限合伙企业中取回的财产承担责任。

本案中，李某参加的“兄弟物流”是普通合伙企业，所以在退伙后，对于作为债权人的钱某的债权，应当进行鉴别，如果确实是因为李某退伙前的原因发生的，则李某应当对该笔债权承担无限连带责任。

条文依据

《中华人民共和国合伙企业法》

第五十三条 退伙人对基于其退伙前的原因发生的合伙企业债务，承担无限连带责任。

第八十一条 有限合伙人退伙后，对基于其退伙前的原因发生的有限合伙企业债务，以其退伙时从有限合伙企业中取回的财产承担责任。

十四、村民自治

199. 户籍不在本村但是长期在本村居住的人，可以参加本村村委会的选举吗？

典型案例

孙某和付某结婚嫁到了乙村，但是户籍并没有迁到乙村。乙村在进行村民委员会换届选举前，负责选举的工作人员到付某家进行选民登记，孙某的公婆和丈夫付某都可以参加选举、投票，而孙某却不在参加选举的人员名单中。孙某想自己已经嫁到乙村十多年了，虽然户籍没迁过来，但是长期住在这儿，理应和其他村民一样参加选举。那么，孙某可以参加乙村选举吗？

依法解析

我国《村民委员会组织法》第十三条第二款第三项规定，户籍不在本村，在本村居住一年以上，本人申请参加选举，并且经村民会议或者村民代表会议同意参加选举的公民，应当列入参加选举的村民名单。村民委员会是基层群众性自治组织，必须依靠群众进行治理，所以村民自治过程中涉及的事项对户籍要求非常严格，一般而言只有户籍地村民才可以参与本村基层自治，但并不是说户籍不在本村就不可以参加选举。根据上述法律规定，只要满足居住一年以上的条件就可以向村委会申请参加选举，经过村民会议或者村民代表会议同意后就可以参与选举进行投票了。

上面的案例中，孙某的户籍虽不在乙村，但她已在乙村生活十多年，可以申请参加选举。需要注意的是，村民只能参加一个村的选举活动，根据《村民委员会组织法》第十三条第三款的规定，已在户籍所在村或者居住村登记参加选举的村民，不得再参加其他地方村民委员会的选举。也就是说，如果孙某在户籍所在地甲村参加了选举，就不能再申请在乙村参加选举了。

条文依据

《中华人民共和国村民委员会组织法》

第十三条 年满十八周岁的村民，不分民族、种族、性别、职业、家庭出身、宗教信仰、教育程度、财产状况、居住期限，都有选举权和被选举权；但是，依照法律被剥夺政治权利的人除外。

村民委员会选举前，应当对下列人员进行登记，列入参加选举的村民名单：

（一）户籍在本村并且在本村居住的村民；

（二）户籍在本村，不在本村居住，本人表示参加选举的村民；

（三）户籍不在本村，在本村居住一年以上，本人申请参加选举，并且经村民会议或者村民代表会议同意参加选举的公民。

已在户籍所在村或者居住村登记参加选举的村民，不得再参加其他地方村民委员会的选举。

200. 在外打工的村民，如何行使选举权？

典型案例

程某是某村村民，一直在外务工，每年过年才回家。到了换届选举的时候，村委会登记参加选举的村民名单，程某的母亲问他是否回家参加选举。程某觉得往返一趟时间太长，而且现在正是工地赶工期的时候，领导肯定不同意自己长时间请假，而且工资损失、来回路费也是一大笔钱。程某左思右想，犯了难，他既想参加选举又不想回去。那么，像程某这种在外打工不能回村的人怎样参与选举呢？

依法解析

选举是村集体成员行使村民自治权利的体现，也能够让村民切身体会到自己当家做主的重要性。外出务工的村民仍属于村集体成员，理所当然地享有选举的权利。但实际生活中，选举时间往往会与外出务工时间冲突，很多人想回村参加选举，但考虑到时间、金钱、精力等因素，最终会选择放弃。事实上，外出务工不能回村参加选举，可以通过委托他人代为投票的方式行使自己的选举权利。对此，我国《村民委员会组织法》第十五条第四款规定，登记参加选举的村民，选举期间外出不能参加投票的，可以书面委托本村有选举权的近亲属代为投票。村民选举委员会应当公布委托人和受委托人的名单。这里的近亲属，主要指配偶、父母、子女、兄弟姐妹、祖父母、外祖父母、孙子女、外孙子女。委托的近亲属必须满足《村民委员会组织法》第十三条第一款中对选民资格的要求，即年满 18 周岁且没有被剥夺政治权利。

本案中，程某是该村村民，因在外地务工无法回村参加选举活动，可以向近亲属出具书面的委托书，委托其代为投票，这样程某就可以行使选举权了。

条文依据

《中华人民共和国村民委员会组织法》

第十三条 年满十八周岁的村民，不分民族、种族、性别、职业、家庭出身、宗教信仰、教育程度、财产状况、居住期限，都有选举权和被选举权；但是，依照法律被剥夺政治权利的人除外。

……

第十五条 ……

登记参加选举的村民，选举期间外出不能参加投票的，可以书面委托本村有选举权的近亲属代为投票。村民选举委员会应当公布委托人和受委托人的名单。

……

201. 罢免村委会成员，要经过怎样的程序？

典型案例

郭某是某村村委会成员，担任治保主任职务，平时主要负责政策法规宣传教育、治安巡逻、落实防盗防火、配合调解委员会及时疏导和调解各种民事纠纷等工作。郭某任职以来，在处理村民纠纷时，态度恶劣、蛮横，还经常偏袒其宗族人员；在其他日常工作中又爱摆架子，对村民吆五喝六，还给一些人“穿小鞋”，利用自己的便利条件谋取私利。郭某的种种行为导致村民对他颇有意见，村民们经常聚在一起讨论如何将郭某罢免，不再让他担任村委会成员。那么，村民需要经过怎样的程序，才能罢免郭某呢？

依法解析

罢免，是指村民对认为不称职或不满意的村委会成员，在其任职期届满前用投票的方法免除其职务的活动。村民选举罢免是村民选举的延伸，是选举程序中的一种特殊形式，这是村民监督村委会成员的一种手段，既是法律制度，又是民主自治的方式。但村委会成员是经过村民选举产生的，罢免村委会成员也需要一定的法律程序。根据我国《村民委员会组织法》第十六条的规定，本村五分之一以上有选举权的村民或者三分之一以上的村民代表联名，可以提出罢免村民委员会成员的要求，并说明要求罢免的理由。罢免村民委员会成员，须有登记参加选举的村民过半数投票，并须经投票的村民过半数通过。如果村民代表选举产生的村委会成员在任职期间内，不作为、慢作为，或者有损害本村村委会和村民权益的行为，村民可以通过上述程序，提出罢免村委会成员要求，提前解除其职务。

本案中，村委会成员郭某在工作中态度蛮横、欺压村民、谋取私利，其行为已经引起村民不满，无法再获得村民们的信任，可以由村民联合提出罢免要求；在投票时，只要参加选举村民过半数投票通过就可以罢免郭某。当然，该条法律也规定被提出罢免的村委会成员可以提出申辩意见，体现了对公民权利的平等保护。

条文依据

《中华人民共和国村民委员会组织法》

第十六条 本村五分之一以上有选举权的村民或者三分之一以上的村民代表联名，可以提出罢免村民委员会成员的要求，并说明要求罢免的理由。被提出罢免的村民委员会成员有权提出申辩意见。

罢免村民委员会成员，须有登记参加选举的村民过半数投票，并须经投票的村民过半数通过。

202. 村里哪些事项必须公开？

典型案例

大屯村遭遇了多年不遇的大暴雨，农作物被淹，部分破旧农房坍塌，所幸没有人员伤亡。大雨过后，村民委员会带领村民进行抢险抗灾工作。政府为大屯村拨付了一笔救灾款，社会也捐赠了不少物资，村委会将款项用于灾后重建工作。不久，大屯村重建工作结束，村民的生活也重新进入正轨，但村委会一直没有说明政府救灾款项的使用情况，有的村民怀疑村委会成员将救灾款挪用或是据为己有了，希望能公布救灾款项的使用情况。那么，大屯村村委会是否要对救灾款的使用情况进行公示呢？又有哪些事项属于应当公开呢？

依法解析

村务公开是指村民委员会组织把处理本村涉及国家、集体和村民群众利益的事务的具体情况，通过一定的形式和程序告知全体村民，并由村民参与管理、实施监督的一种民主行为。村民委员会是村民自我管理、自我教育、自我服务的基层群众性自治组织，村民委员会行使职权时，应该受到村集体成员的监督。村务公开就是村民实行监督、约束和规范村委会及其成员行为，促进干部廉洁自律的有效途径。我国《村民委员会组织法》第三十条第二款规定了村委会应当公布的具体事项，包括：（1）由村民会议、村民代表会议讨论决定的事项及其实施情况；（2）国家计划生育政策的落实方案；（3）政府拨付和接受社会捐赠的救灾救助、补贴补助等资金、物资的管理使用情况；（4）村民委员会协助人民政府开展工作的情况；（5）涉及本村村民利益，村民普遍关心的其他事项。

本案中，大屯村因灾后重建得到了政府拨付的救灾款、社会捐赠款物，村民委员会已将款项用于救灾，这些款项属于《村民委员会组织法》第三十条第二款第三项规定的村务公开范围，大屯村的村民委员会应当及时公布款项的数额、管理及使用情况，以便村民监督。

条文依据

《中华人民共和国村民委员会组织法》

第三十条 村民委员会实行村务公开制度。

村民委员会应当及时公布下列事项，接受村民的监督：

（一）本法第二十三条、第二十四条规定的由村民会议、村民代表会议讨论决定的事项及其实施情况；

（二）国家计划生育政策的落实方案；

（三）政府拨付和接受社会捐赠的救灾救助、补贴补助等资金、物资的管理使用情况；

（四）村民委员会协助人民政府开展工作的情况；

（五）涉及本村村民利益，村民普遍关心的其他事项。

前款规定事项中，一般事项至少每季度公布一次；集体财务往来较多的，财务收支情况应当每月公布一次；涉及村民利益的重大事项应当随时公布。

村民委员会应当保证所公布事项的真实性，并接受村民的查询。

203. 村民会议的召集和决定作出的程序是如何规定的？

典型案例

小丁村是当地的贫困村，村里人世世代代靠着薄田度日。政府致力于小丁村脱贫致富，制定了旅游、养殖等多个脱贫攻坚方案，并向小丁村派驻了帮扶干部张某。张某到小丁村后，与小丁村村民委员会主任顾某商量如何开展脱贫攻坚工作。张某表示，首先要让村民了解政府的扶贫政策，调动村民的积极性，才好开展扶贫工作。顾某很认可张某的想法，二人商量召开村民会议，宣传政府扶贫政策，探讨小丁村的扶贫方案。那么，谁有权召开村民会议？通过会议决定需要哪些程序呢？

依法解析

村民会议是村民实现直接民主的基本形式，有利于广大村民行使参与民主管理的权利，在村民自治的深入发展和农村社会的全面进步中，发挥着日益重要的作用。但是，村民会议的召开需要履行一定的法律程序，我国《村民委员会组织法》第二十一条第二款规定，召开村民会议有两种方式，一种为村民委员会召集，一种为村民或是村民代表提议召集。村民会议决定的内容一般是涉及村民重大利益的问题，因此对于会议的决定能否通过也是有严格要求的。村民会议有两种形式，所以《村民委员会组织法》第二十二条也规定了两种决议通过的标准，一种是18周岁以上村民都参加的会议，需要村民过半数通过，另一种是本村三分之二以上的户的代表参加的村民会议，需要参会人员过半数通过。

本案中，张某与村主任顾某想要召开村民会议，最简便、快捷的方法就是由村民委员会召集。会议的议题方案通过程序就根据村民会议参会人员的组成来决定，只要达到《村民委员会组织法》第二十二条规定的投票比例，那么扶贫方案也就通过了。

条文依据

《中华人民共和国村民委员会组织法》

第二十一条 村民会议由本村十八周岁以上的村民组成。

村民会议由村民委员会召集。有十分之一以上的村民或者三分之一以上的村民代表提议，应当召集村民会议。召集村民会议，应当提前十天通知村民。

第二十二条 召开村民会议，应当有本村十八周岁以上村民的过半数，或者本村三分之二以上的户的代表参加，村民会议所作决定应当经到会人员的过半数通过。法律对召开村民会议及作出决定另有规定的，依照其规定。

召开村民会议，根据需要可以邀请驻本村的企业、事业单位和群众组织派代表列席。

204. 谁可以修改村规民约?

典型案例

陈村的地理位置比较偏僻，民风很淳朴，多年来一直延续着20世纪80年代的村规民约。如今，经过政府的扶持、建设，陈村成了远近闻名的桃林村，桃花开放、桃子成熟的季节吸引了很多慕名而来的游客，村里人经营起农家乐，家家户户的生活都有了很大的改善。生活富裕以后，村民逐渐出现打麻将、赌博的现象，红白喜事攀比之风日盛，而村规民约对这些不好的习惯、风气都没有约束，村主任就想修改村规民约。那么，谁有权修改村规民约呢?

依法解析

我国《村民委员会组织法》第二十七条第一款规定，村民会议可以制定和修改村民自治章程、村规民约，并报乡、民族乡、镇的人民政府备案。村规民约是村民自治的起始阶段，依据党的方针政策和国家法律法规，结合本村实际，为维护本村的社会秩序、社会公共道德、村风民俗、精神文明建设等方面制定的约束规范村民行为的一种规章制度。村规民约是村集体成员知悉、同意、遵守的制度，因此必须经过村民会议制定和修改，还需要向上一级政府机关备案。本案中，陈村村主任想修改村规民约就需要召开村民会议，共同讨论决定村规民约的内容。

条文依据

《中华人民共和国村民委员会组织法》

第二十七条 村民会议可以制定和修改村民自治章程、村规民约，并报乡、民族乡、镇的人民政府备案。

……

205. 社区开展公益项目的费用应从哪里来？

典型案例

某社区中的居民大多都是年轻夫妻，因为平时工作繁忙，家中的孩子有时无人照料。居委会了解到这一情况以后，计划在社区内建设一个托儿所，可以让家长在白天上班时将2岁到4岁的幼儿交由托儿所照顾。此计划拟订以后，居委会便在社区群内公布了这一消息，并征求大家的意见。大家纷纷响应，对居委会的提议表示支持。经过居民会议讨论决定后，居委会正式决定开展托儿所的建设工作。请问，居委会在社区内建设托儿所，费用应当从哪里来？

依法解析

根据我国《城市居民委员会组织法》第十六条和《村民委员会组织法》第二十四条第三项的规定，经过居民会议或者村民会议讨论决定后，可以在社区内开建公益事业，包括科学、文化、教育、医疗、体育、助幼扶老等一系列事项，如在社区内建造公共篮球场、老年人活动中心、医疗救助站等。对于公益事业费用来源的问题，《城市居民委员会组织法》第十六条和《村民委员会组织法》第三十七条第二款规定，居民委员会和村民委员会可以通过居民会议和村民会议的方式，秉持自愿原则，向居民或者村民筹集。建造公益事业所需要的资金账目必须及时公开，积极接受大家的监督。

在上面的案例中，该社区的居委会要在社区内建造托儿所，这是服务于社区大众的公益事业。在建造托儿所之前，居委会必须通过居民会议讨论，严格按照法定程序落实建造工作。在建造过程中，居委会可以公开向全体社区居民筹集费用。需要注意的是，居委会不能强迫或者变相强迫全体居民捐款，也不能强制要求捐款数额。必要时，居委会可以请求上级单位给予支持。

条文依据

《中华人民共和国城市居民委员会组织法》

第十六条 居民委员会办理本居住地区公益事业所需的费用，经居民会议讨论决定，可以根据自愿原则向居民筹集，也可以向本居住地区的受益单位筹集，但是必须经受益单位同意；收支帐目应当及时公布，接受居民监督。

《中华人民共和国村民委员会组织法》

第二十四条 涉及村民利益的下列事项，经村民会议讨论决定方可办理：

……

（三）本村公益事业的兴办和筹资筹劳方案及建设承包方案；

……

第三十七条 ……

村民委员会办理本村公益事业所需的经费，由村民会议通过筹资筹劳解决；经费确有困难的，由地方人民政府给予适当支持。

十五、治安管理处罚

206. 打架斗殴会受到怎样的处罚？

典型案例

宋某与张某是前后居住的邻居。大雪过后，宋某妈妈把屋顶上的雪全部扫到了自己家房屋后面，也就是张某家门口的道路上。张某发现后非常生气，要求宋某妈妈把扫落在自家门前的雪铲走。宋某听到妈妈和邻居争吵，就赶紧跑过去理论。宋某与张某争执过程中发生互殴，宋某妈妈看到儿子被打，赶紧拨打了110报警。民警到达现场后制止了宋某、张某的行为，并对双方打架斗殴的过程进行了调查、了解。宋某、张某到医院就诊，均有不同程度的面部挫伤。经鉴定，两人的伤情均构成轻微伤。那么，宋某、张某打架斗殴的行为会受到怎样的处罚？

依法解析

我国《治安管理处罚法》第四十三条规定，殴打他人或者故意伤害他人身体的，处五日以上十日以下拘留，并处二百元以上五百元以下罚款；情节较轻的，处五日以下拘留或者五百元以下罚款。宋某与张某互相殴打，均造成对方轻微伤，根据该规定，公安机关均会对宋某、张某进行治安管理处罚，并出具行政处罚决定书。在一些轻微打架斗殴中，伤者的伤情并不明显，无需做伤情鉴定，公安机关也会根据双方的过错程度、危害大小，依据规定进行治安管理处罚。但是在本案中如果宋某、张某有人构成轻伤，那么对方就触犯了刑法，构成故意伤害罪，会被依法追究刑事责任。

条文依据

《中华人民共和国治安管理处罚法》

第四十三条 殴打他人的，或者故意伤害他人身体的，处五日以上十日以下拘留，并处二百元以上五百元以下罚款；情节较轻的，处五日以下拘留或者五百元以下罚款。

有下列情形之一的，处十日以上十五日以下拘留，并处五百元以上一千元以下罚款：

（一）结伙殴打、伤害他人的；

（二）殴打、伤害残疾人、孕妇、不满十四周岁的人或者六十周岁以上的人的；

（三）多次殴打、伤害他人或者一次殴打、伤害多人的。

207. 将房屋出租给未出示身份证的人，会受到处罚吗？

典型案例

汪某将名下的一套空闲住房出租，以赚取租金。在网上公布了租房信息几天以后，一名自称“李某”的人联系汪某，表示看到汪某发布的租房信息后，比较感兴趣，想要来看房。看房后，“李某”当场提出要租下房子，并可以一次性支付两年的房租。在签订租房合同时，汪某向“李某”索要身份证件，“李某”却说自己的身份证丢失了正在补办，愿意每个月多付100元的房租，让汪某不要计较。见“李某”给钱给得这么痛快，汪某也就没多说什么，与他签订了租房合同。请问，汪某会受到处罚吗?

依法解析

房东作为出租房屋的所有人，必须对房屋承担管理义务，要尽力避免在出租房屋内出现违法犯罪行为，这就要求房东必须严格核实房客的身份。在签订房屋租赁合同时，房东要查看房客的身份证件，并要求对方提供复印件作为备份。这样一来，房东不仅可以掌握房客的身份，在日后发生纠纷时便于提起诉讼；还可以在出租房屋中发生违法犯罪行为时，第一时间锁定关系人。如果房东在出租房屋时，明知道对方没有身份证件，仍然将房屋出租给对方，或者不按规定登记承租人姓名、身份证件种类和号码的，根据我国《治安管理处罚法》第五十七条第一款的规定，应当对其依法处以罚款。

在上面的案例中，汪某受“李某”多交房租这一提议的诱惑，在其没有出示身份证件的情况下，依然将房屋出租给了他。如果被相关部门发现，汪某很可能受到治安管理处罚。

条文依据

《中华人民共和国治安管理处罚法》

第五十七条 房屋出租人将房屋出租给无身份证件的人居住的，或者不按规定登记承租人姓名、身份证件种类和号码的，处二百元以上五百元以下罚款。

房屋出租人明知承租人利用出租房屋进行犯罪活动，不向公安机关报告的，处二百元以上五百元以下罚款；情节严重的，处五日以下拘留，可以并处五百元以下罚款。

208. 噪声扰民违法吗?

典型案例

熊某是一名公交车司机，早班的时候，凌晨三四点就要去上班。为了保证充足的睡眠，他一般在晚上8点钟就要睡觉。后来，小区里新建了一个小广场，供居民散步健身使用。自从广场建成以后，便有不少中老年人聚在此处跳广场舞，并用高音喇叭大声播放音乐，往往要持续到晚上10点才会结束。熊某不堪其扰，便投诉到居委会。居委会的工作人员表示他们曾经劝阻过，但并没有任何改善，跳舞的人依然我行我素。请问，此类噪声扰民行为违法吗?

依法解析

多年来，我国一直在完善与噪声污染相关的法律法规。噪声扰民早已不是单纯的道德问题，已被写入法律。根据我国《噪声污染防治法》第六十四条第二款的规定，在公共场所开展娱乐、健身活动的，不得违反规定使用音响器材产生过大音量，干扰他人正常生活。否则，按照《治安管理处罚法》第五十八条以及《噪声污染防治法》第八十二条的规定，相关部门将会作出处罚。

在上面的案例中，小区的居民在跳广场舞时，用高音喇叭大声播放音乐，且持续到晚上10点钟才结束，这种行为已经干扰了其他居民的正常生活，当地居委会应当及时阻止，并采取措施避免这种行为再次出现。而熊某作为被噪声影响的当事人，还可以拨打报警电话，反映噪声污染的情况，由公安机关依法进行处理。

条文依据

《中华人民共和国治安管理处罚法》

第五十八条 违反关于社会生活噪声污染防治的法律规定，制造噪声干扰他人正常生活的，处警告；警告后不改正的，处二百元以上五百元以下罚款。

《中华人民共和国噪声污染防治法》

第六十四条 ……

在街道、广场、公园等公共场所组织或者开展娱乐、健身等活动，应当遵守公共场所管理者有关活动区域、时段、音量等规定，采取有效措施，防止噪声污染；不得违反规定使用音响器材产生过大音量。

……

第六十九条 基层群众性自治组织指导业主委员会、物业服务人、业主通过制定管理规约或者其他形式，约定本物业管理区域噪声污染防治要求，由业主共同遵守。

第八十二条 违反本法规定，有下列行为之一，由地方人民政府指定的部门说服教育，责令改正；拒不改正的，给予警告，对个人可以处二百元以上一千元以下的罚款，对单位可以处二千元以上二万元以下的罚款：

……

（二）在公共场所组织或者开展娱乐、健身等活动，未遵守公共场所管理者有关活动区域、时段、音量等规定，未采取有效措施造成噪声污染，或者违反规定使用音响器材产生过大音量的；

……

第八十七条 违反本法规定，产生社会生活噪声，经劝阻、调解和处理未能制止，持续干扰他人正常生活、工作和学习，或者有其他扰乱公共秩序、妨害社会管理等违反治安管理行为的，由公安机关依法给予治安管理处罚。

违反本法规定，构成犯罪的，依法追究刑事责任。

209. 大“尺度”直播会受到治安管理处罚吗？

典型案例

刘女士失业后，看到自媒体行业发展迅速，在家就可以直播挣钱，于是购买了相关的直播设备，注册了直播账号。刘女士没有经验，先是做一些生活类内容，比如直播做饭、遛狗等，但都没有什么反响。刘女士为了能获得流量和关注，就做起了“大尺度”直播，网友在直播间发的弹幕也有很多低俗内容。刘女士因此也获得了很多粉丝，收到了不少礼物。那么，刘女士进行这种直播，会受到治安管理处罚吗？

依法解析

我国《治安管理处罚法》第六十八条规定，利用计算机信息网络传播淫秽信息的，处十日以上十五日以下拘留，可以并处三千元以下罚款；情节较轻的，处五日以下拘留或者五百元以下罚款。传播淫秽物信息不仅扰乱国家对淫秽物品的管理秩序，也严重危害了广大人民特别是青少年的身心健康，因此是国家重点打击的对象。上面案例中刘女士进行“大尺度”直播，属于利用计算机信息网络传播淫秽信息，这种行为必然会受到公安机关的行政处罚。而且，如果传播淫秽信息达到一定数量或情节，就涉嫌传播淫秽物品牟利罪，将被追究刑事责任。因此，在做自媒体行业时，要传播正能量，让人们感受到蓬勃的生活美、时尚美和道德美，一旦触及法律的底线，就会受到法律的处罚。

条文依据

《中华人民共和国治安管理处罚法》

第六十八条 制作、运输、复制、出售、出租淫秽的书刊、图片、影片、音像制品等淫秽物品或者利用计算机信息网络、电话以及其他通讯工具传播淫秽信息的，处十日以上十五日以下拘留，可以并处三千元以下罚款；情节较轻的，处五日以下拘留或者五百元以下罚款。

210. 强买强卖会受到怎样的治安管理处罚？

典型案例

吴女士逛街时遇到一家美容院正在举行店庆活动，进店的顾客可以享受9.9元补水保养一次。吴女士觉得活动很合适，就走进美容院，想体验一下。美容院工作人员李某在为吴女士进行服务时，向她推荐了芦荟灌肤补水服务。吴女士明确表示只要9.9元的补水保养。李某却称必须做芦荟补水，否则就不让她走，并让两个人堵在房间门口，吴女士迫于无奈只好接受芦荟灌肤补水服务。后来吴女士被要求按照88元的价格支付补水服务费用。那么，美容院的行为是否是强买强卖？又会受到怎样的治安管理处罚呢？

依法解析

强买强卖，是指行为人在商品交易中以暴力、威胁手段强迫他人把不愿意出售的物品卖给行为人，或者强迫他人向行为人购买不愿意购买的物品的行为。上面案例中美容院的李某在吴女士不同意的情况下，派人堵在房间门口，迫使吴女士接受88元的补水服务，这种行为已经构成强卖。商品交易是发生在平等民事主体之间的经济关系，在交易过程中应当遵循自愿和公平的原则，顺利完成交易过程，强买强卖是严重侵害市场交易的行为。我国《治安管理处罚法》第四十六条规定，强迫他人接受服务的，处五日以上十日以下拘留，并处二百元以上五百元以下罚款；情节较轻的，处五日以下拘留或者五百元以下罚款，案例中的美容院应受到公安机关的处罚。

条文依据

《中华人民共和国治安管理处罚法》

第四十六条 强买强卖商品，强迫他人提供服务或者强迫他人接受服务的，处五日以上十日以下拘留，并处二百元以上五百元以下罚款；情节较轻的，处五日以下拘留或者五百元以下罚款。

211. “骂街”可能受到怎样的处罚？

典型案例

张某和武某在同一个胡同居住。这天，两家的孩子在胡同里玩耍时发生了矛盾，张某的孩子推倒了武某的孩子。武某听见孩子的哭声赶紧从家里跑出来，然后就拉着张某的孩子找张某理论。张某赶紧让自己的孩子道歉。但武某还是不依不饶，还辱骂张某不会教育孩子。张某一看她如此不讲道理，领着自己的孩子就回了家。没想到武某竟堵着张某的门口骂，引得邻居们都出来看热闹，张某本想武某骂两句就回去了，谁知她一直骂个没完。张某打了110报警。那么，武某骂街的行为会受到处罚吗？

依法解析

我国《治安管理处罚法》第四十二条第二项规定，公然侮辱他人的处五日以下拘留或者五百元以下罚款；情节较重的，处五日以上十日以下拘留，可以并处五百元以下罚款。公然侮辱他人是指谩骂、羞辱他人的姓名，进行有损人格的恶意解释、污蔑，以使他人的人格、名誉受到损害。首先，是实施了侮辱他人的行为，侮辱既可以是暴力的，如往脸上涂油漆、墨水，强迫他人做有损人格的动作等；也可以是通过写文章、画漫画等形式攻击被侵害人，抑或是涂画、践踏、损坏他人的肖像；还可以是言语攻击，如嘲笑、辱骂被侵害人等。其次，必须是公然进行的，“公然”是指当众或者利用能够使多人听到或看到的方式对他人进行侮辱，至于被侮辱的人是否在场并不重要。最后，侮辱他人的行为必须是明确地针对某个特定、具体、明确的人实施，如果不是针对特定的人，而是随意谩骂，则不属于法律规定的违反治安管理行为。

上面案例中，在很多邻居在场的情况下，武某辱骂的对象就是张某，具有确定性，因此已经构成公然侮辱他人。武某将受到治安管理处罚。需要提醒的是，公然侮辱他人情节恶劣或是达到一定危害后果，还会触犯刑法，构成侮辱罪。如辱骂不认识的人，破坏社会秩序还有可能构成寻衅滋事罪。

条文依据

《中华人民共和国治安管理处罚法》

第四十二条 有下列行为之一的，处五日以下拘留或者五百元以下罚款；情节较重的，处五日以上十日以下拘留，可以并处五百元以下罚款：

……

（二）公然侮辱他人或者捏造事实诽谤他人的；

……

212. 私自开拆、截留他人的邮件，是违法行为吗？

典型案例

朱某和张某是邻居。这天，朱某在自家屋顶晒花生时，看见有个快递员正要给张某送快递，就说张某不在家，晚上才回来。快递员表示给张某打电话，但他手机关机了。朱某说可以把快递放到自己这里，等张某回来以后帮忙转交。快递员就将快递给了朱某。快递员走后，朱某非常好奇快递里面装的是什么，于是就打开了，发现里面是一封信还有一张参加免费职业技能培训的申请表。朱某想，张某竟然有这么好的免费学习技能的机会。他越想越嫉妒，就把报名表和信藏了起来。那么，张某的这种行为是否违法呢？

依法解析

通信自由是公民享有的民主权利之一，我国《治安管理处罚法》第四十八条规定，冒领、隐匿、毁弃、私自开拆或者非法检查他人邮件的，处五日以下拘留或者五百元以下罚款。这里所说的邮件不仅指信件，还包括电报、包裹、邮寄汇款，或者电子邮件。上述法律规定中的冒领是指冒充他人的身份而领取他人邮件的行为；隐匿是指私自把他人的邮件扣留加以隐藏的行为；毁弃是指将他人的邮件故意损毁、丢弃的行为；私自开拆是指未经收件人许可，擅自拆阅收件人的邮件，或者公开暴露他人邮件内容的行为；非法检查是指没有合法依据或没有经过合法程序而对收件人的邮件进行强制扣留检查的行为。冒领、隐匿、毁弃、私自开拆或者非法检查他人邮件的动机有很多，比如好奇、报复、泄私愤等，无论哪种动机都不影响违法行为的成立。

本案中，朱某私自拆开张某的信件并进行藏匿，如张某追究其责任，朱某就会受到治安管理处罚。在此提醒，如果隐匿、毁弃、非法开拆他人信件，次数较多、数量较大；或是致使他人工作、生活受到严重影响；抑或是使收件人的身体、精神受到严重损害等，就可能构成侵犯通信自由罪，会被追究刑事责任。

条文依据

《中华人民共和国治安管理处罚法》

第四十八条 冒领、隐匿、毁弃、私自开拆或者非法检查他人邮件的，处五日以下拘留或者五百元以下罚款。

213. 任由自家的狗在村里乱窜吓到小孩子，违法了吗？

典型案例

王某养了一只大边牧，喜欢得不得了，在家从来不舍得用绳子拴着，早晚还要出门遛一下。这天，王某又出去遛狗，碰到熟人就聊了起来，并把狗绳放开了让它自己跑着玩。大边牧在家跑惯了，绳子一放开就嗖地一下跑了出去。王某看着自家的大狗乱窜也没在意，还是继续和熟人聊天。大边牧看到街边玩耍的孩子，扑到前面，把小孩吓得哇哇直哭。那么，王某任由自家的狗乱跑，吓哭孩子，他的行为违法吗？

依法解析

我国《治安管理处罚法》第七十五条第一款规定，饲养动物，干扰他人正常生活的，处警告；警告后不改正的，或者放任动物恐吓他人的，处二百元以上五百元以下罚款。这里的“动物”不仅包括家里养的小宠物，比如猫、狗等，还包括人工饲养的其他动物，比如马、牛、猪、羊等牲畜，鸡、鸭、鹅等家禽，还有鸽子、鸟等。“干扰他人正常生活”，也不仅指遛狗的时候不拴牵引绳，也包括狗狂吠、猫叫声影响人们休息，还包括家养的牲畜、家禽、鸟类给他人的正常生活带来的不好的影响。“放任动物恐吓他人”是指动物饲养人对自己饲养的动物向他人吠叫、扑倒、袭击等放任不管。

上面案例中，王某放开狗的牵引绳，放任其在村里乱窜，还吓哭小孩子，属于“放任动物恐吓他人”。如果放任狗咬伤他人构成轻伤以上的伤情，可能构成故意伤害罪，会被追究刑事责任。需要注意的是，有的人还驱使自己饲养的动物攻击、伤害他人身体，这种行为也违反治安管理处罚法，如果造成伤亡就有可能构成故意伤害罪、故意杀人罪。因此，饲养动物，务必尽到管理、照看义务，切勿造成不良后果。

条文依据

《中华人民共和国治安管理处罚法》

第七十五条 饲养动物，干扰他人正常生活的，处警告；警告后不改正的，或者放任动物恐吓他人的，处二百元以上五百元以下罚款。

驱使动物伤害他人的，依照本法第四十三条第一款的规定处罚。

214. 居家隔离憋得慌，擅自出门溜达会受到处罚吗?

典型案例

甲县出现新冠肺炎疫情，当地政府立即采取封控措施，马某所在的村子实行封村，村里的所有出口全部封闭，不允许出入，所有村民除了做核酸检测外不允许出家门。马某在家待了几天，实在想出去溜达溜达，但是村里总有志愿者巡逻，一直没有机会。这天傍晚，马某趁着巡逻人员回去用餐之际出门溜达，一直到了村口附近才被巡逻的志愿者遇到。马某立即认错，并表示马上回家，肯定不再外出。那么，马某的行为会受到处罚吗?

依法解析

我国《治安管理处罚法》第五十条第一项规定，拒不执行人民政府在紧急状态情况下依法发布的决定、命令的，处警告或者二百元以下罚款；情节严重的，处五日以上十日以下拘留，可以并处五百元以下罚款。第十九条第一项规定，违反治安管理情节特别轻微的，减轻处罚或者不予处罚。上述规定中的“紧急状态”是指危及国家和社会正常的法律秩序、对广大人民群众的生命和财产安全构成严重威胁的、正在发生的或者迫在眉睫的危险事态；“拒不执行”是指在紧急状态下明知政府发布的决定、命令的内容，而执意拒不履行的。新冠肺炎疫情是一次传播速度快、感染范围广、防控难度大的重大突发公共卫生事件，政府为了能够控制疫情，采取了很多防疫政策，比如封城、隔离等，这就属于人民政府在紧急状态情况下发布的决定、命令。

上面案例中，马某明知不允许外出，还趁巡逻人员不备到村里溜达，其已违反了《治安管理处罚法》的规定，但被发现后态度良好，也有悔过表现，因此可以减轻或免除处罚。但是如果马某不遵守防疫政策，强行闯卡出村，就会面临严重的治安管理处罚；而如果他是确诊患者，执意不遵从防疫政策造成新冠肺炎疫情传播的，还可能构成以危险方法危害公共安全罪，被依法追究刑事责任。

条文依据

《中华人民共和国治安管理处罚法》

第十九条 违反治安管理有下列情形之一的，减轻处罚或者不予处罚：

（一）情节特别轻微的；

……

第五十条 有下列行为之一的，处警告或者二百元以下罚款；情节严重的，处五日以上十日以下拘留，可以并处五百元以下罚款：

（一）拒不执行人民政府在紧急状态情况下依法发布的决定、命令的；

……

215. 未成年人会受到治安管理处罚吗?

典型案例

15 周岁的小刘和小王同为某中学初三住校学生。小王因为零花钱花完了向小刘借了 200 元钱，并承诺等周末回家跟父母要了钱后就还给他。但等周一小刘向小王要钱时，小王却称自己家非常困难，不能还钱了，要等一段时间。又过了一段时间，小刘见小王还不还钱，非常生气，就在一个周日的中午把他约到小树林里。小刘要求小王立即还钱，小王却反口不承认欠钱，小刘一看他不还钱还想赖账，冲上去将小王一阵拳打脚踢。路过的人看到后拨打了110报警。小王的伤情经鉴定构成轻微伤。那么，未成年的小刘会受到治安管理处罚吗?

依法解析

我国《治安管理处罚法》第四十三条第一款规定，殴打他人或者故意伤害他人身体的，处五日以上十日以下拘留，并处二百元以上五百元以下罚款；情节较轻的，处五日以下拘留或者五百元以下罚款。第十二条规定已满14周岁不满18周岁的人违反治安管理的从轻或减轻处罚。第二十一条第一项规定已满14周岁不满16周岁的应当给予行政拘留处罚的，不执行行政拘留处罚。本案中，小刘故意对小王拳打脚踢，造成小王轻微伤的后果，但因小王对事情的发生存在一定过错，且小刘是15周岁，因此会被从轻或减轻处罚。家长要注意教育未成年人处理纠纷不能采取暴力方式，否则就会面临治安管理处罚，甚至是刑事责任。

条文依据

《中华人民共和国治安管理处罚法》

第十二条 已满十四周岁不满十八周岁的人违反治安管理的，从轻或者减轻处罚；不满十四周岁的人违反治安管理的，不予处罚，但是应当责令其监护人严加管教。

第二十一条 违反治安管理行为人有下列情形之一，依照本法应当给予行政拘留处罚的，不执行行政拘留处罚：

（一）已满十四周岁不满十六周岁的；

（二）已满十六周岁不满十八周岁，初次违反治安管理的；

（三）七十周岁以上的；

（四）怀孕或者哺乳自己不满一周岁婴儿的。

第四十三条 殴打他人的，或者故意伤害他人身体的，处五日以上十日以下拘留，并处二百元以上五百元以下罚款；情节较轻的，处五日以下拘留或者五百元以下罚款。

……

216. 精神病人会受到治安管理处罚吗？

典型案例

朱某是间歇性精神病患者，发病的时候会有暴力倾向，清醒时跟正常人一样，也能和别人聊天、下地干活。这天，朱某一个人扛着锄头到自家承包地里除草，相邻地里的罗某也在干活，两人见面寒暄了几句就各自劳作了。正当罗某埋头除草时，忽然听到身后有一阵快速的脚步声，回头一看，发现朱某举着锄头朝他跑来，还一边喊“我打死你”。罗某见状撒腿就往村里跑，朱某紧追不舍。到村口时，朱某追上了罗某，将他推倒在地进行殴打。附近村民听到吵闹声，赶到现场，制止了朱某，但看到罗某伤得不轻，就打了110和120。后经鉴定，朱某殴打罗某时属于精神病发作期。那么，朱某会受到治安管理处罚吗？

依法解析

我国《治安管理处罚法》第十三条规定，精神病人在不能辨认或者不能控制自己行为的时候违反治安管理的，不予处罚，但是应当责令其监护人严加看管和治疗。间歇性精神病人在精神正常的时候违反治安管理的，应当给予处罚。间歇性精神病是指一个人的精神并非一直处于错乱状态而完全丧失辨认或者不能控制自己的行为。案例中的朱某是间歇性精神病人，经鉴定，他殴打罗某时处于精神疾病发作期，这个期间辨认、控制自己的能力减弱，因此不会受到治安管理处罚。但如果朱某并非精神疾病发作期间致人受伤就要受到治安管理处罚，甚至是刑事责任。

条文依据

《中华人民共和国治安管理处罚法》

第十三条 精神病人在不能辨认或者不能控制自己行为的时候违反治安管理的，不予处罚，但是应当责令其监护人严加看管和治疗。间歇性的精神病人在精神正常的时候违反治安管理的，应当给予处罚。

217. 派出所民警有权作出拘留的处罚吗？

典型案例

陈某和顾某比邻而居。陈某家院落包含了一部分村里分配的菜地，因此面积比较大。顾某与陈某两家因为双方宅基地面积曾发生过纠纷，也经常因琐事争吵。这天陈某在挖菜地时，挖断了通往顾某家的水管，顾某家的自来水就没法使用了。顾某得知后，找陈某理论，并领着家人堵在陈某门口辱骂。陈某看到顾某气焰嚣张，就在院子里和顾某对吵。顾某明知陈某就在院子里，还拿起地上的砖头往院子里扔，陈某躲避不及被砖头砸伤，随后拨打 110 报警。那么，小柳派出所民警能作出拘留的处罚吗？

依法解析

我国《治安管理处罚法》第九十一条规定，治安管理处罚由县级以上人民政府公安机关决定；其中警告、五百元以下的罚款可以由公安派出所决定。也就是说，派出所的民警是无权作出拘留的行政处罚的。上面案例中，到达现场的民警仅仅是执行职务的行政机关工作人员，并不能出具行政处罚决定书。遇到这种情况，要如实向民警陈述案件事实，不夸大、不隐瞒，积极配合调查案件事实，这样才能使公安机关尽快调查清楚事实，从而依法作出行政处罚决定。

条文依据

《中华人民共和国治安管理处罚法》

第九十一条 治安管理处罚由县级以上人民政府公安机关决定；其中警告、五百元以下的罚款可以由公安派出所决定。

十六、刑事犯罪

218. 13 岁的女孩自愿与男孩发生性关系，男孩构成犯罪吗？

典型案例

17 周岁的小柳初中毕业后未考上高中，家里人给他在镇上开了一个手机贴膜的小店。这天，店里来了一个漂亮女孩小霄，小柳顺势加了小霄微信。小柳经过和小霄聊天得知，小霄是镇上某中学初一的学生，才13周岁，不爱学习，还经常逃学。熟识后，小霄经常逃课到小柳的店里帮忙，二人很快确立了恋爱关系。后来，小霄与家里闹矛盾离家出走，无处可去就投奔了小柳，二人就住在小柳的店里。某天晚上，小霄自愿与小柳发生了性关系。那么，小刘构成犯罪吗？

依法解析

我国《刑法》第十七条规定，已满16周岁的人犯罪，应当负刑事责任。第二百三十六条第二款规定，奸淫不满14周岁的幼女的，以强奸论，从重处罚。之所以限定14周岁，是因为不满14周岁的幼女身体、心智都不成熟，较之成年人还缺乏辨别是非的能力，也不能完全理解性行为的后果。因此，法律明确规定，与不满14周岁的幼女发生性关系，不论实施了何种手段、方法，也不论幼女是否同意，均构成强奸罪。

上面案例中，小柳17周岁，已达到承担刑事责任的法定年龄，且他在与小霄发生关系时明知小霄未满14周岁，属于幼女。虽然小霄是同意的，但从法律角度上来说，小柳的行为仍被视为侵犯了幼女关于性的自主决定权，构成强奸罪。

在预防青少年犯罪和保护幼女的身心健康方面，父母、家庭应为子女筑起“第一道防线”，正确对待孩子的性教育问题，要教育女孩保护自己、洁身自爱；对男孩则要普及基本的法律知识，使其认识到与幼女发生性关系的法律后果，防止因为偷食“禁果”酿成悲剧。

条文依据

《中华人民共和国刑法》

第十七条 已满十六周岁的人犯罪，应当负刑事责任。

已满十四周岁不满十六周岁的人，犯故意杀人、故意伤害致人重伤或者死亡、强奸、抢劫、贩卖毒品、放火、爆炸、投放危险物质罪的，应当负刑事责任。

……

第二百三十六条 以暴力、胁迫或者其他手段强奸妇女的，处三年以上十年以下有期徒刑。

奸淫不满十四周岁的幼女的，以强奸论，从重处罚。

……

219. 与精神病妇女发生性关系，构成强奸罪吗？

典型案例

苏某与妻子离婚后一直未再婚。女性精神病患者王某与苏某同村，因家人要外出上班，经常将她独自留在家里。苏某与王某家住得不远，看到王某经常一个人在家，中午也没人给做饭，就偶尔给她送一顿饭。两人逐渐熟悉了起来。这天中午，苏某又给王某送吃的，并等王某吃完饭，把她领到里屋，与她发生了性关系。后来王某家人发现此事报了警。经鉴定，王某系中度精神发育迟滞，发生性关系时没有自我防卫能力。那么，苏某与王某发生性关系构成强奸罪吗？

依法解析

我国《刑法》第二百三十六条第一款规定，以暴力、胁迫或者其他手段强奸妇女的，处三年以上十年以下有期徒刑。强奸罪是指违背妇女的意志，使用暴力、胁迫或者其他手段，强行与女性发生性关系或者奸淫幼女的行为。该罪侵犯了女性的性自主权利，即女性与何人发生性关系，均应由其自己决定，任何人不能强迫。而对于精神病患者来说，其在患病期间无法正确表达自己的意志，法律推定她们没有发生性行为的认识能力和控制能力，当然也就无法行使性自主权。此时，如果与女性精神病患者发生性关系，也应当认定为违背妇女意志，强行发生性关系，应当以强奸罪论处。

上面案例中，苏某明知王某是精神病患者，仍通过送吃的故意接近王某，并与其发生性关系。而且经过鉴定王某确系中度精神发育迟滞，发生性关系时无自我防卫能力，因此，苏某的行为已经侵犯了王某的性自主权，构成强奸罪，应当被依法追究刑事责任。

条文依据

《中华人民共和国刑法》

第二百三十六条 以暴力、胁迫或者其他手段强奸妇女的，处三年以上十年以下有期徒刑。

……

220. 想用农药毒死他人，但良心发现又及时将受害者送医，还成立犯罪吗？

典型案例

李某和张某是对门居住的邻居。李某常年外出打工，家中只有妻子付某一人，张某的妻子在县城给孩子陪读，家中只有张某一人。因李某不在家，付某有什么困难，张某总是帮忙，时间一长，村里就传言二人有染。这天，李某回家后，有人将此事告诉了他。当晚，李某质问付某与张某之事，付某否认与张某有不正当关系，但李某越想越生气，便翻墙到张某家将农药倒在水桶里想毒死张某。第二天一大早，李某发现张某倒在院子里，良心发现赶紧将他送到医院，张某被抢救了过来。那么，张某没有被毒死，李某的行为还构成犯罪吗？

依法解析

我国《刑法》第二百三十二条规定，故意杀人的，处死刑、无期徒刑或者十年以上有期徒刑；情节较轻的，处三年以上十年以下有期徒刑。故意杀人，是指故意非法剥夺他人生命的行为。故意杀人罪侵犯的是他人的生命权，需要行为人实施剥夺他人生命的行为，如借助工具、凶器或是徒手；构成本罪最关键的是，行为人有非法剥夺他人生命的故意，包括直接故意和间接故意。也就是说，行为人明明知道自己的行为会导致他人死亡的危害后果，并且希望或者放任这种结果的发生。当然，行为人实施故意杀人的行为后，可能会由于自身意志（如良心发现、出于对被害人的怜悯或畏惧法律制裁等）而主动放弃了犯罪或采取行动防止更严重犯罪结果的发生，这就是法律规定的犯罪中止，而按照我国《刑法》第二十四条第二款的规定，对于中止犯，没有造成损害的，应当免除处罚；造成损害的，应当减轻处罚。显而易见，行为人实施故意杀人犯罪中途中止了犯罪行为，仍然以故意杀人定罪，但是可以减轻或者免除处罚。

本案中，李某主观目的就是要毒死张某，有致他人死亡的故意，并采取了向张某家水桶中投放毒药的行为来达到杀害张某的目的，其行为已经构成故意杀人罪。但李某发现张某中毒后，因为良心发现立即将他送医治疗，张某经医生抢救脱离危险，李某的这种行为是在自己投毒后防止更严重的结果发生，构成犯罪中止。所以，李某会被以犯故意杀人罪追究刑事责任，但因属于犯罪中止且没有造成张某死亡的后果，应当被减轻处罚。在此需要说明的是，经受害人同意而剥夺其生命的行为，比如家中有病人无法忍受病痛折磨选择让家人帮助结束生命，即所谓的“安乐死”，也构成故意杀人罪，仍应以故意杀人罪论处。

条文依据

《中华人民共和国刑法》

第二十四条 在犯罪过程中，自动放弃犯罪或者自动有效地防止犯罪结果发生的，是犯罪中止。

对于中止犯，没有造成损害的，应当免除处罚；造成损害的，应当减轻处罚。

第二百三十二条 故意杀人的，处死刑、无期徒刑或者十年以上有期徒刑；情节较轻的，处三年以上十年以下有期徒刑。

221. 玩闹中不慎将他人推倒导致重伤，需要负刑事责任吗？

典型案例

赵某与何某是好朋友，这天，两人和其他几个好友相约到河边野营。几人到了河边后就开始分组搭帐篷、架烧烤架等。赵某和何某自愿结组搭好帐篷后，围着帐篷追逐玩闹。两人推搡玩闹时，考虑到河道里都是石头，跌倒后很容易摔伤，还多有注意，但赵某还是不小心将何某推倒，头部撞到河道里的石头上，造成颅脑损伤致颅内外血肿。何某的伤情经司法鉴定为重伤。那么，赵某并非故意将何某推倒，他是否还需要负刑事责任？

依法解析

我国《刑法》第二百三十五条规定，过失伤害他人致人重伤的，构成过失致人重伤罪，处三年以下有期徒刑或者拘役。过失致人重伤罪需要满足四个条件：（1）侵犯的是他人的身体权，身体包括四肢、头部等。（2）此罪名要求必须造成被害人重伤的结果，如果仅是轻伤，不构成犯罪，只承担民事赔偿责任。对于重伤，《刑法》第九十五条进行了规定，但是是否达到重伤的程度，需要有资质的鉴定机构依据《人体重伤鉴定标准》进行鉴定确定。（3）构成本罪还要求必须是行为人的行为直接造成被害人重伤的结果。（4）行为人主观上是过失，而不能是故意，否则就构成故意伤害罪。

本案中，何某头部受损，且经过鉴定伤情达到重伤的程度，该结果是由赵某直接导致的，赵某的行为与何某的受伤结果有直接因果关系。另外，赵某明知河道石头很多，也预见了摔倒可能受伤，仍然与何某追逐打闹，其行为符合过失致人重伤罪的要件，将被追究刑事责任。

条文依据

《中华人民共和国刑法》

第九十五条 本法所称重伤，是指有下列情形之一的伤害：

（一）使人肢体残废或者毁人容貌的；

（二）使人丧失听觉、视觉或者其他器官机能的；

（三）其他对于人身健康有重大伤害的。

第二百三十五条 过失伤害他人致人重伤的，处三年以下有期徒刑或者拘役。本法另有规定的，依照规定。

222. 捡到他人钱财拒不承认和归还，是否成立犯罪?

典型案例

一天，夏某到银行取了2万块钱，回来时天已经黑了，村口虽然有路灯，但夏某还是被绊倒了，手里的包摔到了路边的树底下。夏某爬起来捡起包就急匆匆回家了。到家后，他打开包才发现里面装钱的信封不见了，想到村口安装了摄像头，就赶紧找村长查看监控。村长调取监控发现夏某摔倒时钱从包里掉出来，几分钟后本村的顾某遛弯到树下发现了信封，打开看到是钱就揣到衣服里走了。夏某到顾某家索要丢失的2万元，并说村口的监控已经拍到钱是他拿走的，但顾某拒不承认更不归还。那么，顾某的行为是否成立犯罪?

依法解析

我国《刑法》第二百七十条第二款规定，将他人的遗忘物或者埋藏物非法占为已有，数额较大，拒不交出的，构成侵占罪，处二年以下有期徒刑、拘役或者罚金；数额巨大或者有其他严重情节的，处二年以上五年以下有期徒刑，并处罚金。简单来说，侵占罪就是以非法占有为目的，将代为保管的他人财物、遗忘物或者埋藏物非法占为已有，数额较大，拒不交还的行为。本罪是行为人明明知道财物不属于自己，但是在财物所有人明确提出交还并有证据证明财物属于自己或是行为人占有财物的过程时，行为人仍明确表示不予归还。本罪还要求必须达到一定的数额才能成立，数额一般由各省份根据经济发展程度确定。

案例中，村里监控视频中已经显示信封从夏某的包中掉出来，顾某紧接着捡起信封，并抽出钱来查看。视频证实了顾某捡到了夏某的钱，但夏某向顾某索要时，顾某拒不归还。顾某有侵占夏某财物的主观故意和实际行为，侵占的数额是2万元，如果按照当地标准达到数额巨大的程度，那么，顾某的行为就构成侵占罪。当然，侵占罪属于自诉案件，即需要受害人夏某向法院提起刑事自诉，法院才会追究顾某的刑事责任。

条文依据

《中华人民共和国刑法》

第二百七十条 将代为保管的他人财物非法占为己有，数额较大，拒不退还的，处二年以下有期徒刑、拘役或者罚金；数额巨大或者有其他严重情节的，处二年以上五年以下有期徒刑，并处罚金。

将他人的遗忘物或者埋藏物非法占为己有，数额较大，拒不交出的，依照前款的规定处罚。

本条罪，告诉的才处理。

223. 拦路抢劫200多元，构成犯罪吗？

典型案例

吴某已经20来岁了，整天不务正业，不是在村里晃悠就是去镇上网吧上网。这天，吴某从网吧出来已经晚上9点多了，他溜达着往村子里走，无意中看到一个女孩背着包在后面走。他起了歹意，打算抢劫这个女孩的财物。吴某快走了几步，躲到路边大树后面，等女孩走过来，便冲上前去，要女孩交出财物。女孩转身就跑，吴某紧追不舍，追上后他一手捂住女孩的嘴，一手抢女孩的背包，得手后转身就跑。吴某一口气跑回家，打开抢来的包，发现里面只有200多元。那么，吴某的行为构成犯罪吗？

依法解析

抢劫罪是指以暴力、胁迫或者其他方法抢劫公私财物的行为。构成本罪需要满足以下几个条件：（1）侵犯了公私财物的所有权和公民的人身权利；（2）对公私财物的所有者、保管者或者守护者当场使用暴力、胁迫或者其他对人身实施强制的方法，立即抢走财物或者迫使被害人立即交出财物；（3）行为人主观上是直接故意，并具有将公私财物非法占有的目的；（4）达到法定刑事责任年龄，即年满14周岁。抢劫罪并不以数额多少作为构成要件，只要满足上述条件就构成犯罪。我国《刑法》第二百六十三条规定，构成抢劫罪的，处三年以上十年以下有期徒刑，并处罚金。

本案中，吴某已20多岁，他故意使用暴力捂住女孩的嘴，抢走了女孩的包，他的行为已经侵犯了女孩的财物和身体，虽然抢劫的数额仅有200多元，但他的行为符合抢劫罪的要件，已经构成抢劫罪。

条文依据

《中华人民共和国刑法》

第二百六十三条 以暴力、胁迫或者其他方法抢劫公私财物的，处三年以上十年以下有期徒刑，并处罚金；有下列情形之一的，处十年以上有期徒刑、无期徒刑或者死刑，并处罚金或者没收财产：

（一）入户抢劫的；

（二）在公共交通工具上抢劫的；
（三）抢劫银行或者其他金融机构的；
（四）多次抢劫或者抢劫数额巨大的；
（五）抢劫致人重伤、死亡的；
（六）冒充军警人员抢劫的；
（七）持枪抢劫的；
（八）抢劫军用物资或者抢险、救灾、救济物资的。

224. 每次都偷一点东西，会构成犯罪吗？

典型案例

杨某在镇上的饭店做服务员，每天很晚才下班。这天，杨某回家，看到村口停着一辆黑色的小轿车，从旁边经过时发现副驾驶的窗户没有关，他看左右无人，便打开放在副驾驶的储物盒，拿走了300元钱。自此之后，杨某开始了小偷小摸的生活，有时去盖房子的人家偷点钢筋，有时从别人家卖肉的摊位偷点肉，有时趁人不注意从集市上偷点钱。半年之内，杨某前前后后偷了七八次。那么，像杨某这样每次只偷一点东西，构成犯罪吗？

依法解析

显而易见，盗窃公私财物，涉嫌盗窃罪，需要承担刑事责任。那么，盗窃的数额和次数多少，会影响盗窃罪的认定吗？根据我国《刑法》第二百六十四条的规定，多次盗窃的，构成盗窃罪，处三年以下有期徒刑、拘役或者管制，并处或者单处罚金。《最高人民法院、最高人民检察院关于办理盗窃刑事案件适用法律若干问题的解释》第三条规定，二年内盗窃三次以上的，应当认定为“多次盗窃”。认定盗窃罪的关键是，行为人以非法占有为目的，窃取他人占有的数额较大的财物，或者多次盗窃。由此可见，盗窃财物数额较大才构成盗窃罪，但如果多次盗窃，即使每次数额不多，也应当认定为盗窃罪。

本案中，杨某以非法占有为目的，窃取了被害人的钱、财物，虽然每次盗窃数额不大，但半年内偷窃七八次，已经满足了法律规定的多次盗窃的条件，其行为已经构成盗窃罪，会被依法追究刑事责任。“勿以恶小而为之”，切勿以为小偷小摸达不到法定数额就不会被判刑，获取财物要采取合理合法的手段，切勿因为一时贪念酿成苦果。

条文依据

《中华人民共和国刑法》

第二百六十四条　盗窃公私财物，数额较大的，或者多次盗窃、入户盗窃、携带凶器盗窃、扒窃的，处三年以下有期徒刑、拘役或者管制，并处或者单处罚金；数额巨大或者有其他严重情节的，处三年以上十年以下有期徒刑，并处罚金；数额特别巨大或者有其他特别严重情节的，处十年以上有期徒刑或者无期徒刑，并处罚金或者没收财产。

《最高人民法院、最高人民检察院关于办理盗窃刑事案件适用法律若干问题的解释》

第三条　二年内盗窃三次以上的，应当认定为“多次盗窃”。

……

225. 入室盗窃后遇到反抗将人打伤后逃走的，成立什么犯罪？

典型案例

武某准备去某村富户田某家偷东西，前后好几次到附近踩点。这天晚上，武某等到田某家中黑灯之后就悄悄通过绳索爬上院墙，等了一会儿发现没有声响就顺着绳索爬进去。他小心翼翼打开门进入客厅，开始翻找东西，突然听见田某大喊：“谁，干什么呢？”武某一看被发现了，冲过去将田某一拳打倒，田某又起身抱住了武某，武某对田某拳打脚踢，甩开田某冲到院墙下，顺着绳索逃跑了。那么，武某的行为成立何种犯罪呢？

依法解析

一般而言，如果行为人直接采取暴力、胁迫或者其他方法抢劫公私财物的，我们很容易就认定其属于抢劫罪，但实践中还存在一些盗窃、抢夺的同时，还有抢劫他人财物的行为，此时，法律将其认定为“转化的抢劫罪”。根据我国《最高人民法院关于审理抢劫刑事案件适用法律若干问题的指导意见》第二条第一项和《刑法》第二百六十九条的规定，入户实施盗窃转化为抢劫的，认定为入户抢劫，处十年以上有期徒刑、无期徒刑或者死刑，并处罚金或者没收财产。

盗窃向抢劫的转化，需要满足以下几个条件：（1）行为人首先实施了盗窃行为；（2）行为人必须当场使用暴力或者以暴力相威胁，也就是说对户的主人、抓捕的人、反抗的人使用暴力或以暴力相威胁；（3）为了窝藏赃物、抗拒抓捕、毁灭罪证。同时满足这几个条件的盗窃行为就转化成抢劫，按照抢劫罪定罪处罚。

本案中，武某进入田某家中原本只是为了盗窃，在被田某发现后，对其实施了殴打，目的是抗拒田某的抓捕。武某的行为完全符合盗窃罪转化成抢劫罪的要件，因此，武某构成抢劫罪，会被依法追究刑事责任。

条文依据

《中华人民共和国刑法》

第二百六十三条 以暴力、胁迫或者其他方法抢劫公私财物的，处三年以上十年以下有期徒刑，并处罚金；有下列情形之一的，处十年以上有期徒刑、无期徒刑或者死刑，并处罚金或者没收财产：

（一）入户抢劫的；

……

第二百六十九条 犯盗窃、诈骗、抢夺罪，为窝藏赃物、抗拒抓捕或者毁灭罪证而当场使用暴力或者以暴力相威胁的，依照本法第二百六十三条的规定定罪处罚。

《最高人民法院关于审理抢劫刑事案件适用法律若干问题的指导意见》

二、关于抢劫犯罪部分加重处罚情节的认定

1. 认定“入户抢劫”，要注重审查行为人“入户”的目的，将“入户抢劫”与“在户内抢劫”区别开来。以侵害户内人员的人身、财产为目的，入户后实施抢劫，包括入户实施盗窃、诈骗等犯罪而转化为抢劫的，应当认定为“入户抢劫”。因访友办事等原因经户内人员允许入户后，临时起意实施抢劫，或者临时起意实施盗窃、诈骗等犯罪而转化为抢劫的，不应认定为“入户抢劫”。

……

226. 把欠钱不还的人关起来逼迫其还钱，是犯罪吗？

典型案例

郑某曾向本村村民白某借款 8 万元建养鸡场，承诺半年内还钱。期满后，白某催要借款，但郑某没有挣到钱，便一直以没钱为由拒绝还钱。这天，白某将郑某约至自己家中，又商量还钱的事，并表示如果不能一次性还清，可以先少还一部分。但不管白某怎么说，郑某一副“要钱没有”的态度，一气之下，白某就将郑某捆绑起来关到杂物间，告诉他不还钱就别想走。直到郑某的妻子来白某家找人，白某才放了郑某。白某关了郑某有 28 个小时，其间一直对郑某进行捆绑。那么，白某的这种行为是否构成犯罪？

依法解析

我国《刑法》第二百三十八条规定，非法拘禁他人或者以其他方法非法剥夺他人人身自由的，构成非法拘禁罪，处三年以下有期徒刑、拘役、管制或者剥夺政治权利。具有殴打、侮辱情节的，从重处罚。

非法拘禁罪是非法剥夺他人身体自由的犯罪，这种非法剥夺人身自由的行为具有一定的持续性，也就是说，该行为在一定时间内处于继续状态，使他人在一段连续的时间内失去身体自由。

本案中，白某非法剥夺郑某的人身自由长达 28 个小时，且其间一直将其捆绑，符合非法拘禁罪的特征。

在此提醒大家，追索债务一定要采取合法方式，如果郑某拒不还钱，白某可以通过向人民法院提起民事诉讼的方式解决，而不应采取暴力、非法拘禁等手段，这样不仅追债不成，反而使自己面临刑事处罚。

条文依据

《中华人民共和国刑法》

第二百三十八条 非法拘禁他人或者以其他方法非法剥夺他人人身自由的，处三年以下有期徒刑、拘役、管制或者剥夺政治权利。具有殴打、侮辱情节的，从重处罚。

犯前款罪，致人重伤的，处三年以上十年以下有期徒刑；致人死亡的，处十年以上有期徒刑。使用暴力致人伤残、死亡的，依照本法第二百三十四条、第二百三十二条的规定定罪处罚。

为索取债务非法扣押、拘禁他人的，依照前两款的规定处罚。

国家机关工作人员利用职权犯前三款罪的，依照前三款的规定从重处罚。

227. 朋友来自己家吸毒，如果漠视不管，会构成犯罪吗？

典型案例

小王和小刘是发小，小刘高中毕业后跟随父母进城打工，小王则在家经营养殖场。这天，小刘突然来到小王的养殖场，还背着一个大书包，到了房间后，从大书包里拿出了吸食冰毒的工具，当着小王的面开始吸食冰毒。小王起初不知道小刘在干什么，待小刘介绍完以后，小王很生气，苦口婆心地劝说小刘，但小刘置之不理。小王看劝说无果，便放任小刘在自己房间内吸毒。自此之后，小刘便偶尔到养殖场吸食冰毒，两年之内共有七八次。那么，小王容留小刘在养殖场内吸毒是否会构成犯罪？

依法解析

我国《刑法》第三百五十四条规定，容留他人吸食、注射毒品的，处三年以下有期徒刑、拘役或者管制，并处罚金。《最高人民法院关于审理毒品犯罪案件适用法律若干问题的解释》第十二条第二项规定，二年内多次容留他人吸食毒品的，按照刑法第三百五十四条的规定，以容留他人吸毒罪定罪处罚。容留他人吸毒，是指给吸毒者提供吸毒的场所，既可以是行为人主动提供，也可以是在吸毒者的要求或主动前来时被动提供；既可以是有偿提供，也可以是无偿提供。只要为吸毒者提供场所，就构成容留他人吸毒罪，需要依法承担一定的刑事责任。

案例中的小王虽然第一次劝过小刘，但最终也为小刘提供了吸毒场所，而且两年内容留其吸毒七八次。根据上述法律规定，小王已经构成容留他人吸毒罪，会被依法追究刑事责任。

条文依据

《中华人民共和国刑法》

第三百五十四条 容留他人吸食、注射毒品的，处三年以下有期徒刑、拘役或者管制，并处罚金。

《最高人民法院关于审理毒品犯罪案件适用法律若干问题的解释》

第十二条 容留他人吸食、注射毒品，具有下列情形之一的，应当依照刑法第三百五十四条的规定，以容留他人吸毒罪定罪处罚：

……

（二）二年内多次容留他人吸食、注射毒品的；

……

228. 在朋友圈、微信群等散播虚假消息，会构成犯罪吗？

典型案例

顾某居家时无所事事，经常浏览新闻关注新冠肺炎疫情进展情况。某天看手机时翻到自己收藏的一个2020年新冠肺炎疫情防控的视频，内容是其他省份村庄发生的情况。顾某看到视频中的村子跟自己的村庄内场景非常像，就对该视频进行了重新编辑，并配文称系本村发生新冠肺炎疫情，确诊一人。之后，顾某将该视频发布至村里微信群及其他好友微信群，一时间该视频迅速在本村及附近村传播，造成群众恐慌，导致村民大量囤积、抢购食品。那么，顾某的行为构成犯罪吗？

依法解析

在疫情面前一定要做到不造谣、不信谣、不传谣，积极配合政府的防疫政策。如果编造虚假疫情信息并在网络上传播，可能涉嫌编造、故意传播虚假信息罪。根据我国《刑法》第二百九十一条之一第二款规定，编造虚假疫情，在信息网络或者其他媒体上传播，严重扰乱社会秩序的，处三年以下有期徒刑、拘役或者管制；造成严重后果的，处三年以上七年以下有期徒刑。《最高人民法院关于审理编造、故意传播虚假恐怖信息刑事案件适用法律若干问题的解释》第二条第四项规定，编造、故意传播虚假恐怖信息，造成行政村或者社区居民生活秩序严重混乱的，可以认定为刑法第二百九十一条之一规定的“严重扰乱社会秩序”。

本案中，顾某在明知本村内没有确诊病例的情况下，故意编造虚假视频，并发到多个微信群中，造成本村村民和邻近村庄村民的恐慌，已经达到严重扰乱社会秩序的后果。顾某的行为涉嫌构成编造、故意传播虚假信息罪，会面临相应的刑罚。

条文依据

《中华人民共和国刑法》

第二百九十一条之一 ……

编造虚假的险情、疫情、灾情、警情，在信息网络或者其他媒体上传播，或者明知是上述虚假信息，故意在信息网络或者其他媒体上传播，严重扰乱社会秩序的，处三年以下有期徒刑、拘役或者管制；造成严重后果的，处三年以上七年以下有期徒刑。

《最高人民法院关于审理编造、故意传播虚假恐怖信息刑事案件适用法律若干问题的解释》

第二条 编造、故意传播虚假恐怖信息，具有下列情形之一的，应当认定为刑法第二百九十一条之一的“严重扰乱社会秩序”：

……

（四）造成行政村或者社区居民生活秩序严重混乱的；

……

229. 恶作剧打开水库的水闸，要承担什么责任？

典型案例

徐某所在的村子附近有一个大型水库，他经常和朋友去水库下游钓鱼，但因老是钓不到鱼，总被同伴们嘲笑。这天晚上，大家又来夜钓，徐某就想整个恶作剧吓唬吓唬其他人，便跑到水库上，趁工作人员不注意，打开了水闸。徐某虽然担心会淹死人，但觉得就开一下水闸，应该没事。赶回夜钓处，徐某发现有人被冲到了水里，岸上的人正在施救，还听到附近也有人在呼救。万幸的是，最终没有人员伤亡。那么，徐某打开水闸的行为要承担什么责任？

依法解析

根据我国《刑法》第一百一十四条的规定，决水危害公共安全，尚未造成严重后果的，构成决水罪，处三年以上十年以下有期徒刑。

本案中，徐某打开水闸的出发点虽然仅仅是恶作剧，没有危害他人及社会公共安全的故意，但是作为完全行为能力人，能够预见开闸放水会危害到河道内人员的生命安全，仍然放任这种结果的发生，系故意开闸放水，且最终造成河道内朋友及他人被冲到水中，面临生命危险，其行为已危害公共安全。因此，徐某构成决水罪，会被依法追究刑事责任。幸运的是，因施救及时，没有人员伤亡，如果造成人员重伤或死亡，徐某将会面临十年以上有期徒刑的刑罚。

条文依据

《中华人民共和国刑法》

第一百一十四条 放火、决水、爆炸以及投放毒害性、放射性、传染病病原体等物质或者以其他危险方法危害公共安全，尚未造成严重后果的，处三年以上十年以下有期徒刑。

第一百一十五条 放火、决水、爆炸以及投放毒害性、放射性、传染病病原体等物质或者以其他危险方法致人重伤、死亡或者使公私财产遭受重大损失的，处十年以上有期徒刑、无期徒刑或者死刑。

……

230. 拒不执行法院判决，会承担哪些责任？

典型案例

钱某因搞蔬菜大棚种植欠了同村村民席某20万元迟迟未还，后席某起诉至人民法院。法院审理后，判决钱某于判决生效之日起10日内偿还席某20万元。判决生效后钱某仍不还钱，席某申请了强制执行。法院执行局立案后，向钱某送达了执行通知书、报告财产令等文书；后又向钱某送达了查封其名下汽车、平房及院落的裁定书及执行决定书。钱某因拒不报告财产线索、拒不履行生效的判决文书被拘留15日，后仍不思悔改，不仅不履行法院判决书，还将积蓄转移到他人名下，将车辆隐匿，居住在被查封房屋中拒不搬出。那么，钱某需要承担什么责任？

依法解析

我国《刑法》第三百一十三条规定，对人民法院的判决、裁定有能力执行而拒不执行，情节严重的，处三年以下有期徒刑、拘役或者罚金。人民法院生效的判决、裁定具有法律公信力，当事人必须严格按照判决、裁定的内容全面履行。有能力执行而采取各种手段拒不执行的，是对法律的践踏，必将受到法律的惩罚。

《最高人民法院关于审理拒不执行判决、裁定刑事案件适用法律若干问题的解释》第二条明确规定了有能力执行而拒不执行的法定情形。本案中，钱某在判决生效后不主动履行判决书确定的内容，在收到报告财产令等文书后，拒不报告财产线索；因此被拘留后，仍然转移存款、隐匿财产、拒不迁出被查封房屋，其行为符合拒不执行判决、裁定罪的构成要件，会被依法追究刑事责任。

在此提醒，作为履行生效判决书、裁定书义务的主体，应积极主动履行生效的法律文书确定的内容，如进入强制执行阶段，应主动报告财产内容，配合法院执行局的执行，否则就会像钱某一样被拘留，甚至承担刑事责任。

条文依据

《中华人民共和国刑法》

第三百一十三条 对人民法院的判决、裁定有能力执行而拒不执行，情节严重的，处三年以下有期徒刑、拘役或者罚金；情节特别严重的，处三年以上七年以下有期徒刑，并处罚金。

……

《最高人民法院关于审理拒不执行判决、裁定刑事案件适用法律若干问题的解释》

第二条 负有执行义务的人有能力执行而实施下列行为之一的，应当认定为全国人民代表大会常务委员会关于刑法第三百一十三条的解释中规定的“其他有能力执行而拒不执行，情节严重的情形”：

（一）具有拒绝报告或者虚假报告财产情况、违反人民法院限制高消费及有关消费令等拒不执行行为，经采取罚款或者拘留等强制措施后仍拒不执行的；

……

（三）拒不交付法律文书指定交付的财物、票证或者拒不迁出房屋、退出土地，致使判决、裁定无法执行的；

……

231. “粘鸟”“打鸟”是犯罪行为吗？

典型案例

金某经营了一大片果园，每到果子成熟的季节，麻雀都会到果园吃果子。金某在果园内安装稻草人、惊鸟器，但效果不大。后来，金某想起小时候用筛子抓鸟的事，虽然知道自己居住的村镇是野生鸟类禁猎区，但想着别人也不会知道，于是就买来渔网制作粘网，还准备了弹弓，准备打鸟。工具准备齐全后，金某在果园附近布置了粘网，安装了户外引鸟机，并用弹弓打鸟。那么，金某的行为构成犯罪吗？

依法解析

野生动物对维持大自然的生态平衡意义重大，我们应当自觉养成爱护野生动物的习惯。为了加大对野生动物的保护，我国专门制定了《野生动物保护法》。该法规定，如果违反狩猎法规，在禁猎区、禁猎期或者使用禁用的工具、方法进行狩猎，破坏野生动物资源，按照《刑法》第三百四十一条第二款的规定，情节严重的，构成非法狩猎罪，处三年以下有期徒刑、拘役、管制或者罚金。

本案中，金某明知自己的果园属于野生鸟类禁猎区，还专门购买了捕鸟器具，粘、打麻雀，按照《最高人民法院、最高人民检察院关于办理破坏野生动物资源刑事案件适用法律若干问题的解释》的规定，如果情节严重，其行为构成非法狩猎罪，会受到刑事处罚。

条文依据

《中华人民共和国刑法》

第三百四十一条 ……

违反狩猎法规，在禁猎区、禁猎期或者使用禁用的工具、方法进行狩猎，破坏野生动物资源，情节严重的，处三年以下有期徒刑、拘役、管制或者罚金。

……

《中华人民共和国野生动物保护法》

第二十一条 禁止猎捕、杀害国家重点保护野生动物。

……

《最高人民法院、最高人民检察院关于办理破坏野生动物资源刑事案件适用法律若干问题的解释》

第七条 违反狩猎法规，在禁猎区、禁猎期或者使用禁用的工具、方法进行狩猎，破坏野生动物资源，具有下列情形之一的，应当认定为刑法第三百四十一条第二款规定的“情节严重”，以非法狩猎罪定罪处罚：

（一）非法猎捕野生动物价值一万元以上的；

（二）在禁猎区使用禁用的工具或者方法狩猎的；

（三）在禁猎期使用禁用的工具或者方法狩猎的；

（四）其他情节严重的情形。

实施前款规定的行为，具有下列情形之一的，从重处罚：

（一）暴力抗拒、阻碍国家机关工作人员依法履行职务，尚未构成妨害公务罪、袭警罪的；

（二）对野生动物资源或者栖息地生态造成严重损害的；

（三）二年内曾因破坏野生动物资源受过行政处罚的。

实施第一款规定的行为，根据猎获物的数量、价值和狩猎方法、工具等，认为对野生动物资源危害明显较轻的，综合考虑猎捕的动机、目的、行为人自愿接受行政处罚、积极修复生态环境等情节，可以认定为犯罪情节轻微，不起诉或者免予刑事处罚；情节显著轻微危害不大的，不作为犯罪处理。

232. 生产、销售伪劣农药造成农作物减产的，要承担怎样的法律后果？

典型案例

2021 年 7 月，蒋某与甄某在 F 省 S 市注册成立某生物科技有限公司，主要生产“死光光”牌杀虫剂，蒋某任公司负责人。后蒋某和甄某以公司业务员的身份向某乡镇农药经销商毕某推销“死光光”牌杀虫剂，毕某又将杀虫剂出售给当地的农户。农户江某在购买“死光光”牌杀虫剂后，按照使用说明喷洒自家的玉米，玉米却出现了长势不良的情况，一段时间后，竟然直接枯死。经鉴定，“死光光”牌杀虫剂为假农药，玉米枯死就是因为使用了该杀虫剂，当地 300 多户农户因此遭受了约 50 万元的经济损失。请问，生产、销售伪劣农药造成农作物减产的，要承担怎样的法律后果？

依法解析

生产、销售伪劣农药不但会造成农作物减产，还有可能被人食用，危及人体生命健康，因此，我国法律严惩制售伪劣农药的非法行为。在民事责任方面，伪劣农药的生产商或者销售商应当向农户赔偿农作物减产造成的损失。在刑事责任方面，根据我国《刑法》

第一百四十七条的规定，生产假农药，销售明知是假的或者失去使用效能的农药，或者生产者、销售者以不合格的农药冒充合格的农药，按照伪劣农药对农业生产造成损失的严重程度（较大损失、重大损失、特别重大损失），将量刑由轻到重分为三档，罚金为销售额百分之五十以上二倍以下。第一档，处三年以下有期徒刑或者拘役，并处或者单处罚金；第二档，处三年以上七年以下有期徒刑，并处罚金；第三档，处七年以上有期徒刑或者无期徒刑，并处罚金或者没收财产。

如果农药的生产商、销售商存在上述违法行为，但是尚未给生产造成较大损失，按照《刑法》第一百四十条、第一百四十九条的规定，以生产、销售伪劣产品罪定罪，根据其销售金额具体予以刑事处罚，销售金额越高，伪劣农药的生产商和销售商被判处的刑期越长，罚金也越多。如果农药的生产商、销售商生产、销售伪劣农药既构成生产、销售伪劣农药罪（符合《刑法》第一百四十七条），又构成生产、销售伪劣产品罪（符合《刑法》第一百四十条）的，按照处罚较重的罪名处罚。

在上面的案例中，遭受损失的农户们可以请求毕某或者某生物科技公司赔偿损失。此外，毕某、蒋某和甄某的行为已经构成了生产、销售伪劣农药罪，使生产遭受重大损失，会被判处三到七年的有期徒刑，并处销售金额百分之五十以上二倍以下罚金。

条文依据

《中华人民共和国刑法》

第一百四十条 生产者、销售者在产品中掺杂、掺假，以假充真，以次充好或者以不合格产品冒充合格产品，销售金额五万元以上不满二十万元的，处二年以下有期徒刑或者拘役，并处或者单处销售金额百分之五十以上二倍以下罚金；销售金额二十万元以上不满五十万元的，处二年以上七年以下有期徒刑，并处销售金额百分之五十以上二倍以下罚金；销售金额五十万元以上不满二百万元的，处七年以上有期徒刑，并处销售金额百分之五十以上二倍以下罚金；销售金额二百万元以上的，处十五年有期徒刑或者无期徒刑，并处销售金额百分之五十以上二倍以下罚金或者没收财产。

第一百四十七条 生产假农药、假兽药、假化肥，销售明知是假的或者失去使用效能的农药、兽药、化肥、种子，或者生产者、销售者以不合格的农药、兽药、化肥、种子冒充合格的农药、兽药、化肥、种子，使生产遭受较大损失的，处三年以下有期徒刑或者拘役，并处或者单处销售金额百分之五十以上二倍以下罚金；使生产遭受重大损失的，处三年以上七年以下有期徒刑，并处销售金额百分之五十以上二倍以下罚金；使生产遭受特别重大损失的，处七年以上有期徒刑或者无期徒刑，并处销售金额百分之五十以上二倍以下罚金或者没收财产。

第一百四十九条 生产、销售本节第一百四十一条至第一百四十八条所列产品，不构成各该条规定的犯罪，但是销售金额在五万元以上的，依照本节第一百四十条的规定定罪处罚。

生产、销售本节第一百四十一条至第一百四十八条所列产品，构成各该条规定的犯罪，同时又构成本节第一百四十条规定之罪的，依照处罚较重的规定定罪处罚。

233. 未取得兽药经营资质，销售不合格兽药，要承担怎样的法律后果?

典型案例

严某在明知原某不具备兽药经营资质，其出售的兽药可能为伪劣产品的情况下，还多次从原某处以市场价格的70%购进20多种兽药，而后又将这些兽药出售给了当地农户。严某从原某处购买的兽药金额为70多万元，自己的销售金额高达100多万元。农户鹿某在使用了从严某处购买的兽药后，发现自家小猪的病情没有缓解，反而加重了。后经鉴定，严某出售的兽药不符合国家标准，属于不合格兽药。请问，未取得兽药经营资质、销售不合格兽药，要承担怎样的法律后果？

依法解析

《兽药管理条例》第二十二条第一款从经营、保管和监督等方面规定了经营兽药的企业应当满足的条件：其一，要有相应的兽药技术人员；其二，要有相应的营业场所、设备、仓库设施；其三，要有相应的质量管理机构或者人员；其四，经营兽药还要满足《兽药经营质量管理规范》规定的其他经营条件，例如，兽药经营企业应当采购合法兽药产品。

实践中，不合格兽药主要包括假兽药和劣兽药两类。根据我国《刑法》第一百四十七条的规定，无论兽药销售商是否具有兽药经营资质，是否取得《兽药经营许可证》，销售不合格兽药使生产遭受较大损失的，都将会被处以三年以下有期徒刑或者拘役，并处或者单处销售金额百分之五十以上二倍以下罚金；销售不合格兽药使生产遭受重大损失的，将会被处以三年以上七年以下有期徒刑，并处销售金额百分之五十以上二倍以下罚金；销售不合格兽药使生产遭受特别重大损失的，将会被处以七年以上有期徒刑或者无期徒刑，并处销售金额百分之五十以上二倍以下罚金或者没收财产。

在上面的案例中，严某和原某以不合格兽药冒充合格兽药销售，销售金额分别高达100多万元和70多万元，其行为均已构成销售伪劣产品罪。严某可能被判处七年以上的有期徒刑，并处50万元到200

万元左右的罚金；原某可能被判处三到七年的有期徒刑，并处35万元到140万元左右的罚金。此外，遭受损失的鹿某可以向严某主张赔偿损失。

条文依据

《中华人民共和国刑法》

第一百四十七条 生产假农药、假兽药、假化肥，销售明知是假的或者失去使用效能的农药、兽药、化肥、种子，或者生产者、销售者以不合格的农药、兽药、化肥、种子冒充合格的农药、兽药、化肥、种子，使生产遭受较大损失的，处三年以下有期徒刑或者拘役，并处或者单处销售金额百分之五十以上二倍以下罚金；使生产遭受重大损失的，处三年以上七年以下有期徒刑，并处销售金额百分之五十以上二倍以下罚金；使生产遭受特别重大损失的，处七年以上有期徒刑或者无期徒刑，并处销售金额百分之五十以上二倍以下罚金或者没收财产。

《兽药管理条例》

第二十二条 经营兽药的企业，应当具备下列条件：

（一）与所经营的兽药相适应的兽药技术人员；

（二）与所经营的兽药相适应的营业场所、设备、仓库设施；

（三）与所经营的兽药相适应的质量管理机构或者人员；

（四）兽药经营质量管理规范规定的其他经营条件。

……

《兽药经营质量管理规范》

第十八条 兽药经营企业应当采购合法兽药产品。兽药经营企业应当对供货单位的资质、质量保证能力、质量信誉和产品批准证明文件进行审核，并与供货单位签订采购合同。

234. 生产、销售伪劣种子造成农作物减产，要承担怎样的法律后果？

典型案例

文某成立了某农业科技有限公司，主要培育西兰花种子。文某发现，市场上“日本坂田炎秀”的西兰花种子销量很高，于是，将自家公司培育的西兰花种子用回收的“日本坂田炎秀”的包装袋灌装，出售给某宝平台的种业店铺，获利30余万元。小赵通过某宝平台的种业店铺购买了该种子进行种植后，发现严重减产。经过鉴定，小赵买到了假种子，损失约15万元。请问，生产、销售伪劣种子造成农作物减产的，要承担怎样的法律后果？

依法解析

从刑事责任来看，我国《刑法》第一百四十七条规定，生产、销售伪劣种子，按照造成的农业生产损失程度不同，生产商和销售商将承担不同程度的刑事责任。生产销售伪劣种子，使生产遭受较大损失的，处三年以下有期徒刑或者拘役，并处或者单处销售金额百分之五十以上二倍以下罚金；使生产遭受重大损失的，处三年以上七年以下有期徒刑，并处销售金额百分之五十以上二倍以下罚金；使生产遭受特别重大损失的，处七年以上有期徒刑或者无期徒刑，并处销售金额百分之五十以上二倍以下罚金或者没收财产。

从民事责任来看，我国《种子法》第四十五条规定，种子使用者因种子质量问题或者种子的标签标注的内容不真实，遭受损失的，种子的生产商或者销售商要向种子的使用者承担赔偿责任。

在上面的案例中，小赵遭受损失既可以请求种子的销售商种业店铺赔偿，也可以请求生产商即小文经营的某农业科技有限公司赔偿。

条文依据

《中华人民共和国种子法》

第四十五条 种子使用者因种子质量问题或者因种子的标签和使用说明标注的内容不真实，遭受损失的，种子使用者可以向出售种子的经营者要求赔偿，也可以向种子生产者或者其他经营者要求赔偿。赔偿额包括购种价款、可得利益损失和其他损失。属于种子生产者或者其他经营者责任的，出售种子的经营者赔偿后，有权向种子生产者或者其他经营者追偿；属于出售种子的经营者责任的，种子生产者或者其他经营者赔偿后，有权向出售种子的经营者追偿。

《中华人民共和国刑法》

第一百四十七条 生产假农药、假兽药、假化肥，销售明知是假的或者失去使用效能的农药、兽药、化肥、种子，或者生产者、销售者以不合格的农药、兽药、化肥、种子冒充合格的农药、兽药、化肥、种子，使生产遭受较大损失的，处三年以下有期徒刑或者拘役，并处或者单处销售金额百分之五十以上二倍以下罚金；使生产遭受重大损失的，处三年以上七年以下有期徒刑，并处销售金额百分之五十以上二倍以下罚金；使生产遭受特别重大损失的，处七年以上有期徒刑或者无期徒刑，并处销售金额百分之五十以上二倍以下罚金或者没收财产。

235. 如何判定是否构成交通肇事罪?

典型案例

一天，雷某开车外出。行驶到某路口时，远远看见是绿灯，就径直开了过去，不料，一名拾荒老人突然出现在道路中央。雷某连忙踩刹车，却还是将老人撞倒了。随后，雷某连忙将老人送往医院。遗憾的是，经过一番抢救后，老人还是离开了人世。请问，雷某的行为是否构成交通肇事罪？都有哪些行为可能构成交通肇事罪呢？

依法解析

根据我国《刑法》第一百三十三条的规定，构成交通肇事罪有以下两个前提：一是肇事人在驾驶车辆时违反了交通运输管理法规的相关规定，导致发生事故；二是事故造成了致人重伤、死亡或者公共财产和他人私有财产遭受重大损失的结果，或者虽然没有造成重大结果，但是肇事人在事故发生后逃逸。此外，《最高人民法院关于审理交通肇事刑事案件具体应用法律若干问题的解释》第二条还对构成交通肇事罪的具体行为作出了详细规定，在判断肇事人的行为是否达到犯罪的程度时，也需要参考这一司法解释的规定。

在上面的案例中，雷某在路口撞倒了闯红灯的拾荒老人，但他是正常驾驶车辆，没有违反交通运输管理法规，也没有逃逸，而是及时将老人送到了医院。因此，雷某的行为不构成交通肇事罪，无需承担刑事责任。但是，在民事方面，雷某仍然需要根据交警部门出具的事故责任书承担相应比例的民事责任。

条文依据

《中华人民共和国刑法》

第一百三十三条 违反交通运输管理法规，因而发生重大事故，致人重伤、死亡或者使公私财产遭受重大损失的，处三年以下有期徒刑或者拘役；交通运输肇事后逃逸或者有其他特别恶劣情节的，处三年以上七年以下有期徒刑；因逃逸致人死亡的，处七年以上有期徒刑。

《最高人民法院关于审理交通肇事刑事案件具体应用法律若干问题的解释》

第二条 交通肇事具有下列情形之一的，处三年以下有期徒刑或者拘役：

（一）死亡一人或者重伤三人以上，负事故全部或者主要责任的；

（二）死亡三人以上，负事故同等责任的；

（三）造成公共财产或者他人财产直接损失，负事故全部或者主要责任，无能力赔偿数额在三十万元以上的。

交通肇事致一人以上重伤，负事故全部或者主要责任，并具有下列情形之一的，以交通肇事罪定罪处罚：

（一）酒后、吸食毒品后驾驶机动车辆的；

（二）无驾驶资格驾驶机动车辆的；

（三）明知是安全装置不全或者安全机件失灵的机动车辆而驾驶的；

（四）明知是无牌证或者已报废的机动车辆而驾驶的；

（五）严重超载驾驶的；

（六）为逃避法律追究逃离事故现场的。

236. 醉酒后将人打成轻伤，能因醉酒减轻处罚吗?

典型案例

一天，周某和几个朋友一起，来到某个小饭店聚餐，几人一边喝酒一边聊天，不知不觉都喝多了。后来周某前往柜台结账，但因有些神志不清，核对了半天账单也没能确定，后面等待结账的顾客有些不耐烦，便和老板说先给自己结账。周某见状非常气愤，与对方推搡起来。争执中，周某的几个朋友也来帮忙，一起将该顾客暴打了一顿。老板见状连忙报警，警察赶到后将周某等人控制。受伤的顾客被送往医院，经过伤情鉴定，该顾客已构成轻伤。请问，周某等人是否能够因为醉酒减轻刑事责任?

依法解析

如果一个人在不能辨认和控制自己行为的时候实施了犯罪，那么可能无法要求其承担刑事责任。根据《刑法》第十八条的规定，精神病人在不能辨认或者不能控制自己行为的时候造成了危害结果，经法定程序鉴定确认的，不负刑事责任。但是，此规定不适用于醉酒的人，人在醉酒状态下实施犯罪，应当负刑事责任，不得因此减轻或免除。这是因为与精神病人不同，醉酒的人在喝酒时神志是清醒的，应当了解醉酒后可能无法控制自己的行为，但还是放任了这种情况的发生。因此，醉酒的人应当对自己的行为负责任。

在上面的案例中，周某等人在酒后与人发生了冲突，将对方打成轻伤，他们并不能因为醉酒被减轻处罚，仍然需要接受审判，为自己的施暴行为付出代价。

条文依据

《中华人民共和国刑法》

第十八条 精神病人在不能辨认或者不能控制自己行为的时候造成危害结果，经法定程序鉴定确认的，不负刑事责任，但是应当责令他的家属或者监护人严加看管和医疗；在必要的时候，由政府强制医疗。

间歇性的精神病人在精神正常的时候犯罪，应当负刑事责任。

尚未完全丧失辨认或者控制自己行为能力的精神病人犯罪的，应当负刑事责任，但是可以从轻或者减轻处罚。

醉酒的人犯罪，应当负刑事责任。

237. 举报厂里领导贪污，事后发现是误会，构成诬告陷害罪吗？

典型案例

祝某是某国有制工厂的职工。一天，祝某在和其他职工聊天时，无意间得知厂长家里特别富裕，光房子就有好几套。祝某心想，就算是厂长，工资应该也不会这么高吧。此后几天，祝某一直悄悄观察厂长，发现合作厂家的负责人经常来找厂长，还带来一些包裹。经过推断，祝某认为这是厂长在收“好处”，便悄悄向当地的纪检部门写了举报信。纪检部门接到祝某的举报信后，十分重视，立刻对厂长展开调查。然而经过一番调查后，发现这些都是误会，厂长家的财产都是其家庭成员的合法所得，与合作厂家的负责人也只是正常的业务往来。请问，祝某举报失实，是否成立诬告陷害罪？

依法解析

根据我国《刑法》第二百四十三条的规定，要判断举报人是否成立诬告陷害罪，要从以下两个方面进行：第一，举报人是否实施了故意捏造事实的行为，即故意编造出一些不符合实际的情节；第二，举报人主观上是否具有使他人受到刑事追究的意图，这是对诬告陷害罪在主观方面的要求，如果举报人在举报时并不具备有意诬陷的意图，即使检举失实，也不构成犯罪。

在上面的典型案例中，祝某根据自己所闻所见，认为厂长存在贪污的可能性，便进行了举报，并不是为了诬陷厂长，只是存在误会。由此可见，祝某并不具备成立诬告陷害罪所要求的主观意图，不构成犯罪。

条文依据

《中华人民共和国刑法》

第二百四十三条 捏造事实诬告陷害他人，意图使他人受刑事追究，情节严重的，处三年以下有期徒刑、拘役或者管制；造成严重后果的，处三年以上十年以下有期徒刑。

国家机关工作人员犯前款罪的，从重处罚。

不是有意诬陷，而是错告，或者检举失实的，不适用前两款的规定。

附录

“法律明白人”常用法律政策文件名录汇编

法律

《中华人民共和国宪法》

《中华人民共和国国旗法》

《中华人民共和国国歌法》

《中华人民共和国兵役法》

《中华人民共和国刑法》

《中华人民共和国治安管理处罚法》

《中华人民共和国民法典》

《中华人民共和国个人信息保护法》

《中华人民共和国老年人权益保障法》

《中华人民共和国土地管理法》

《中华人民共和国农村土地承包法》

《中华人民共和国乡村振兴促进法》

《中华人民共和国道路交通安全法》

《中华人民共和国传染病防治法》

《中华人民共和国动物防疫法》

《中华人民共和国野生动物保护法》

《中华人民共和国土壤污染防治法》

《中华人民共和国固体废物污染环境防治法》

《中华人民共和国环境保护法》

《中华人民共和国湿地保护法》

《中华人民共和国突发事件应对法》

《中华人民共和国未成年人保护法》

《中华人民共和国义务教育法》

《中华人民共和国消费者权益保护法》

《中华人民共和国产品质量法》

《中华人民共和国价格法》

《中华人民共和国食品安全法》

《中华人民共和国药品管理法》

《中华人民共和国安全生产法》

《中华人民共和国农业机械化促进法》

《中华人民共和国种子法》

《中华人民共和国公司法》

《中华人民共和国合伙企业法》

《中华人民共和国农民专业合作社法》

《中华人民共和国乡镇企业法》

《中华人民共和国村民委员会组织法》

《中华人民共和国民事诉讼法》

行政法规

《突发公共卫生事件应急条例》

《中华人民共和国食品安全法实施条例》

《中华人民共和国道路交通安全法实施条例》

《农业机械安全监督管理条例》

《农药管理条例》

《兽药管理条例》

《生猪屠宰管理条例》

《畜禽规模养殖污染防治条例》

《中华人民共和国野生植物保护条例》

《医疗器械监督管理条例》

《中华人民共和国乡村集体所有制企业条例》

司法解释

《最高人民法院关于适用〈中华人民共和国民法典〉婚姻家庭编的解释（一）》

《最高人民法院关于适用〈中华人民共和国民法典〉继承编的解释（一）》

《最高人民法院关于审理涉及农村土地承包纠纷案件适用法律问题的解释》

《最高人民法院、最高人民检察院关于办理危害生产安全刑事案件适用法律若干问题的解释》

《最高人民法院关于审理非法集资刑事案件具体应用法律若干问题的解释》

《最高人民法院、最高人民检察院、公安部关于办理电信网络诈骗等刑事案件适用法律若干问题的意见（二）》

《最高人民法院关于适用〈中华人民共和国刑事诉讼法〉的解释》

《最高人民法院、最高人民检察院关于办理盗窃刑事案件适用法律若干问题的解释》

《最高人民法院关于审理民间借贷案件适用法律若干问题的规定》

《最高人民法院、最高人民检察院关于办理妨害预防、控制突发传染病疫情等灾害的刑事案件具体应用法律若干问题的解释》

《最高人民法院关于审理毒品犯罪案件适用法律若干问题的解释》

《最高人民法院关于审理编造、故意传播虚假恐怖信息刑事案

件适用法律若干问题的解释》

《最高人民法院关于审理拒不执行判决、裁定刑事案件适用法律若干问题的解释》

《最高人民法院、最高人民检察院关于办理破坏野生动物资源刑事案件适用法律若干问题的解释》

《最高人民法院、最高人民检察院关于办理盗窃刑事案件适用法律若干问题的解释》

办法

《中华人民共和国农村土地承包经营权证管理办法》

《农村土地经营权流转管理办法》

《病死及死因不明动物处置办法（试行）》

《食用农产品市场销售质量安全监督管理办法》

《农用薄膜管理办法》

《零售商促销行为管理办法》

《医疗器械网络销售监督管理办法》

规定

《未成年人学校保护规定》

《人民检察院办理未成年人刑事案件的规定》

《未成年人刑事检察工作指引（试行）》

《兽药经营质量管理规范》

《部分商品修理更换退货责任规定》

《农业机械维修管理规定》

《民用无人机驾驶员管理规定》

通知、意见、决定

《农业部关于开展农村土地承包经营权登记试点工作的意见》

《最高人民法院、最高人民检察院、公安部、司法部关于依法惩治妨害新型冠状病毒感染肺炎疫情防控违法犯罪的意见》

《中央农村工作领导小组办公室、农业农村部关于做好整村流转农户承包地风险防范工作的通知》

《国务院办公厅关于做好公路交通保通保畅工作 确保人员车辆正常通行的通知》

《交通运输部关于切实做好春季农业生产服务保障工作的通知》

《教育部办公厅关于加强中小学生手机管理工作的通知》

《最高人民法院关于依法妥善审理涉新冠肺炎疫情民事案件若干问题的指导意见（一）》

《最高人民法院关于审理抢劫刑事案件适用法律若干问题的指导意见》

《最高人民法院、最高人民检察院、公安部、司法部关于依法惩治非法野生动物交易犯罪的指导意见》

《国务院关于深化改革严格土地管理的决定》

图书在版编目（CIP）数据

乡村（社区）“法律明白人”常见案例学习手册／《乡村（社区）“法律明白人”常见案例学习手册》编写组编．—北京：中国法制出版社，2022.8
ISBN 978－7－5216－2757－2

Ⅰ.①乡… Ⅱ.①乡… Ⅲ.①案例－中国－手册 Ⅳ.①D92－62

中国版本图书馆 CIP 数据核字（2022）第 120891 号

责任编辑：李宏伟　　封面设计：杨泽江

乡村（社区）“法律明白人”常见案例学习手册

XIANGCUN（SHEQU）“FALÜ MINGBAIREN” CHANGJIAN ANLI XUEXI SHOUCE

编者/《乡村（社区）“法律明白人”常见案例学习手册》编写组
经销/新华书店
印刷/三河市国英印务有限公司
开本/880 毫米×1230 毫米　32 开　　印张/13.25　字数/280 千
版次/2022 年 8 月第 1 版　　2022 年 8 月第 1 次印刷

中国法制出版社出版
书号 ISBN 978－7－5216－2757－2　　定价：48.00 元

北京市西城区西便门西里甲 16 号西便门办公区
邮政编码：100053　　传真：010－63141600
网址：http：//www.zgfzs.com　　编辑部电话：010－63141836
市场营销部电话：010－63141612　　印务部电话：010－63141606

（如有印装质量问题，请与本社印务部联系。）